食材事典シリーズ MEAT

調理科学×肉の事典

朝日新聞出版

食肉のすべてがよくわかる！

肉のおいしさを最大限に引き出す調理科学

まるでエアーズロックのようにそびえ立ち、こんがりとした色で、液体がしたたり落ちる……。今にもかぶりつきたくなるこの物体は、そう、ステーキ！　ザ・肉です。

肉を食べると、元気が出ます。幸福感に包まれます。筋肉がついて、やせることもできます。いいことずくめの肉だからこそ、徹底的においしく食べたいですよね。そのために、肉の組織やおいしさの定義について解説し、調理科学の観点からも、肉の秘密にとことん迫りました。

名店の極上の肉料理レシピは、厚さによる焼き方の違いなど、コツが満載の作り方をシェフたちに徹底的に取材し、たくさんの写真とともに紹介しています。また、肉を使ったワンランク上の家庭料理レシピも掲載。さらに、食肉の品種や部位をイラストで解説した、食肉図鑑も必見です。

ぜひ、この本で、ディープな食肉の世界を体験してください。肉好きでよかった……！と、心から満足してもらえますように。

CONTENTS

PROLOGUE

1 おいしさを最大限に引き出す！ 食肉の組織と調理科学

2 超人気店シェフが徹底解説！ 肉マニア必見！ 肉の調理大実験

3 肉の種類別にすべてがわかる！ 食肉の品種と部位事典

この本の特徴

- 本書では、購入から調理に至るまで、食肉に関する役立つ知識を、「調理科学」「レシピ」「品種と部位事典」の三部構成で紹介しています。
- 肉の調理大実験と羊肉料理のレシピは、有名店のシェフの方々に取材して構成したものです。オーブンは業務用のものを使っているため、家庭で調理する場合はレシピに記載されている温度設定や加熱時間は目安とし、仕上がりの様子を見ながら適宜調節してください。
- レシピの計量の単位は、大さじ１＝15mℓ、小さじ１＝5mℓです。「適量」はちょうどよい量を加減しながら、「適宜」は好みで必要であれば入れることを示します。
- 肉おかずのレシピに記載されている電子レンジの加熱時間は、600Wを基準にしています。500Wで調理する場合は、加熱時間を1.2倍にしてください。

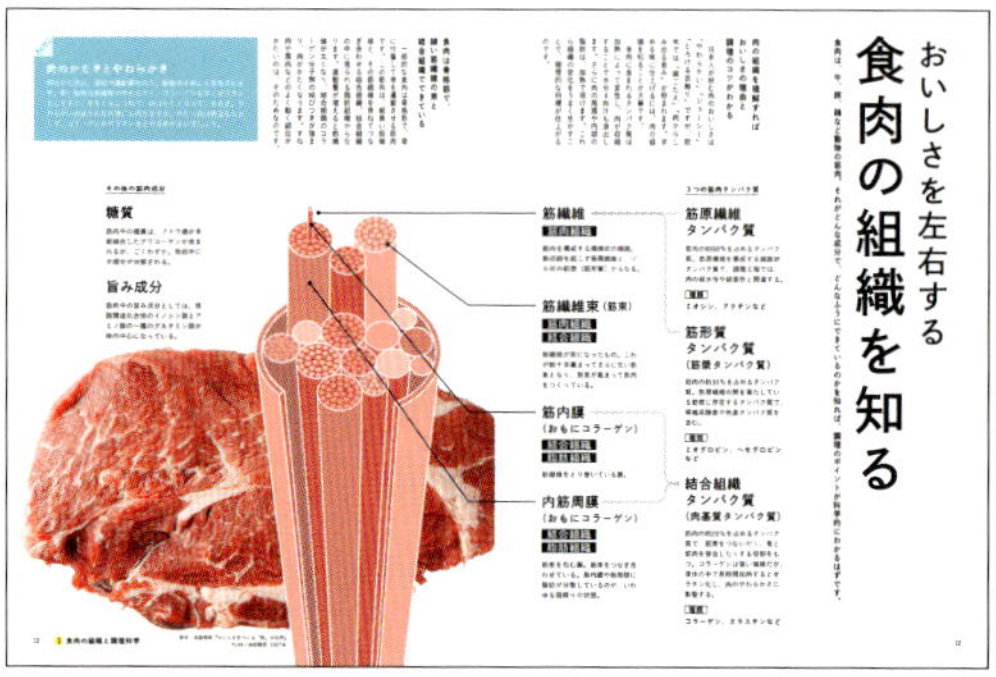

1 おいしさを最大限に引き出す！
食肉の組織と調理科学

まずは食肉の組織について解説し、続いて肉料理をおいしくする方法と、煮込む・焼く・ゆでる・揚げるといった調理の過程で肉に起こる変化にクローズアップ。調理科学の観点から、肉について知ることができます。

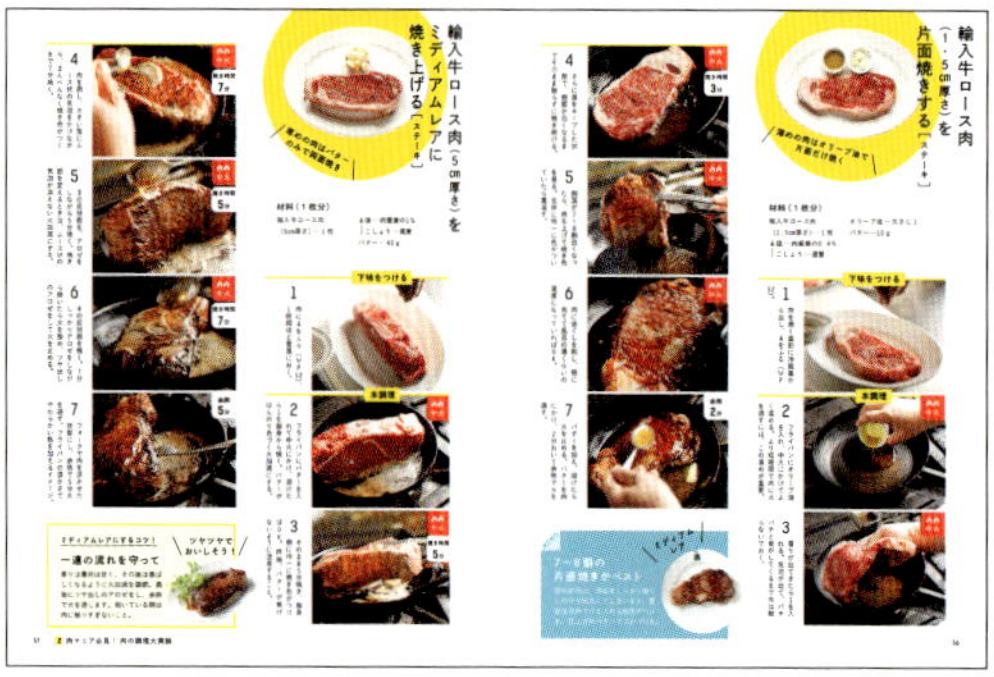

2 超人気店シェフが徹底解説！
肉マニア必見！
肉の調理大実験＆
家庭で作る肉料理 部位別
まいにち食べたい
肉おかずベスト10

肉料理の有名店のシェフに教わったレシピは、部位や焼き方などがおいしさにどう関係するのかを比較しながら紹介。肉おかずのレシピは、部位の特徴を生かして作る家庭料理がラインアップされています。

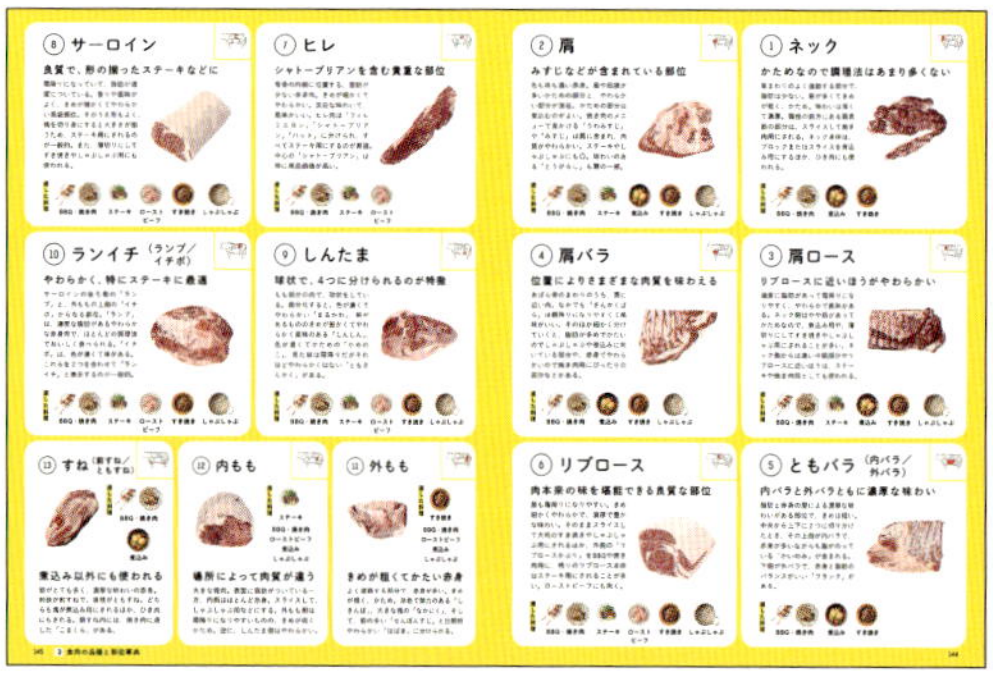

3 肉の種類別にすべてがわかる！
食肉の品種と部位事典

牛や豚をはじめとした動物の、種類や銘柄、国産と輸入の違いなどを解説。また、精肉と副生物の各部位を、体のどのあたりにあるのか示したイラストとともに詳しく紹介し、イノシシなどのジビエについても触れています。

1

おいしさを最大限に引き出す！
食肉の組織と調理科学

肉とはどんな組織なのか、肉をおいしく感じるにはどんな方法があるのか、科学的に解説します。調理の過程における、加熱温度と時間によるタンパク質の変化を知ることで、肉のおいしさを最大限に引き出せます。

監修　エコール 辻 東京　永井利幸　秋元真一郎　平形清人　迫井千晶　井原啓子
株式会社辻料理教育研究所　正戸あゆみ
イラスト　上坂元 均／グラフィック・鈴木愛未（朝日新聞メディアプロダクション）

どこから来るのか

でどう変化するのか。このしくみがわかれば、どんな肉もさらにおいしく調理することができるでしょう。

調理前は？

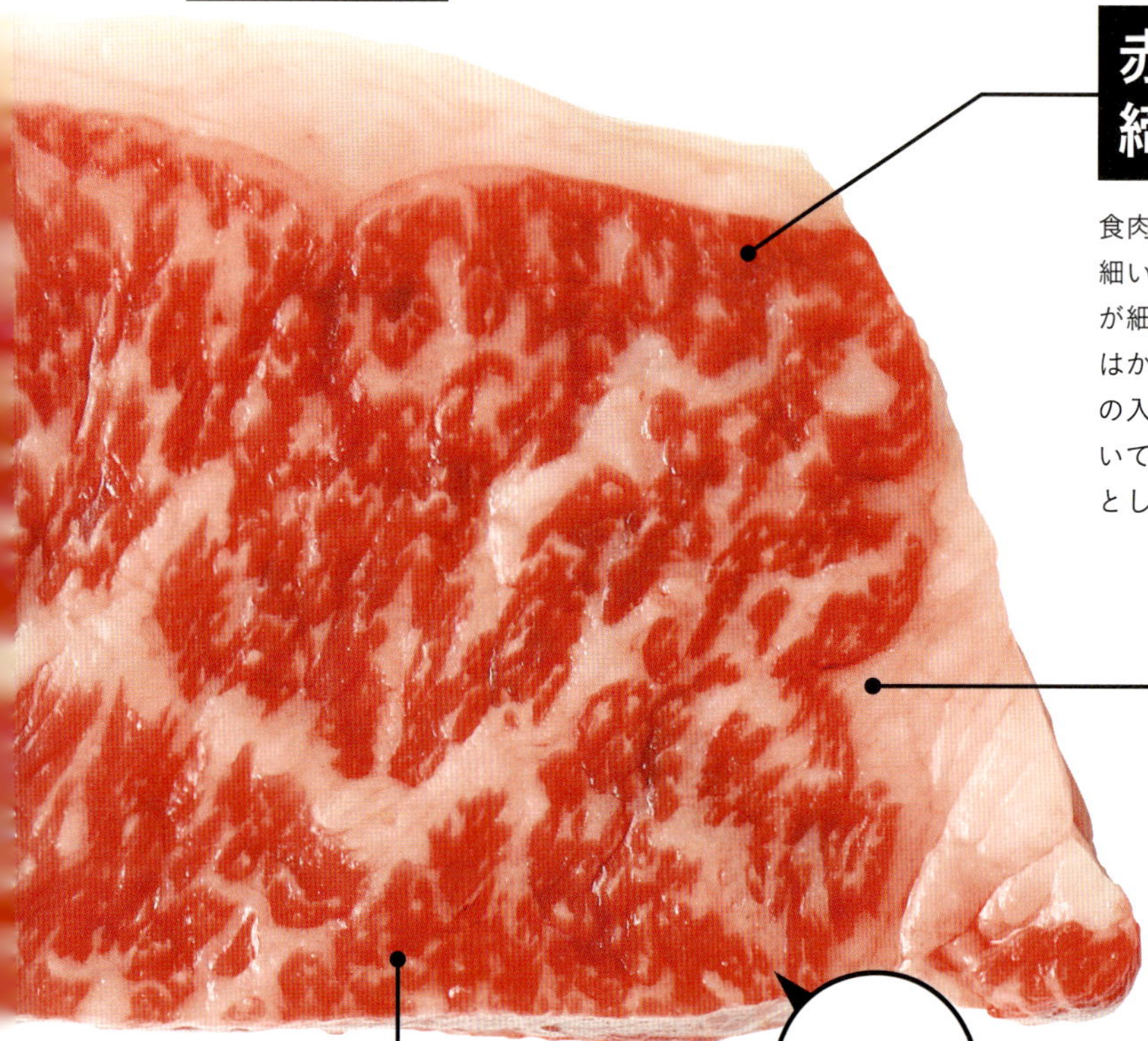

赤身のきめ＆締まり

食肉の組織は、細長い筋繊維の束。この束が細いときめが細かく、太いと粗くなる。きめが細かいと肉はやわらかく、きめが粗いと肉はかたい。また、肉の締まりには水分や脂肪の入り方などが影響し、肉質がしっとりしていて弾力があるものを締まりがよい、だらっとしていてゆるいものを締まりが劣るという。

赤身への脂肪（サシ）の入り方

牛や豚の赤身肉に脂肪が入り込むことをサシが入る（脂肪交雑）といい、赤身全体に脂肪が入っているものは霜降り肉と呼ぶ。サシは肉をやわらかくして口当たりをよくし、脂肪特有のコクを与えて肉の味をよくする。

格付評価
≫P140、158

赤身と脂肪の色沢

肉の品質を見るポイントのひとつ。赤身の色は、よく動かす部位ほど濃い赤で、短時間空気に触れると鮮やかな赤色になる。脂肪は乳白色でツヤがあることが大事。ただし、飼料によって色合いは変わる。

調理前に見るべきポイントは「形状」「色」「光沢」

肉のおいしさはさまざまな要素に左右されますが、生肉の状態で見て判断できるものに、形状、色、光沢があります。これらは肉を格付評価するときの項目にもなっています。

どのような料理に使うのか、どのようなおいしさを求めたいのか、それによって肉を選ぶ基準も変わりますが、まずは見るべきポイントを押さえて、おいしい肉を選びましょう。

食肉のおいしさは

肉の味はどうやって生まれるのか、科学的な視点で見ていきましょう。肉がどんな要素でできていて、調理

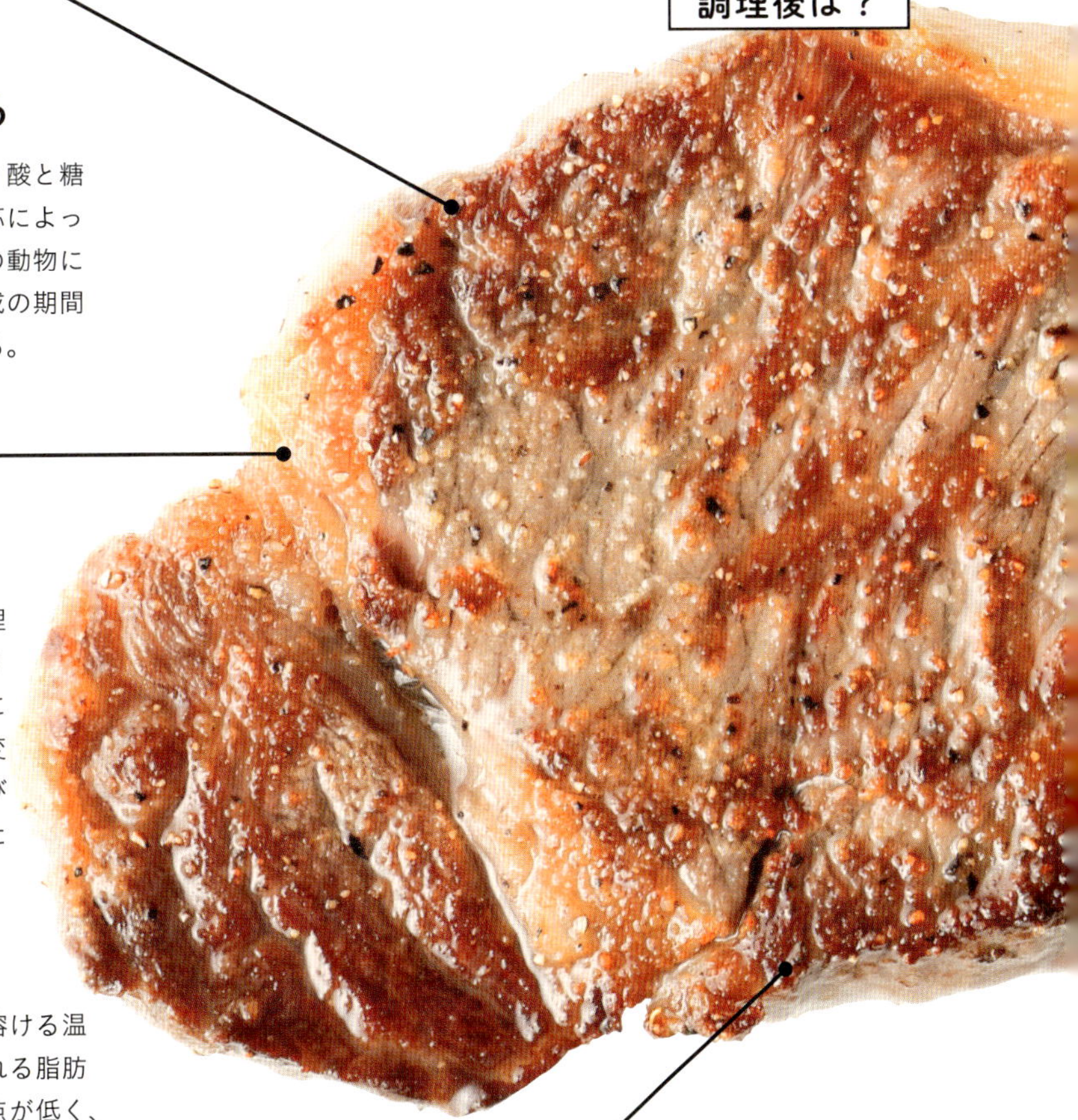

香り

煮る、焼くなどの加熱調理で生成される

加熱した肉のいい香りは、調理でアミノ酸と糖が反応することで起こるメイラード反応によって生まれる。また、牛・豚・鶏肉などの動物によって異なる香り、飼料やと畜後の熟成の期間・方法などによる個性的な香りも加わる。

食感

歯触り

肉のきめと締まりのほか、もちろん調理によっても変化する。同じ肉でも薄切りやひき肉、角切りでかなり違う歯触りになる。また、加熱するとタンパク質が変性してかたくなるが、長時間煮ると再びやわらかくなる。また、カリッと焼いた表面も、調理後の肉のおいしさ。

舌触り

肉のなめらかさは、脂肪の量と脂肪が溶ける温度（融点）によって変わる。肉に含まれる脂肪のうち、不飽和脂肪酸が多いものは融点が低く、比較的低い温度で食べても舌触りがよい。

味

旨み、甘み、酸味、苦み、ミネラルの風味、コク

肉の味の主体は、グルタミン酸とイノシン酸などによる旨み。甘み、酸味、苦み、ミネラルの風味のもとになる物質も含まれていて、また、脂肪があるほうがコクを感じやすい。肉を調理すると、組織が壊れて味覚を刺激する物質がしみ出し、化学変化が起こって肉の味が強まる。

調理後のおいしさの要素は「香り」「食感」「味」

調理した肉を食べて初めて認識できるおいしさの要素には、香り、食感、味などがあります。香りは口に入れなくても漂いますが、口に入れて初めて感じる香りも重要です。同じ肉でも切り方ひとつで食感が変わりますし、肉を噛んだときにしみ出る肉汁のジューシーさもおいしい食感のひとつです。

どの要素も、蒸す、焼く、煮る、揚げるなど、調理方法によってがらっと変わり、さまざまなおいしさが楽しめます。

おいしさを左右する食肉の組織を知る

食肉は、牛、豚、鶏など動物の筋肉。それがどんな成分で、どんなふうにできているのかを知れば、調理のポイントが科学的にわかるはずです。

肉の組織を理解すればおいしさの理由と調理のコツがわかる

日本人が好む肉のおいしさは「やわらかい」「ジューシー」「とろける舌触り」ですが、欧米では「歯ごたえ」「肉からしみ出る旨み」が好まれます。求める味に仕上げるには、肉の組織を知ることが大事です。

食肉に含まれるタンパク質は加熱によって変性し、肉が収縮することで水分＝肉汁も滲出します。さらに肉の周囲や内部の脂肪は、加熱で溶けます。これら組織の変化をうまく生かすことで、理想的な料理が仕上がるのです。

筋繊維

筋肉組織

筋肉を構成する繊維状の細胞。筋収縮を起こす筋原繊維と、ゾル状の筋漿（筋形質）からなる。

筋繊維束（筋束）

筋肉組織
結合組織

筋繊維が束になったもの。これが数十本集まってさらに太い筋束となり、筋束が集まって筋肉をつくっている。

筋内膜（おもにコラーゲン）

結合組織
脂肪組織

筋繊維をとり巻いている膜。

内筋周膜（おもにコラーゲン）

結合組織
脂肪組織

筋束を包む膜。筋束をつなぎ合わせている。筋内膜や筋周膜に脂肪が分散しているのが、いわゆる霜降りの状態。

3つの筋肉タンパク質

筋原繊維タンパク質

筋肉の約50％を占めるタンパク質。筋原繊維を構成する繊維状タンパク質で、調理工程では、肉の保水性や結着性と関連する。

種類
ミオシン、アクチンなど

筋形質タンパク質（筋漿タンパク質）

筋肉の約30％を占めるタンパク質。筋原繊維の間を満たしている筋漿に存在するタンパク質で、解糖系酵素や色素タンパク質を含む。

種類
ミオグロビン、ヘモグロビンなど

結合組織タンパク質（肉基質タンパク質）

筋肉の約20％を占めるタンパク質で、筋束をつないだり、骨と筋肉を接合したりする役割をもつ。コラーゲンは強い繊維だが、液体の中で長時間加熱するとゼラチン化し、肉のやわらかさに影響する。

種類
コラーゲン、エラスチンなど

食肉は骨格筋で、細い筋繊維の束と結合組織でできている

一般的な食肉は骨格筋で、骨に付着して骨を運動させる筋肉です。この筋肉は、細長い筋繊維と、その筋繊維を束ねてつなぎ合わせる結合組織、結合組織の中に見られる脂肪組織からなります。運動量が増えると筋繊維が太くなり、結合組織のコラーゲン分子間の結びつきが強まり、肉がかたくなります。すね肉や肩肉などのよく動く部位がかたいのは、そのためなのです。

MEMO

肉のかたさとやわらかさ

肉のかたさは、部位や運動量のほか、動物の年齢にも左右されます。若い動物は筋繊維がやわらかく、コラーゲンも早くゼラチン化しますが、年をとるにつれて、肉はかたくなっていきます。やわらかい肉はどんな料理にも向きますが、かたい肉は煮込むなどして、コラーゲンをゼラチン化させるのがよいでしょう。

その他の筋肉成分

糖質

筋肉中の糖質は、ブドウ糖が多数結合したグリコーゲンが含まれるが、ごくわずか。熟成中に大部分が分解される。

旨み成分

筋肉中の旨み成分としては、核酸関連化合物のイノシン酸とアミノ酸の一種のグルタミン酸が味の中心になっている。

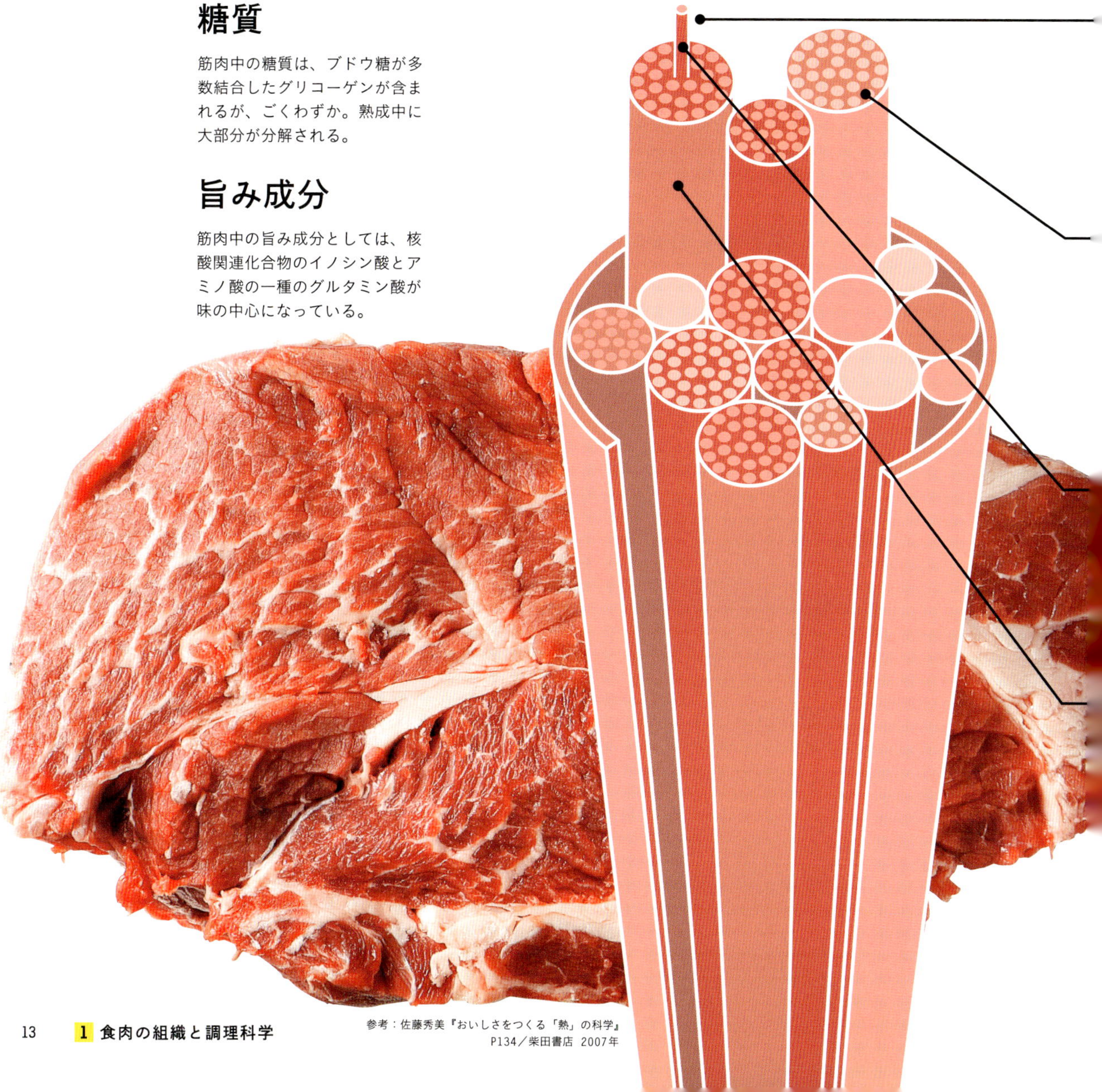

参考：佐藤秀美『おいしさをつくる「熱」の科学』P134／柴田書店 2007年

温度によって食肉の組織はどのように変化するのか

肉は、基本的に加熱調理して食べる食材です。加熱の温度と時間が、肉の組織をどう変化させるのかを知れば、調理の失敗を防げるようになるでしょう。

タンパク質の加熱による変化と保水性の変化

筋原繊維タンパク質の構成成分のうち、ミオシンは50℃付近で凝固しはじめ、アクチンは70～80℃で凝固するといわれています。また、筋膜をつくっている結合組織タンパク質のコラーゲンは、強い弾性がありますが、加熱すると長さが1／3ほどになってしまいます。これらのタンパク質の変性によって肉は次第にかたくなり、肉汁も流れ出ていきます。ただし、煮込みの場合は長時間加熱を続けるとコラーゲンがゼラチン化して、肉はやわらかく感じられるようになります。

ステーキの焼き加減（中心温度）の目安

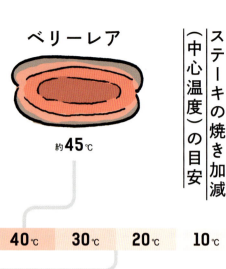

ベリーレア

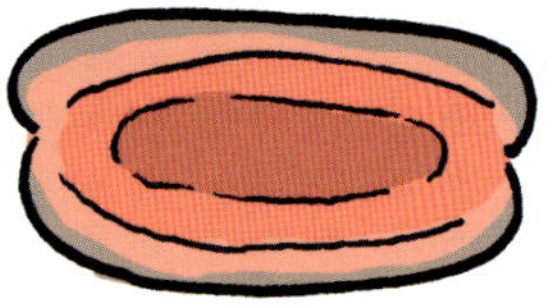

約45℃

40℃　30℃　20℃　10℃

肉の組織の変化

30℃～50℃

肉の脂肪が溶ける（融点）

脂肪が溶ける温度（融点）は、動物の種類や個体で異なる。これは、それぞれの脂肪に含まれる脂肪酸の割合が違うから。溶けた脂肪は組織の外へしみ出し、肉はなめらかな食感になる。

脂肪の融点

牛	40℃～50℃
豚	33℃～46℃
鶏	30℃～32℃

ウエルダン	ミディアム	レア

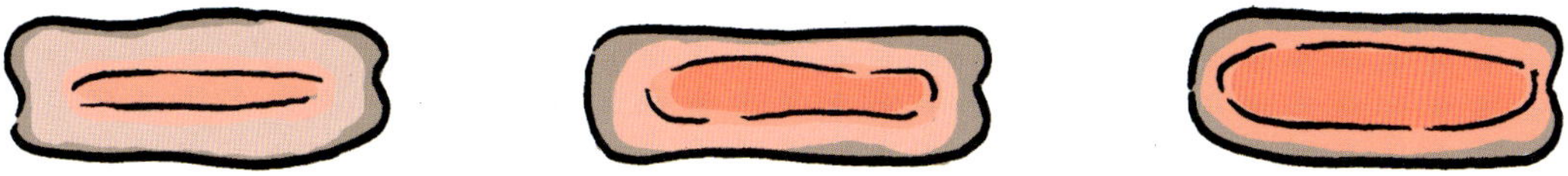

約70℃	60℃〜65℃	50℃〜55℃

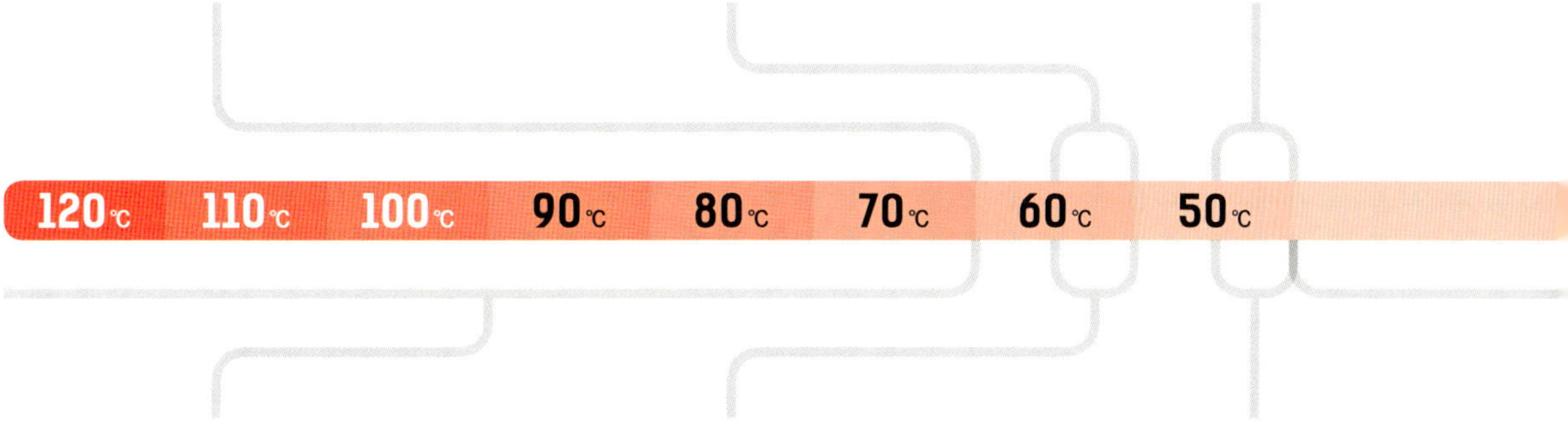
120℃
110℃
100℃
90℃
80℃
70℃
60℃
50℃

70℃〜

コラーゲンがゼラチン化しはじめる

70℃付近になると、結合組織のコラーゲンが分解されてゼラチン化しはじめる。煮込みのように長時間加熱したとき、コラーゲンはゼラチン化してやわらかくなる。そのため、結合組織によってまとまっていた筋繊維は、簡単にほぐれてつぶれるようになる。繊維自体は水分を失っているが、コラーゲンの多い肉では、ゼラチンでジューシーさが加わり、肉はやわらかくなったように感じる。

60℃〜65℃

コラーゲンの収縮が始まる

結合組織タンパク質のコラーゲンは60℃くらいから収縮が始まり、65℃付近でさらに収縮して、肉が急速にかたくなる。強靭なコラーゲンが1/3ほどの長さになるので、コラーゲンの多い肉では、急に肉汁がたくさん出て、見るからに縮んで歯ごたえが強くなる。

50℃〜55℃

筋原繊維タンパク質が凝固しはじめる

タンパク質のうち、筋原繊維タンパク質をおもに構成するミオシンは約50℃で凝固しはじめ、肉に締まりが出てくる。

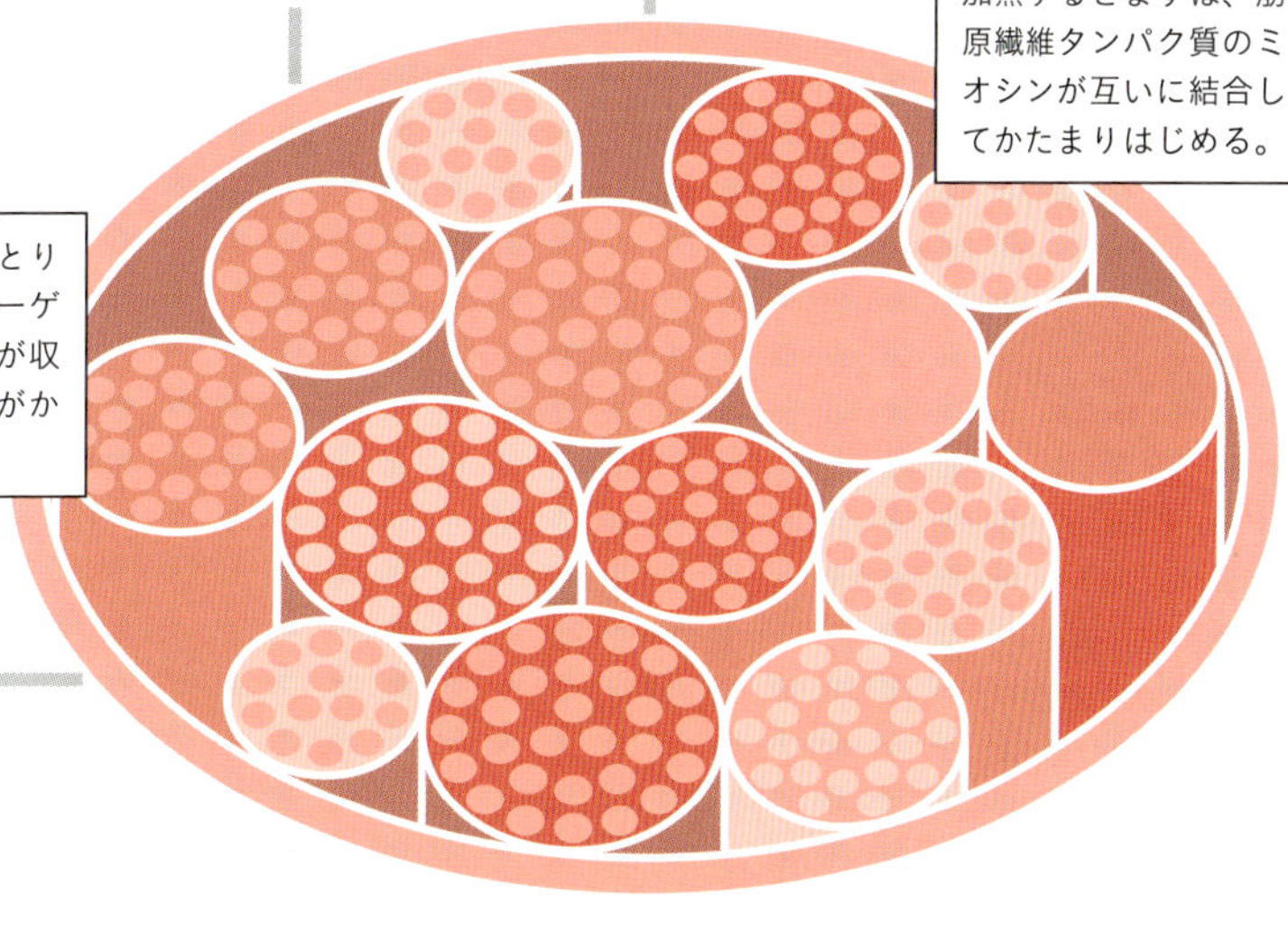

加熱するとまずは、筋原繊維タンパク質のミオシンが互いに結合してかたまりはじめる。

筋繊維や筋繊維束をとり巻く結合組織はコラーゲンが主成分で、これが収縮することで肉全体がかたく締まる。

煮込みなど、液体を使って70℃以上で加熱するとコラーゲンがゼラチン化するため、結合組織がゆるみ、筋繊維がほぐれやすくなってやわらかくなる。

参考：佐藤秀美『おいしさをつくる「熱」の科学』P134／柴田書店 2007年

私たちが感じる おいしさの3大要素

肉のおいしさを得るためのコツは、調理の第一段階である肉を切るところから始まります。大事なポイントを、料理のプロに教わっていきましょう。

やわらかい
ジューシー
脂を感じる

おいしく食べるための方法①

「食肉の繊維を断ち切る」

肉の組織は、タンパク質が主成分の細い繊維からできていますが、この繊維が長いまま残っていると、肉に歯ごたえが出てかたく感じます。一説には、同じ肉でも繊維と平行に切ったものを噛む力は、垂直に切ったものの4倍かかるといわれます。

そこで、肉を切るときは繊維の方向をよく

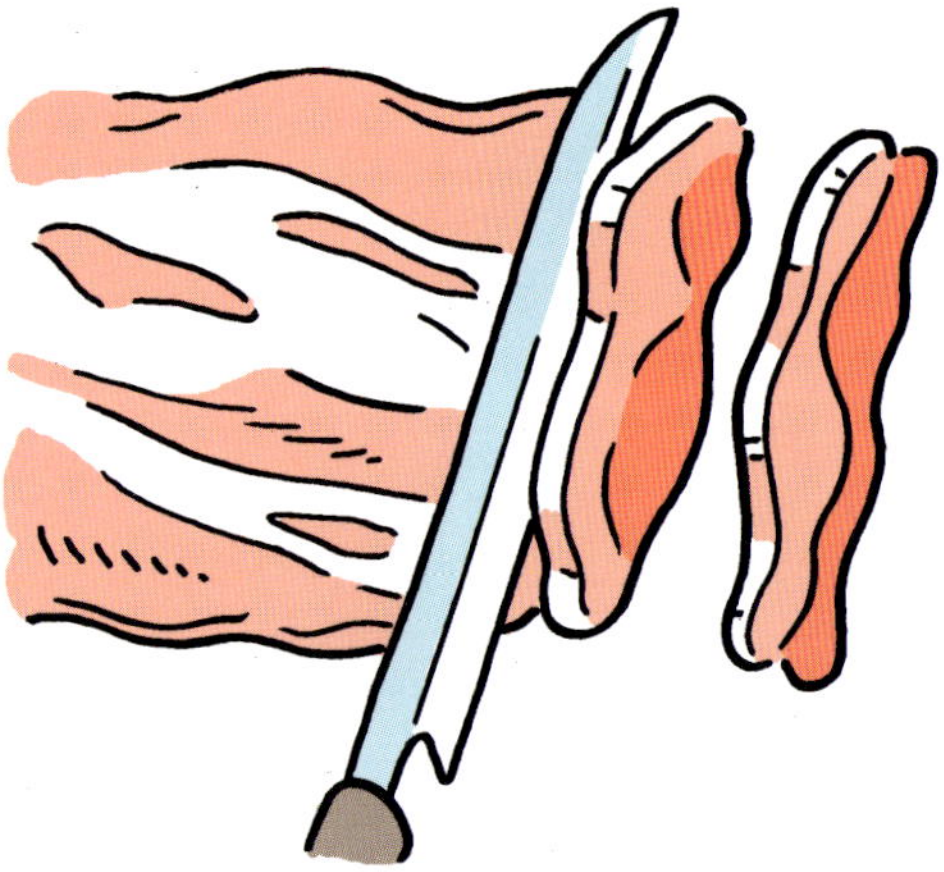

生肉は繊維に対して垂直に切り、繊維を短くする

肉をまな板に置いて、繊維の方向を確かめる。牛ヒレ肉や豚ロース肉などは、切り口を見るとわかりやすい。鶏むね肉は、真ん中から外側に向かって繊維が走っている。ただし、肉は繊維を断ち切ると、火を通したときにやわらかくなると同時に肉汁が逃げやすくなり、特に鶏むね肉はパサつきやすいので気をつけること。

見て、繊維に対して垂直に断ち切りましょう。繊維が短くなれば噛み切りやすくなり、肉のやわらかさが味わえます。牛肉や豚肉は繊維が長く一定方向なので切りやすいですが、鶏むね肉など、繊維の方向が一定でないものもあるので注意が必要です。

また、火を入れてから繊維を断ち切るのも有効です。塊肉のローストなどは、焼いたものを繊維を断つように切ってから盛りつけましょう。

MEMO

筋切りすることで肉をやわらかく仕上げる

例えば豚ロース肉では、赤身と脂肪の間にある、白い半透明の膜のような部分が筋です。ここは結合組織タンパク質なので歯ごたえがあってかたく、切らずに加熱すると縮むので、肉が反り返ってしまいます。そこで、加熱前に筋の数か所にチョンチョンと切り込みを入れます。また、鶏もも肉の脚先に近い側のように筋が多い部分は、肉全体に切り込みを入れるとよいでしょう。そうすれば、やわらかく、反り返らずきれいに仕上がります。

使う肉の特徴を生かすような切り方を考える

例えば牛ヒレ肉は、大きいままオーブンで火を通してから切り分ける場合もあるが、メダル状に輪切りにして焼くのが定番。生のまま薄く切ってから焼くと、急速に離水してパサパサになりがちで、せっかくの牛ヒレ肉がもったいない場合も。メダル状で焼いてナイフとフォークを使って切り分けたほうが、よりジューシーでやわらかく食べられる。

薄切りで加熱するとかたくなりやすい肉は、塊で焼いてから薄く切る

カモのロース肉、豚もも肉などは、薄切りにしてから加熱するとかたくなりやすく、パサパサになりがちで、旨みが逃げやすい。こうした肉は、塊のままで焼いたり煮たりして適度に火を通し、粗熱をとってから繊維を断ち切るのがよい。こうすると、ジューシーなままやわらかく食べることができる。

肉を美しく切る 包丁使いが おいしさを決める

上等な肉も、切れ味の悪い包丁で無理に切ると、味が格段に落ちてしまいます。肉のおいしさを最大限に引き出すために、プロは包丁や切り方にもこだわっているのです。

包丁選びと切り方で肉の味が変わる

肉は、切り方ひとつで味が変わります。まずは、よく切れる適度なサイズの包丁を手に入れましょう。切れ味の悪い包丁や小さすぎる包丁では、どんなにテクニックがあってもきれいに切れません。十分な刃渡りがあって刃が薄く、よく研いだ包丁で、時間をかけずに一気に繊維を断ち切ることが大事です。切れない包丁でギコギコとのこぎりを引くように力と時間をかけて切ると、断面がガタガタになったり、繊維がつぶれて肉汁が出てしまったりします。

肉を切るHOW TO

1 軽く握る

包丁をギュッと強く握ると、力が入って肉に圧がかかってしまう。力を抜くのが難しいときには、小指を柄から離すと、軽く握れる。

2 前か後ろへスライド

洋包丁は、刺身のように引いて切るのではなく、前へスライドさせて切るのが基本。引き切りのほうが簡単な場合は、それでもOK。

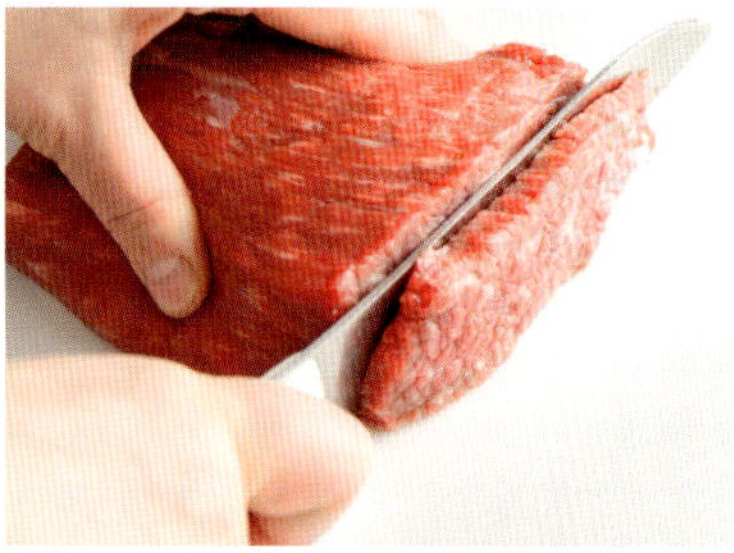

NG!

圧をかけて切る

力を入れて、刃に余分な圧がかかると、肉の繊維がつぶれてしまう。切れ味が悪い包丁で切ろうとすると、力が入ってしまうので、切る前に研ぐといい。

また、ある調査では切れ味の落ちた包丁で切った場合、まぐろは旨みが減り、野菜は苦みやえぐみなどが増えるという結果もあります。玉ねぎのみじん切りで涙が出るのも、包丁の切れ味の悪さが一因といわれます。

きれいな断面

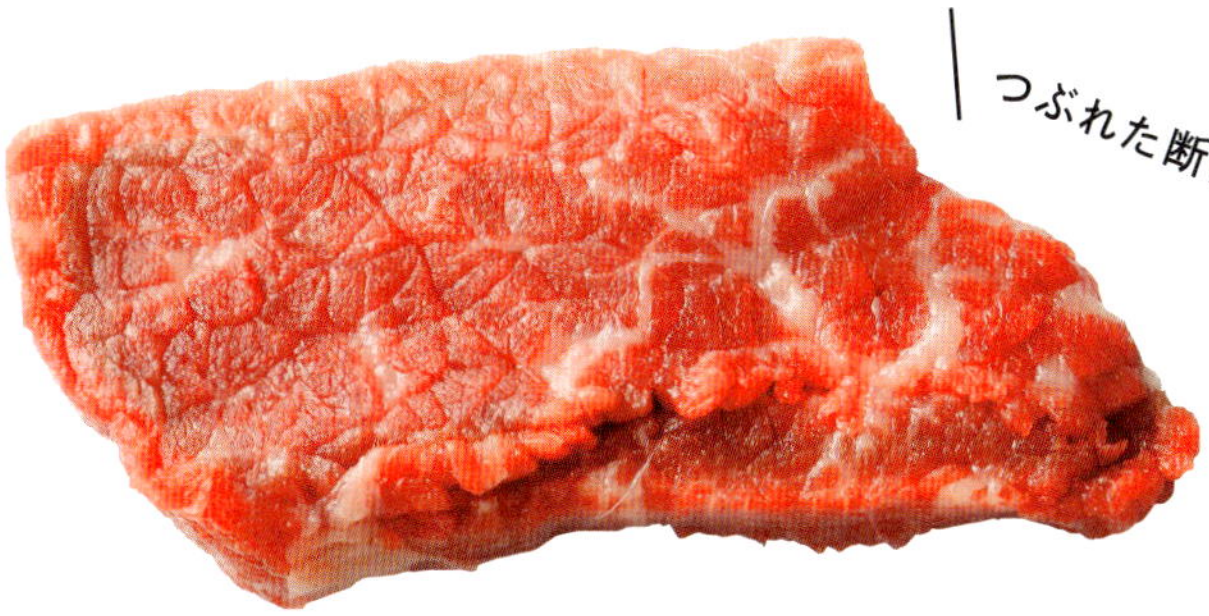

つぶれた断面

おすすめの肉切り包丁はこれ!

刃渡りは長め

洋包丁の「筋引き」や「牛刀」がおすすめ。刃渡りは、20cm程度はあるほうがきれいにラクに切れるが、まな板の大きさと関係するので、買うときに確認するとよい。

刃は薄いものがベスト

薄い刃は、切れ味が鋭いことが特徴。これなら肉の繊維を壊すことなく、きれいに切ることができる。

刃幅は狭いほうが◎

ここが狭いと包丁が自由に動かしやすく、余分な脂や筋を引いたり、筋切りをするのもラク。ただし、野菜などは切りにくくなるので、肉切り専用にするとよい。

おいしく食べるための方法②

「タンパク質の変性温度を利用する」

肉を加熱調理するときは、肉の中心温度を60～65℃に保つのがおすすめです。タンパク質は50～60℃で凝固しはじめますが、これ以上温度が高くならないように保てば、やわらかさをキープできるからです。さらに肉汁もあまり滲出しないので、ジューシーさも味わえます。

これを利用したのが、低温調理です。肉の温度を低く保って長時間加熱することで、やわらかさとジューシーさを残して仕上げることができ、温度と時間の条件によっては殺菌もできます。

また、オーブンやフライパンで焼く場合は余熱を利用する、コラーゲンの少ない肉を使った軽い煮込みの場合は火加減に注意しながらさっと加熱する、などの方法が有効です。

温度が高くなるとどんな影響がある?

タンパク質が変性する

肉汁が出る

温度が高くなるにつれてタンパク質がだんだんと変性し、収縮して、肉汁がたくさん出るようになる。ただし、長時間煮る場合はコラーゲンのゼラチン化が狙える。

焼く場合は余熱で
肉の温度をキープ

フライパンで肉を焼いたあと、アルミホイルに包んで温かい場所に置き、肉の温度をキープして余熱でさらに火を通す。牛肉やラム肉のローストでは、肉に温度計を刺して温度調節することもある。

フライパン調理では
アロゼが効果的

肉の旨みを含んだムース状のバターの気泡を肉にかけながら、肉の中心を低めの温度でじっくりと焼き上げる。上の面からも熱をゆっくり伝えることで、やわらかくて肉汁たっぷりの仕上がりに。

おいしく食べるための方法③

「肉の中に水分（肉汁）をとどめる」

肉の水分量は、ジューシーさを決める大事な要素です。肉を加熱調理すると筋原繊維タンパク質や結合組織タンパク質が凝固して縮み、保水できなくなります。すると肉の水分が滲出しはじめ、同時に水分と共存している旨みも一緒に溶け出し、この工程が進みすぎると、肉汁が抜けたパサパサのかたい肉になってしまうのです。

必要な肉の水分をキープしてしっとり仕上げるには、切り方、加熱の温度と時間に注意することが大切です。焼く場合と煮る場合で、それぞれに違う工夫が考えられます。水分と旨みを肉に保って、ジューシーな味わいを楽しみましょう。

焼き色は高温でつけ、低温で火を通す

肉汁は60〜65℃で多く出て、中心温度が70℃を超えると肉がパサパサになってしまうことも。強火で表面だけ焼きつけてから火を弱めて火を通すか、低温調理して火を通したあと強火で表面に焼き色をつけて。

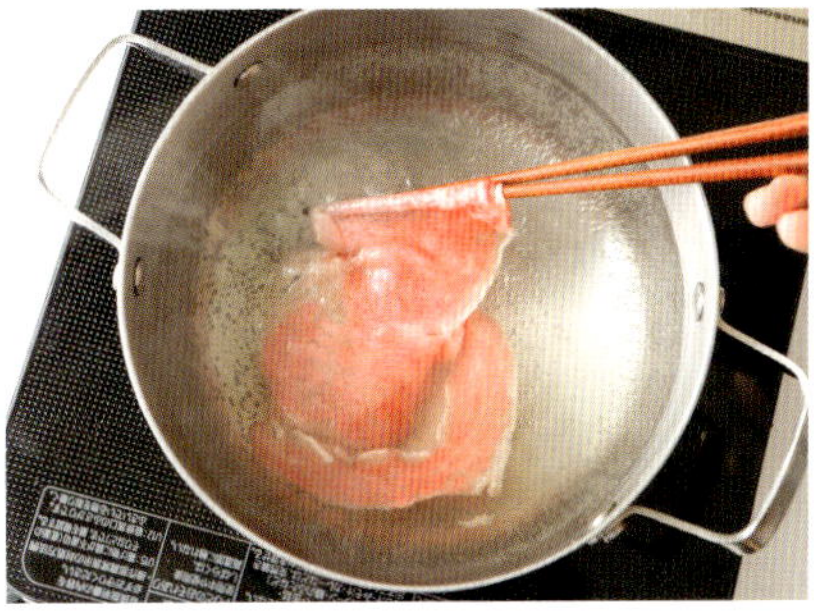

しゃぶしゃぶは80℃でさっと加熱する

薄切り肉をしゃぶしゃぶにするときは80℃くらいで鍋肌がふつふつする状態を保ち、さっと加熱。沸騰するほど高温では、タンパク質がかたく締まるので、肉はかたくなり、水分も流れ出てしまった状態になる。

煮込みは大きな肉の塊で煮るのもひとつの手

肉は大きな塊のほうが、小さく切ったものよりも合計の表面積が小さくなり、その分、煮込んだときに肉汁が逃げにくくなる。ある程度の大きさで煮込むと、大きめの肉を食べる楽しみや、肉の旨みが味わえる。

MEMO

アロゼで水分の蒸発を防ぎながら香ばしく火を通す

フライパンやオーブンで焼く場合に有効です。肉を焼いているときに、フライパンなどにたまった油をすくって肉の表面にかけることを、アロゼといいます。表面をコーティングして、水分の蒸発を防ぎます。また、肉汁の混ざった油をかけることで香ばしい焼き色がつき、風味も増します。

おいしく食べるための方法④

「調味料、酵素を活用して肉をやわらかく」

肉をやわらかく調理するポイントは、加熱の温度と時間だけではありません。調味料も、やわらかく仕上げるための大切な役割を果たしてくれます。同じ肉を使っても、例えば塩や砂糖の使い方が違えば、かたくなったりやわらかくなったりと差が出ます。また、タンパク質の分解を助ける酵素をもつ食材も、肉をやわらかくする効果があります。

こうした作用は、肉のタンパク質に働きかける化学反応によるものです。下記の方法はいずれも、肉の表面近くにしか作用しないので、厚い肉の場合にはフォークで穴をあけてもよいでしょう。ただし、味が濃くなりすぎたり、やわらかくなりすぎて、加熱するとボロボロになってしまったりすることも考えられるので、注意しましょう。

1 塩を使う

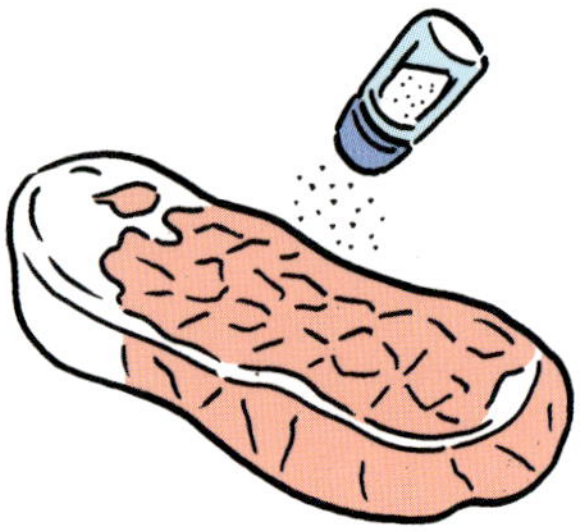

肉の保水性を塩が高める

塩をふってしばらくおくと、塩水に溶けるタンパク質が溶出して表面を覆うため、保水性がアップ。加熱しても肉汁が逃げにくく、やわらかく仕上がる。

2 酢を加えて煮込む

pHを下げて酸性にして肉を軟化させる

酢やレモン汁などを加えて酸性にすると肉の保水性が高まり、さらに肉に存在する酸性で働くタンパク質分解酵素が活性化してやわらかくなる。酢やワインでマリネするのも有効。ただし、時間が短いとかたくなる。

3 砂糖を加える

タンパク質の熱凝固を遅らせる

砂糖は加熱によるタンパク質の凝固をゆるやかにし、さらに肉の水分やコラーゲンと結びついて保水性を高める働きがある。下味としてもみ込んだり、すき焼きなどで肉を焼くときにふりかけるなどして。

MEMO

肉に対するアルコール飲料の作用

ワインや日本酒などのアルコール飲料は酸性なので、肉をやわらかくします。その効果は、赤ワイン、白ワイン、日本酒の順に高いといわれます。さらに、これらは肉特有のにおいをやわらげて風味をつける役割もあり、おいしく仕上げるのに有効です。ただし、漬ける時間が短いと肉がかたくなって逆効果になることもあるので注意が必要です。

4
しょうがやまいたけを利用する

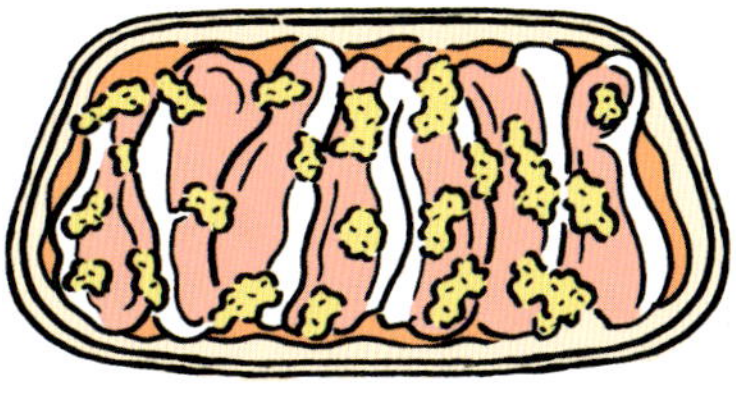

タンパク質分解酵素でやわらかくする

しょうがや玉ねぎ、まいたけのタンパク質分解酵素が肉の組織をほぐし、やわらかくする。どちらも生のものを使い、切ったりすりおろしたりして、肉にまぶす。加熱すると酵素が働かなくなる。

5
オリーブ油をまぶす

油の層で水分の蒸発を抑制する

肉を焼く前に、オリーブ油などの油をまぶしてコーティング。フライパンに接していない面からの水分の蒸発が抑えられ、しっとり焼き上がる。

6
みそや塩麹に漬ける

プロテアーゼによりやわらかくなり旨みが増す

みそや塩麹には、しょうがなどと同じタンパク質分解酵素のプロテアーゼが含まれており、タンパク質を分解して肉をやわらかくすると同時に、旨みのもとになるアミノ酸を増やす。

「熟成肉を調理する」

家畜は、と畜されたあと、筋収縮してかたくなるため、牛なら約10日間、豚なら3～5日間程度、熟成されます。こうしてやわらかくなった食肉が出回るのです。ここでいう「熟成肉」とは、通常よりも熟成期間の長い肉を指します。日本では最近の赤身肉ブームが後押しして、専門のレストランも増えてきています。

熟成肉の製造方法は、ドライエイジングとウエットエイジングの2種類があり、前者はアメリカの高級店で行われてきた方法で、後者は流通のために考案された保存方法です。肉は熟成することによって、タンパク質が酵素の作用で分解されてやわらかくなり、アミノ酸が生成されて旨みも増すのです。

ドライエイジングって？

一定の温度や湿度を保った貯蔵庫で、肉に風を当てて熟成させる方法。肉に含まれる酵素や微生物による作用で、独特の風味をもったやわらかい牛肉になる。その風味はバター、ナッツ、カラメルなどに例えられる。赤身肉は水分が多いが、余分な水分を抜くと風味が凝縮し、旨みが濃くなるともいわれる。

温度・湿度・期間

温度を1～3℃に、湿度を70～80％にキープできる専用の貯蔵庫に入れて、送風しながら14日間以上熟成させる。40～60日程度が多いよう。

酵素

肉に内在する酵素が、タンパク質をペプチド（アミノ酸が結合したもの）やアミノ酸に分解することで、旨みを引き出し、独特のフレーバーも生成される。

送風と水分活性

風をあて、肉の表面を乾燥させながら水分を少なくする。水分活性値が下がり、腐敗しにくくなることが期待できる。

微生物

肉の表面につくカビや酵母などは、独特な熟成香の生成に影響していると考えられている。この表面は熟成後、内部の肉に付着しないよう注意して除去しないと、食肉も汚染されてしまう。

INFO

さの萬

食肉の加工・販売などの事業のひとつにドライエイジングビーフの日本での開発・販売があり、日本酒による日本初の熟成ローストビーフも提供している。

MEMO

熟成肉は適切に管理されたものを入手して、十分に加熱を！

熟成肉に関する法律などのルールは定められていないので、熟成方法や衛生管理は業者まかせなのが現状です。信用できる店かどうかを確かめて買い、十分に加熱してから食べること。東京都の調査では食中毒菌も発見されており、生食は絶対にしてはいけません。また、自分で熟成肉を製造するのも絶対にやめましょう。

ウエットエイジングって？

肉を真空パックし、一定温度の冷蔵庫で熟成させる。もともとは、肉の劣化や歩留の低下を防ぎ、流通しやすくするために考案された方法。あえて熟成として工夫を重ねた肉であれば、その風味はチーズやバターのようなコクのある乳製品に例えられる。食感は、口当たりがねっとりとしてやわらかくなるとも。

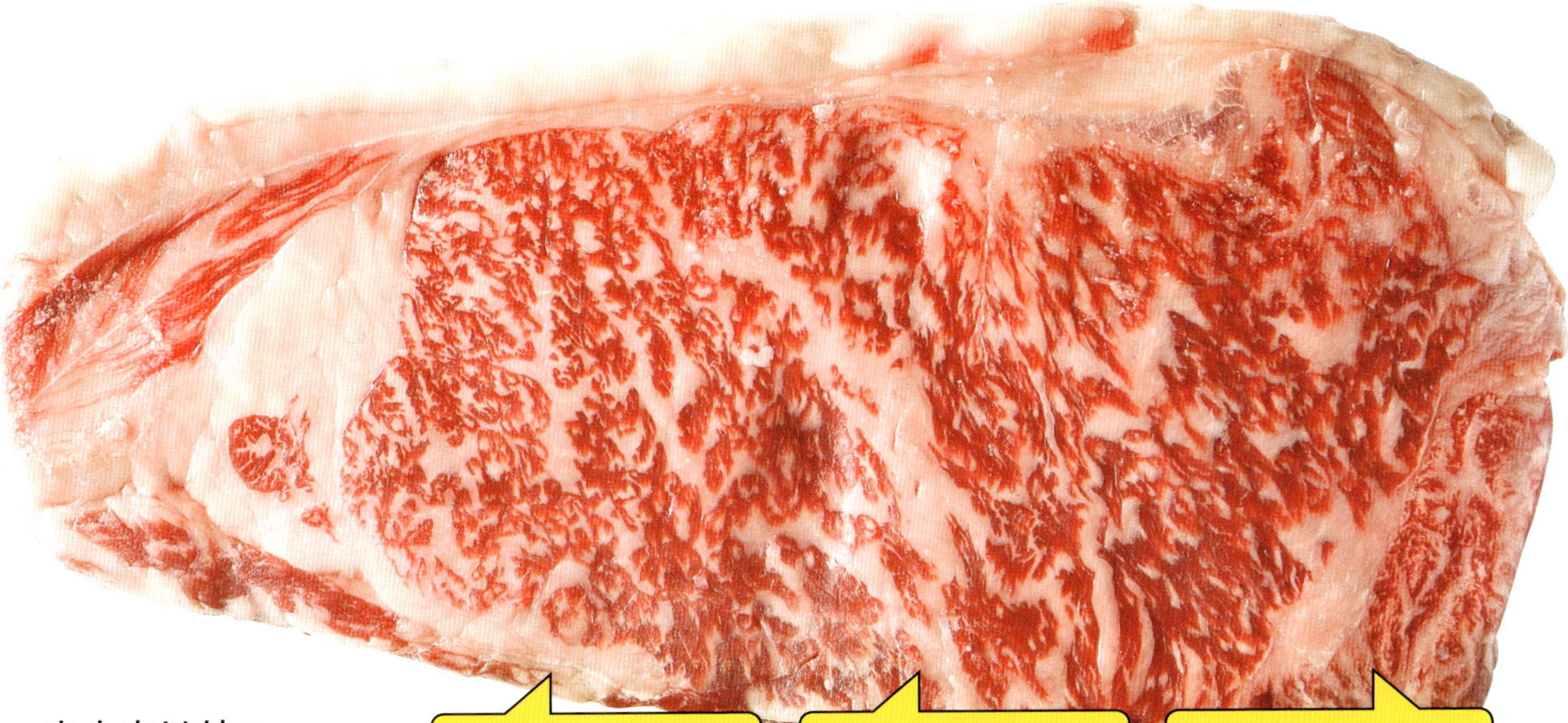

真空パック

肉を空気に触れさせないことで酸化や雑菌の付着を防ぎ、保存性を高める。しかし、ドライエイジングで醸成されるといわれる独特のフレーバーは、醸しにくいよう。

温度

肉が凍ることがなく、また、微生物が活動しにくくなる温度で保存される。0～3℃が一般的。

期間

ウエットエイジングの専門店によっては、30日間以上かけて余分な水分を除きながら旨みを凝縮させることもある。

赤身肉以外のウエットエイジング

サシが豊富な和牛は、ドライエイジングでは脂肪が酸化しやすく、特有の香りが薄まるので、ウエットエイジングが向いているといわれる。ただし、肉の性質に合わせて熟成方法を調整し、ドライエイジングも行われている。

やわらかく濃厚に肉の煮込みを仕上げる

肉の煮込みは、口の中でほぐれる食感が大事。肉のタンパク質と加熱温度による変化を追いながら、やわらかくて濃厚に仕上げるコツを学びましょう。

コラーゲンが多い肉を使い、加熱によるゼラチン化を利用

長い時間をかけて肉を煮込むときには、やわらかく濃厚に仕上がる肉を選ぶのもポイントです。鶏手羽先、すね肉、テール、スペアリブ、豚足といった、コラーゲンの多い部位を選びましょう。長時間加熱することによって、コラーゲンがゼラチン化し、とろりとやわらかくおいしい煮込みを作ることができます。

それでは、加熱によるタンパク質の変化のメカニズムを理解するところからスタート。極上の煮込み料理を作りましょう。

60℃未満

筋原繊維タンパク質のミオシンが凝固しはじめる

肉を加熱すると、50℃付近で筋原繊維タンパク質のミオシンが凝固しはじめる。また、筋形質タンパク質は55℃あたりから凝固しはじめて豆腐状に変化していく。煮込み料理の場合、肉は液体の中でじっくりと外側から中心に向かって加熱されるため、煮込みはじめの段階では、肉の外側は収縮しはじめる一方で中心はまだ収縮していない。

コラーゲンのゼラチン化によって、とろみがコクとして残る

肉を煮込む際、50℃くらいから筋原繊維タンパク質が凝固しはじめ、60℃くらいになると筋形質タンパク質も凝固してかたくなります。コラーゲンも60℃くらいから収縮がはじまるので、さらにかたくなりますが、75℃を超えるとある程度の速度でゼラチン化が進むので、鍋の中がふつふつしている状態で長時間煮込みましょう。竹ぐしがすっと通り、全体がゆるんだと感じたら、コラーゲンがゼラチン化した証拠。簡単に切れるやわらかさで、口の中でほどよいとろみがコクとして残る、極上の煮込みに仕上がります。

コラーゲンのゼラチン化

コラーゲン

加熱

75℃を超えると…
ゼラチン化する

75℃～

コラーゲンが熱分解し、ゼラチン化して肉がやわらかくなる

70℃くらいになると、結合組織タンパク質のコラーゲンがゼラチン化しはじめる。そして長時間の加熱をすると、結合組織タンパク質のコラーゲンが徐々にゼラチン化し、肉全体がゆるんでほぐれやすい状態になる。煮込む間はふつふつとした状態をキープできるように、鍋の中をチェックしながら火加減を調節すること。

60℃～75℃

コラーゲンが収縮して肉がかたくなる

内部温度が60℃くらいになると、筋原繊維タンパク質と筋形質タンパク質が凝固して収縮する。また、結合組織タンパク質のコラーゲンも60℃くらいから収縮がはじまり、65℃を超えたあたりからはさらに収縮して急速にかたくなる。これにより、肉汁も一気に出てしまい、肉全体が縮む。

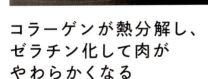

煮込む前に肉を一度焼きつける

肉の煮込みをおいしく仕上げるには、煮る前に一度表面を焼くことが大切。肉の表面を焼き固めることで、風味、色、香りがつき、仕上がりのソースの旨みになり、そのうえ煮崩れを防げます。また、煮込みの際に肉の表面に粉をまぶすのには、焼きつける際に香ばしさがつきやすくなる効果があります。また、煮込むうちに粉は溶けるので、それがとろみにもなります。

煮込むときに適した肉の大きさは

肉を長時間煮込む場合、大きめのサイズで煮込んであとから切るようにすると、肉汁が出ていく面を最小限にでき、旨みが流れ出て肉が縮むのを防げます。焼く面積が減るので、焼いたときにつく香ばしい風味は弱くなりますが、量をたくさん作る場合は効率的です。

最初から3cm角程度に切って煮込む場合は、煮崩れしたり、縮みやすくて大きさや形が揃わないといったことがある一方で、焼くことによる風味はつきやすいという特徴もあります。

肉に粉をつけて全面を焼きつければ、メイラード反応がより活発に起こり、風味、色、香りのもとに。ソースにも旨みととろみがつく。

大きめのサイズの肉は
縮みにくい！

3cm角の肉は
肉汁が出て縮む……

肉の表面を焼きつけてから煮込むと、風味、色、香りがよくなる

Q 肉はワインでマリネしたほうがやわらかくなりますか？

A マリネすると肉はやわらかくなりますが、もともとは臭み消しの意味が強いといわれます。最近の肉は臭みが少なく、マリネすると焼き色がつきにくくなり、アクをすくう手間もかかるのでおすすめしません。また、短時間のマリネでは、肉はかたくなってしまいます。

Q 圧力鍋で煮込むのがいちばんトロトロになりますか？

A 高温で圧力をかける圧力鍋は、コラーゲンが早くゼラチン化するので肉の煮込みに適しています。圧力鍋でやわらかくゆでた肉を、別の鍋で調味料を加えて煮含めるのがベターです。そうすることで、時短でありながらおいしい煮込みが作れます。

煮込みQ&A

味をしみ込ませるメカニズム

肉を煮込むと脂肪が溶け出すうえに、筋繊維が収縮することによって、水分（肉汁）も外へ押し出されてすきまができます。そこへ調味料を加えて煮込むことで、味が入っていくのです。

調味料は、味のしみにくい分子の大きな砂糖、小さな塩の順に加えたあと、風味の飛びやすい酢、しょうゆ、みそなどを加えます。これが調味料の「さしすせそ」の順です。

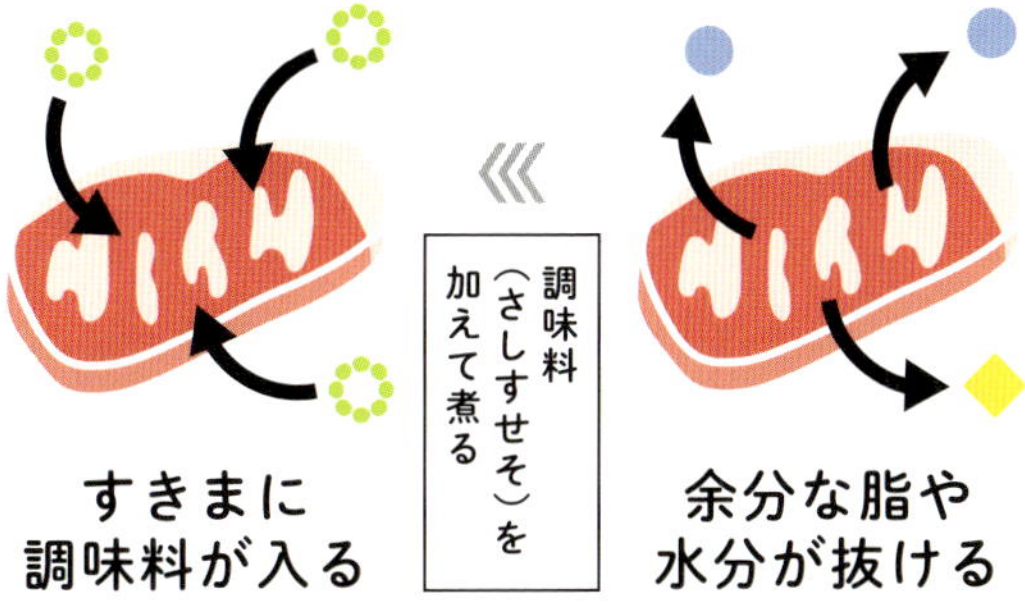
余分な脂や水分が抜ける
調味料（さしすせそ）を加えて煮る
すきまに調味料が入る

コトコト煮込むとコラーゲンがゼラチン化。とろみもついておいしくなる

外はカリッと、中はジューシー 肉をおいしく焼く秘密

おいしいステーキ肉を、豪快に焼いて食べたいと思いませんか？　肉を焼くメカニズムを通して、外はカリッと、中はやわらかく肉汁たっぷりに仕上げてみましょう。

脂身、香り、火の通し方をどのようにするか

　肉を焼くだけのステーキは、肉そのものをダイレクトに味わう料理。だからこそ、肉のおいしさを最大限に引き出す焼き方をマスターしたいものです。ポイントは、脂身のついた肉の場合、まず脂身部分をしっかり焼いて脂のコクを出しながら、香ばしさを出すこと。そして、肉の部分も焼いてメイラード反応による香りと色をつけることです。こうして、水分を抜きながら旨みを凝縮させていきます。

次に大切なのが、どのくらいの火の通し方にするかということ。レア、ミディアム、ウェルダンなど、どんな焼き加減に仕上げたいのかによって、必然的に焼き方も変わります。

牛ヒレ肉を焼くときは、表面がしっとりしたら裏返す

牛ヒレ肉を、熱したフライパンに入れて焼いていくと、タンパク質の変性が起こり、保水性が低くなるため、中の水分がしみ出て表面がしっとりしてきます。この時点で裏返すのが正解です。そしてそのまま加熱して、また表面に肉汁が上がってきたら、ミディアムステーキの焼き上がり。焼いた時間と同じくらい休ませます。切った断面はピンク色で、ロゼの状態になっています。

タンパク質の変性、肉の保水性、脂肪の融点の関係

牛ステーキ肉を焼くときは、中心温度が上がりすぎないように火を入れることが重要。厚い肉の場合は特に、中心に火が入りにくいので、油をかけながらゆっくり火を通し、中心が目標温度になるよう調節して焼きます。温度が高くなるにつれてタンパク質が収縮し、70℃付近になると、肉汁がたくさん出て急速にかたくなるので、中心温度は65℃未満がおすすめです。

豚の脂身や鶏の皮などは低い温度からじわじわ火を通して、脂肪の融点を超えた温度で、じっくり脂を出しながら焼きます。

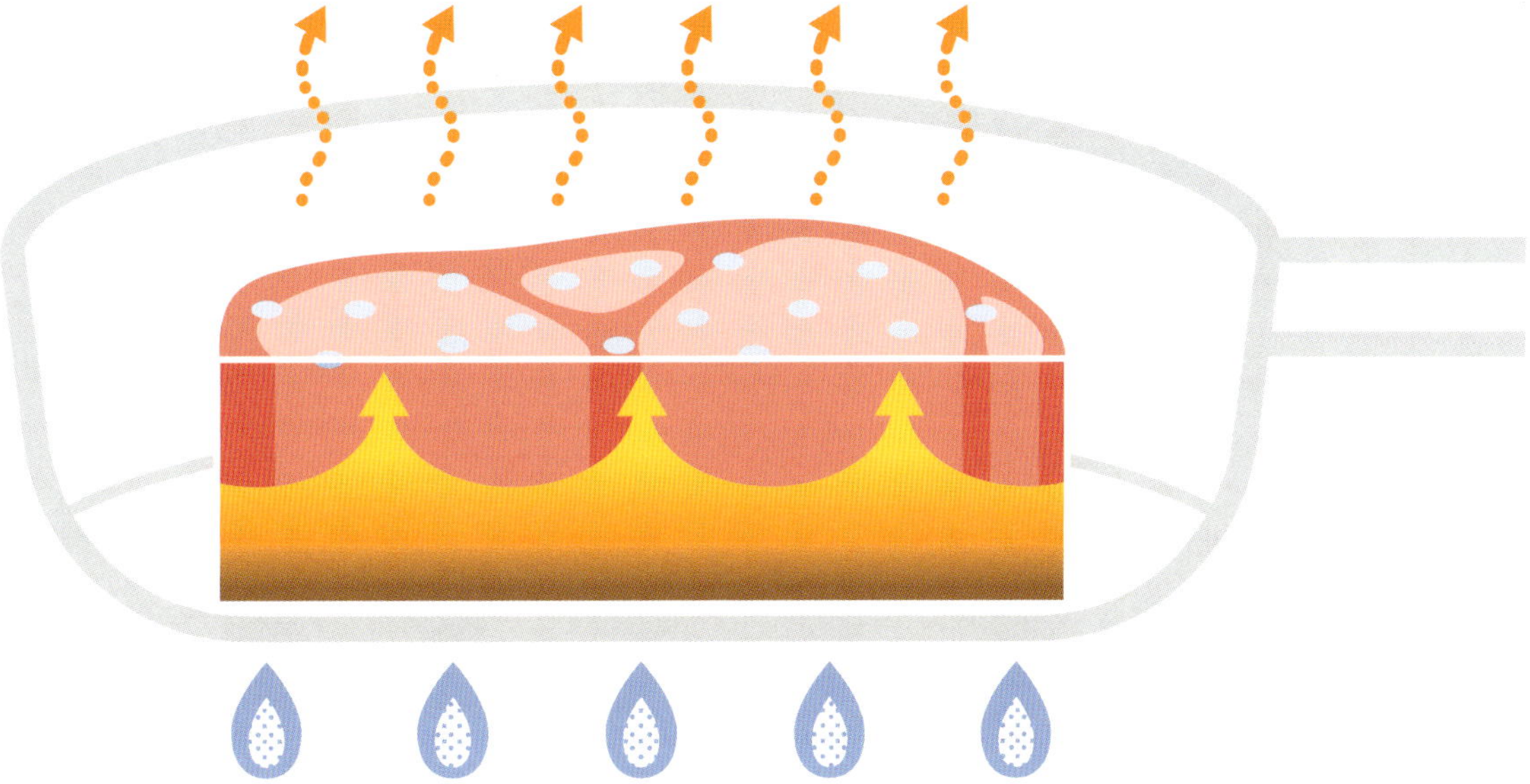

肉を焼くメカニズム

加熱する

熱した油で肉を焼く。脂身のついた肉は脂身から焼き、アロゼをしながら全面を焼く。

筋原繊維・筋形質タンパク質が凝固する

コラーゲンが縮む

メイラード反応などで焼き色がつき、香りが出る

筋原繊維・筋形質タンパク質の凝固とコラーゲンの縮み、メイラード反応が同時に起こる。タンパク質の変性が急速に進んでしまうと水分が抜けてパサついた状態になるので、火加減を調節して理想的に焼き上がるように肉の状態を確認しながら焼く。

水分が少し蒸発し、旨みが濃縮する

肉を焼くことによって、水分が蒸発するため、旨みは濃厚になる。

焼くおいしさの鍵をにぎるメイラード反応

メイラード反応って?

糖とアミノ酸が反応を起こす

≫

さまざまな化学反応が起こる

≫

褐色物質と香り成分が生成される

肉の表面を焼くと何が起こる?

フライパンに油を熱して肉を焼くと、表面でタンパク質の変性が起こり、肉汁が出てきます。そして、このまま加熱していくと、肉や肉汁に含まれるアミノ酸と糖の化学反応が起きます。肉の表面が茶色く色づき（褐色物質）、香ばしい香り（香り物質）が生まれることで、肉に旨みと風味がつくのです。これがメイラード反応。この反応を促すことが、おいしいステーキを焼くうえでいちばん大切です。

香ばしさや色をつけて焼いた旨みをプラス

メイラード反応によって香ばしさや色がつきますが、これこそが焼いた肉のおいしさの正体です。まずは200℃くらいに熱したフライパンに肉を入れ、薄めのステーキなら、そのまま強火で焼き目をつけます。厚みのある肉は、最初に表面を香ばしく焼き、あとは火を弱めてしっとりと焼くと、旨みが強くて中はジューシーな、理想的なステーキに仕上がります。

盛りつけで表になる面から焼くこともポイント

ステーキ肉を焼くときは、盛りつけるときに表になる面を先に焼く。先に焼く面のほうが、こんがりとした焼き色がついて、きれいに焼き上がる。

肉を焼くときの油脂の使い方にも注目!

肉の厚みによって、フライパンや油の温度をコントロールすることが必要です。薄めのステーキ肉なら、フライパンをしっかり熱し、火が通りすぎる前にすばやく表面に香ばしさをつけなければなりません。その場合、油の温度も高くなるので、まずはオリーブ油などで焼き、焦げやすいバターは最後に入れて風味づけにします。厚みのある肉なら、そこまで温度を上げないので、最初からバターを入れてじっくりまわりから火を通していきましょう。バターは、80%以上が乳脂肪で、16〜17%が水分です。焦げやすいので、温度管理に注意しましょう。

肉の焼き加減と中心温度の目安

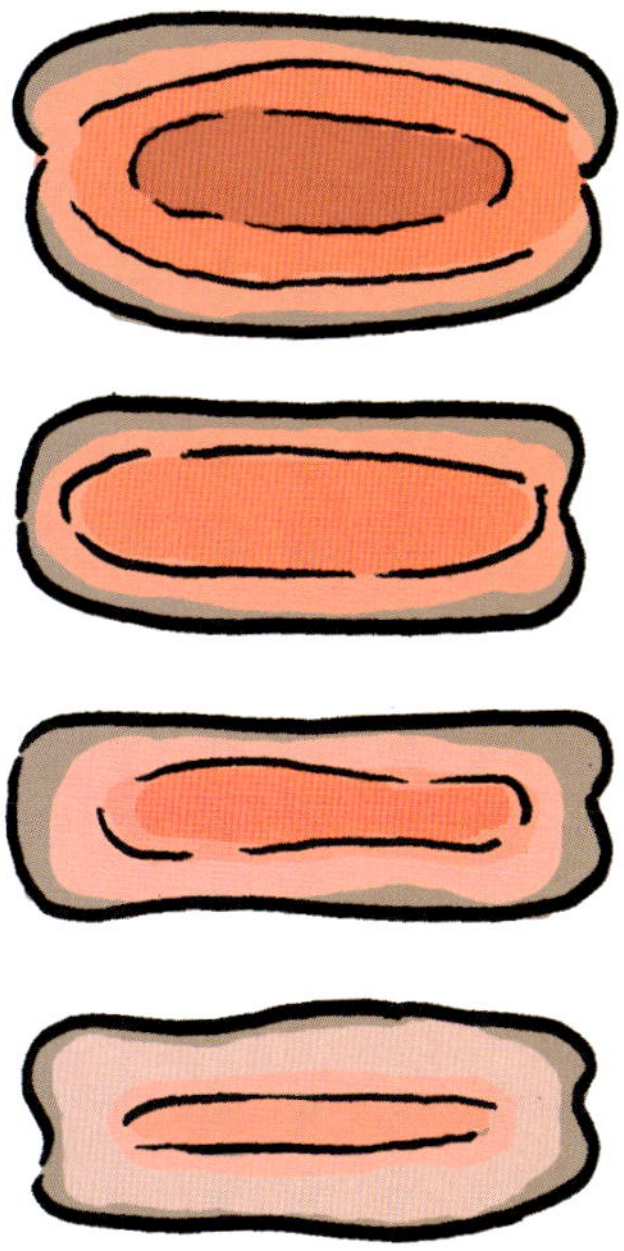

ベリーレア 約45℃

レア 50℃〜55℃

ミディアム 60℃〜65℃

ウェルダン 約70℃

ステーキの焼き加減は、それぞれ断面の色と中心の温度がどのくらいなのかチェック。これを目安に挑戦してみましょう。

バターはムース状の泡を保つ

バターはムース状の泡を保つように温度管理する。温度が低すぎても高すぎても、泡が消えてしまう。

アロゼをしながら焼き、五感で変化をつかむ

厚めの肉を好みの焼き加減にしたいなら、油をかけながらゆっくりと火を入れるアロゼをとり入れましょう。焼き油をかけると、水分がはじけるような音がします。肉の弾力や温度の変化を感じることで、焼き加減の調節もできるようになるでしょう。料理人は常に、音や香り、見た目や触感などを気にしながら調理しています。それにならって、ステーキを焼くときに状態の変化を意識しながら調理してみると、肉を焼くことが楽しくなってくるはずです。ぜひ、挑戦してみましょう。

MEMO

食べるときの温度を意識する

ステーキは焼くときの温度同様、食べるときの温度も大切。肉によって油の固まる温度が違うので、冷めてしまうと口どけが悪くなる場合もあります。高級和牛などは融点が約20℃のものもあり、口どけのよさも特徴です。

しっとり、とろりとした 肉のテクスチャー作り

肉をゆでたら、かたくてパサパサになってしまった経験はありませんか？　肉をしっとり、とろりとしたテクスチャーにする秘訣は、温度と保水性、融点の関係にありました。

ゆで鶏をしっとり仕上げるにはゆっくり加熱

鶏肉は、ほかの肉に比べて脂肪が少なめで早く火が通るため、しっとりとした食感に仕上げるには、温度管理によって離水を最小限にとどめることがいちばんのポイントです。タンパク質が一気に変性しないように、ゆっくり加熱していきます。例えば、鶏むね肉1枚をゆでるなら、沸騰した湯の火を止めて鶏肉を入れ、ふたをして余熱で火を通すような方法です。また、丸鶏などは沸騰した湯に入れて中火でコトコト加熱し、5分後に火を止め、そのままふたをして余熱でゆっくり時間をかけて火を通すと、しっとりとした食感になります。

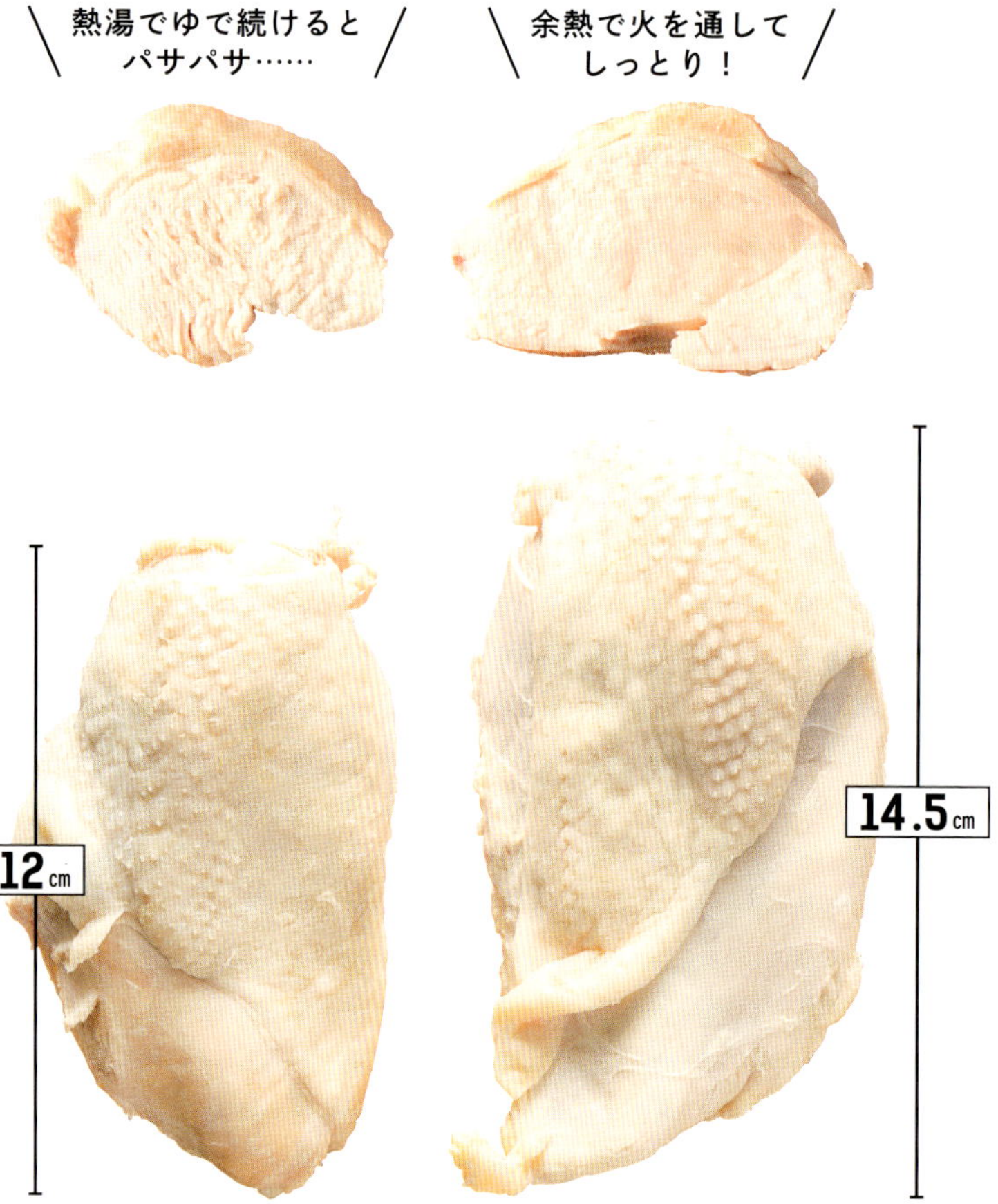
熱湯でゆで続けると
パサパサ……
余熱で火を通して
しっとり！
12cm
14.5cm

保水性の低下と肉の縮みを少なく

60℃以上になると、筋原繊維タンパク質と筋形質タンパク質が凝固し、コラーゲン繊維の収縮が始まります。そして高温で加熱すると一気に収縮してかたくなるので、たくさんの水分が失われます。これを避けるには、沸騰した湯で長時間加熱しないことです。低温でゆっくりと加熱して、保水性の低下と肉の縮みを防ぎましょう。

MEMO

肉の種類によって変わる熱の伝わり方

鶏肉は、皮の有無や丸鶏か切り身かなどで熱の伝わり方が変化します。皮を除いた切り身のほうが熱が伝わりやすく、脂肪の少ないむね肉は特にパサパサしやすいです。

しゃぶしゃぶなど薄切り肉をとろりとゆでるなら80℃

しゃぶしゃぶ肉など薄切りの牛肉は、すぐに火が通りやすい状態にあります。これをとろりとやわらかくジューシーに仕上げるためには、80℃くらいの低めの温度の湯に、さっと15〜30秒くぐらせることがポイントです。

とろりとした食感が味わえるのは、脂がほどよく溶けて、肉には火が通りすぎていない状態。牛肉の脂肪の融点は40〜50℃ですが、80℃の湯にさっとくぐらせると、脂が適度に溶けます。また、肉にもほどよく火が通り、やわらかい状態です。

鍋肌がふつふつとして和牛香が出る80℃をキープ

和牛肉は、口に含むと脂が溶けやすく、口当たりよく感じる。80℃は、甘い独特の和牛香がいちばん強く出る温度。

かたくなるのは高温でゆでてタンパク質が変性するため

90℃以上の高温で加熱すると、タンパク質が瞬時に縮んで肉がかたくなってしまうので、要注意。

しゃぶしゃぶが和牛香をいちばん感じられる料理

しゃぶしゃぶを食べたときに感じる特有の甘い香りを、和牛香といいます。ラクトンという成分が香りのもとといわれ、和牛香がいちばんよく出る温度が80℃です。しゃぶしゃぶはまさに、和牛香を感じるためにも最適な料理です。

この和牛香を輸入牛でも感じられるかといえば、答えはNO。輸入牛は和牛よりもラクトン類が少ないのです。不飽和脂肪酸の比率が大きく、融点が低めで口当たりのよい和牛なら、文句なしに香りとコクを味わえます。

MEMO

冷しゃぶは氷水で冷やさない！

冷しゃぶはさっと火を通したあと、水にくぐらせます。氷水など、あまり冷たい水にくぐらせると、脂肪が固まって口当たりが悪くなってしまいます。それほど冷たくない水を使うか、湯から上げたまま冷ましてもいいでしょう。

MEMO

牛ひき肉：豚ひき肉の黄金比は6：4

ハンバーグに使う合びき肉の黄金比は牛６：豚４で、脂は２割がベストといわれています。ここを出発点として、自分好みの割合を見つけるのもいいでしょう。最近人気の牛100％のハンバーグは、弾力があり牛肉の旨みをしっかり味わえますが、ボソボソしやすいので、上手な加熱が必要です。

ふっくらジューシーに焼き上げる
ハンバーグ作りのコツ

ハンバーグは、ふっくらしてほどよい弾力のある食感とたっぷりの肉汁を味わう肉料理の定番。家庭でおいしく焼き上げるためのコツを徹底解説していきます。

「ふっくら」と「ジューシー」を同時に感じられるのが極上

焼きたてのふっくらとしたハンバーグを、ナイフとフォークで切り分けた瞬間、肉汁があふれ出る…そんな映像を見かけたことはありませんか？　多くの人は、これがおいしいハンバーグだと思うかもしれません。でも、これは見た目を最優先にしたものです。よく考えてみてください。旨みの詰まった肉汁が食べる前に皿に出つくしてしまっては、本来のおいしさは味わえないでしょう。

ハンバーグのおいしさは、ふっくらとほどよい弾力がある肉の食感と、噛んだ瞬間に広がる肉汁を味わうことにあります。その状態に仕上げるためには、「ひき肉の練り方」「成形の仕方」「火の通し方」に関する調理のコツを、しっかりと押さえておくことが大切です。

コツ①

「ひき肉に塩を加えて練る」

塩を加えて練ることで得られる効果は

ひき肉には、玉ねぎやパン粉、卵などの材料を入れる前に、まずは塩だけを加えて練ることが何より大切。このとき、ひき肉が冷たい状態であることも重要なポイントです。

塩を加えると、筋原繊維タンパク質のミオシンが溶け出し、さらに練ると粘りが出てまとまりのある肉だねができます。そして、タンパク質が網目構造になるため、水分や脂肪分をたくさん保てるようになることから、加熱後に肉汁が外に出にくくなり、ジューシーな食感のハンバーグができ上がるのです。

タンパク質が溶け出てくる

ひき肉に塩を加えると、筋原繊維タンパク質のミオシンが溶け出てくる。

塩を加えたあと

保水性と粘着性が増す

ミオシンが溶け出てからしっかり練ると、タンパク質が網目構造になり粘りが出て保水性が高まる。

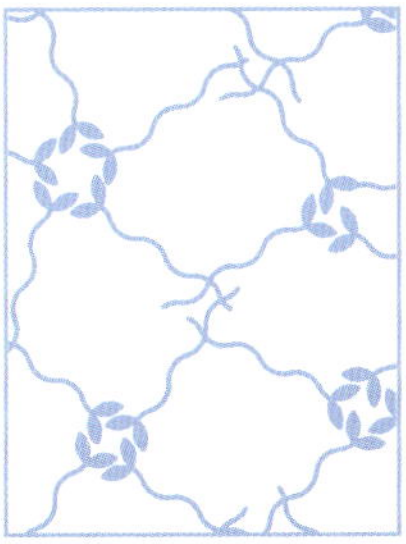

練ったあと

参考：山内文男『食品タンパク質の科学：化学性質と食品特性』P178／食品資材研究会 1986年

温度が高くなると
乳化しない・
粘りが出ない

塩を加えて低温を保って練ると
ミオシンの粘り気が出やすい

ひき肉を冷たい状態でキープする

ひき肉は冷蔵庫から出してすぐに練るか、氷を入れたボウルにひき肉を入れたボウルを重ねてよく練るのが、低温をキープする秘訣。

低温で練るほうが粘りが出やすい

ひき肉を練るときは、肉を冷蔵庫で冷やす、ボウルを氷に当てるなど、低い温度を保つことがポイント。ひき肉の温度が上がると、筋原繊維タンパク質のミオシンがつながらなくなり、粘りが出にくくなります。また、あまり練りすぎても、肉の繊維がちぎれて網目の構造ができず、焼くと水分が流れ出て、かたくジューシーではなくなってしまいます。ミオシンは、低温（目安は20℃以下）で練るほうが粘りが出やすく、網目構造をつくりやすくなるのです。

MEMO

脂の融点を超えないように扱う

脂が溶け出す温度を融点といい、P14の通り、牛・豚・鶏で融点は異なります。ひき肉を練るときは、この融点を超えないように冷たい状態で扱うこと。冷蔵庫から出してすぐに練るのがベストです。

コツ②

「空気を抜いて成形する」

てのひらでたたきつけるのは成形の要素が強い

ひき肉に塩を加えてよく混ぜ、粘りが出てきたら、牛乳をしみ込ませたパン粉、卵、玉ねぎ、ナツメグなどを加えます。これらには、肉の臭みを抑えたり、肉汁を吸収したり、結着性を高めたり、コクになったりする効果があり、よく混ぜることで肉だねが完成します。

そして手に肉だねをとり、もう一方の手とキャッチボールをするようにしますが、これは空気を抜くというより、成形の要素が強いといえます。空気を抜くには、ボウルの中でまとめた肉だねを数回たたき落とすのが効率的でしょう。

片手に肉だねを持ち、反対の手に上からたたきつけるように落としては戻す。

何度もくり返すうち、きれいな楕円形になる。割れ目のないなめらかな表面にするのも大切。

最初にボウルの中で
空気を抜くのも効率的

へこませた面を上にしてフライパンに入れようとすると型崩れしやすいので、へこんだ面を下にして焼いても。

フライパンに入れてから
へこませてもOK

成形した肉だねの真ん中をへこませる意味は

肉だねを成形したら真ん中をへこませるのは、焼き上がりの形をきれいに仕上げるため。タンパク質の収縮で肉だねがまわりから縮んで、真ん中が膨らむのです。真ん中をへこませた肉だねは、クッキングシートにのせておくと、形を崩さないままフライパンへ移動できて便利です。また、焼くときはへこんだ面が上でも下でも変わりなく焼けます。

コツ③「ジューシーに火を通す」

強火で焼かずじっくり火を入れる

ハンバーグを焼くときは、強火でまわりを焼き固めたくなりますが、焦げやすいので要注意。中火で表面が色づくまで焼いたら、裏返してオーブンで焼くか、火を弱めてふたをしてゆっくり焼いていきます。フライパンの中の水蒸気が循環することにより、まわりからゆっくりと熱を伝え、肉の表面が焦げるのを防ぎます。くしを刺して、透明な肉汁が出てきたら焼き上がりの証拠。弾力で見るなら、端と真ん中のかたさが同様になってきたら焼き上がりです。

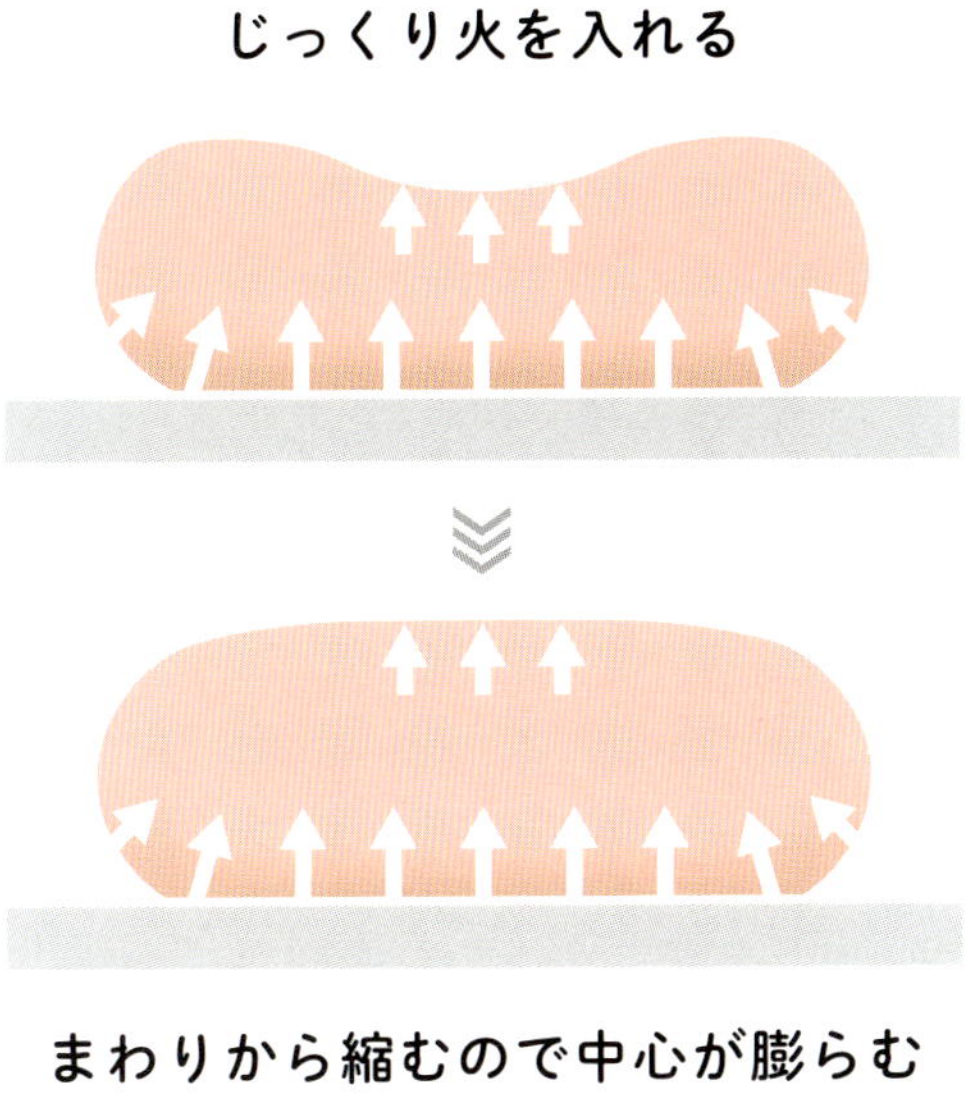

食べる前に肉汁が出るのはもったいない

切った瞬間に肉汁があふれ出るということは、食べたときに口の中で味わえる肉汁が少なくなるということ。この水分は旨みを含んでいるので、たくさん出てしまうほど、ハンバーグの食感はパサパサで、旨みも少なくなります。この肉汁を、いかにとどめるかがポイントです。

肉汁には肉だけでなく、卵、パン粉、玉ねぎの水分も含まれます。焦げやすいですが、焼いたあとのフライパンの余分な脂を捨てて、焼きついた旨み成分を使ってソースに利用してもいいでしょう。

＼タンパク質の網目構造に水分を抱き込んでいる状態／

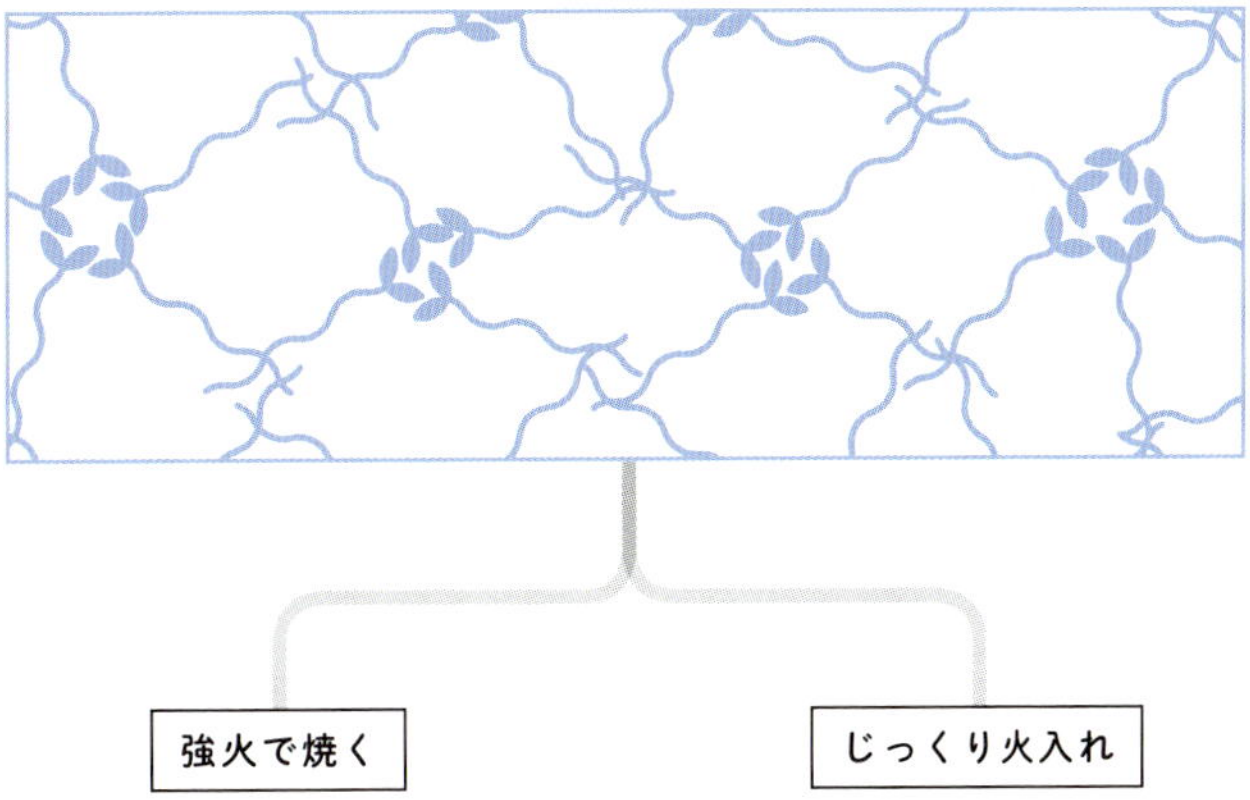

肉汁が出てしまう

肉の中にとどまることのできない水分が流れ出た状態。

肉汁がとどまる

じっくり火を通して水分をとどめたことで、ふっくら。

MEMO

煮込みハンバーグは生焼けの心配いらず

煮込みハンバーグにするときは、表面に焼き色がついたら、中に火が通っていなくても一度とり出してOK。デミグラスソースなどの中でさらに弱火で煮ると、かたくならず、外だけ焦げて中は生焼けという失敗も防げます。

機種によって違う
オーブン調理での
肉の火入れを学ぶ

豪快な塊肉を使った料理といえば、ローストビーフやローストチキンです。その調理に使うオーブンの、機種の違いによって変わる火入れの秘密を押さえましょう。

オーブンの種類による加熱の違い

オーブンには、ガス式と電気式ともに、ファンで熱風を循環させる強制対流式と、ファンはなく自然な状態で循環させる方式があります。オーブンはおもに、空気循環による対流熱と赤外線の放射熱で加熱します。ガス式は電気式よりも放射熱の割合が小さく、また、もちろん強制対流式は、強制的な対流がないタイプよりも、対流熱の割合が大きい傾向にあります。

強制対流（コンベクション）式

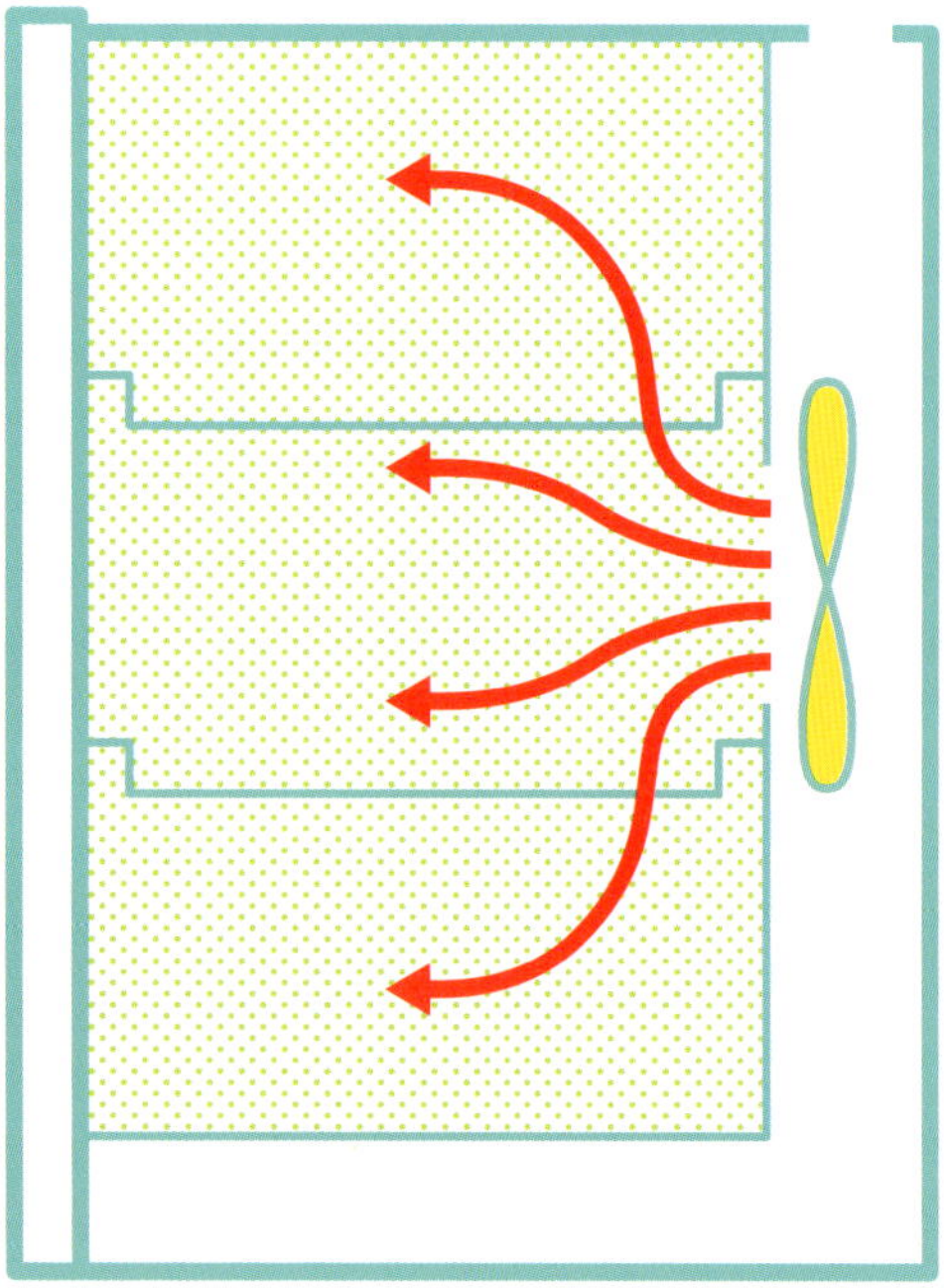

参考：佐藤秀美『おいしさをつくる「熱」の科学』P34／柴田書店　2007年

特徴

- ■対流を起こして熱風を回す
- ■熱風の温度と勢いで、伝わる熱量が変わる
- ■風速が強いほど表面が乾燥しやすい

庫内の大きさや熱源の位置でも加熱に差が出るので、使いながらオーブンの特徴をつかみましょう。

オーブン加熱の目的は、フライパンなどで焼くには大きくて中まで火が通りにくい食材にゆっくり熱を伝えつつ、表面に焼き色をつけること。かなり厚みのある大きな肉の塊は、オーブンで中まで火を通す間に香ばしく色づきますが、少し小さめの塊の場合、火が通っても焼き色がつかないので、先にフライパンで焼き色をつけておきます。

オーブンの種類による加熱能力の違い

機種	熱伝導率（W/㎡・K）	放射熱で伝わる割合（%）
強制対流式ガスオーブン	55	25
強制対流式電気オーブン	42	40
電気（ヒーター）式オーブン	24	85
自然対流式ガスオーブン	19	50

※市販のオーブンの実測例。強制対流式はファンの強さによって値が変わる。電気（ヒーター）式のオーブンでは、ヒーターの設置位置や強さによって変わる。／出典：渋川祥子『加熱上手はお料理上手』建帛社 2009年

一度焼いてからオーブン加熱？

食材に焼き色がつくかどうかが問題

肉をオーブン加熱する際、あらかじめフライパンで焼くかどうかは、オーブンで焼く間においしそうな焼き色がつくかどうかが鍵。肉の大きさや厚さによって調節して。

煮込みに最適？

大きい塊肉はオーブン調理が最適

大きい塊肉の煮込みにはオーブン加熱がおすすめ。コンロの火にかけると鍋底のほうが焦げやすい煮込みでも、オーブンなら混ぜる回数が減り、全体からゆっくりと火を通すことが可能。

休ませる理由

中心まで余熱で火を通して肉汁を落ち着かせる

焼き上がった大きい塊肉は、中心よりも表面が高温で、アルミホイルに包むと、熱が中心へゆっくり伝わる。また、外側から冷めていき、肉全体の温度が均一になり肉汁が落ち着く。

電気（ヒーター）式、自然対流式

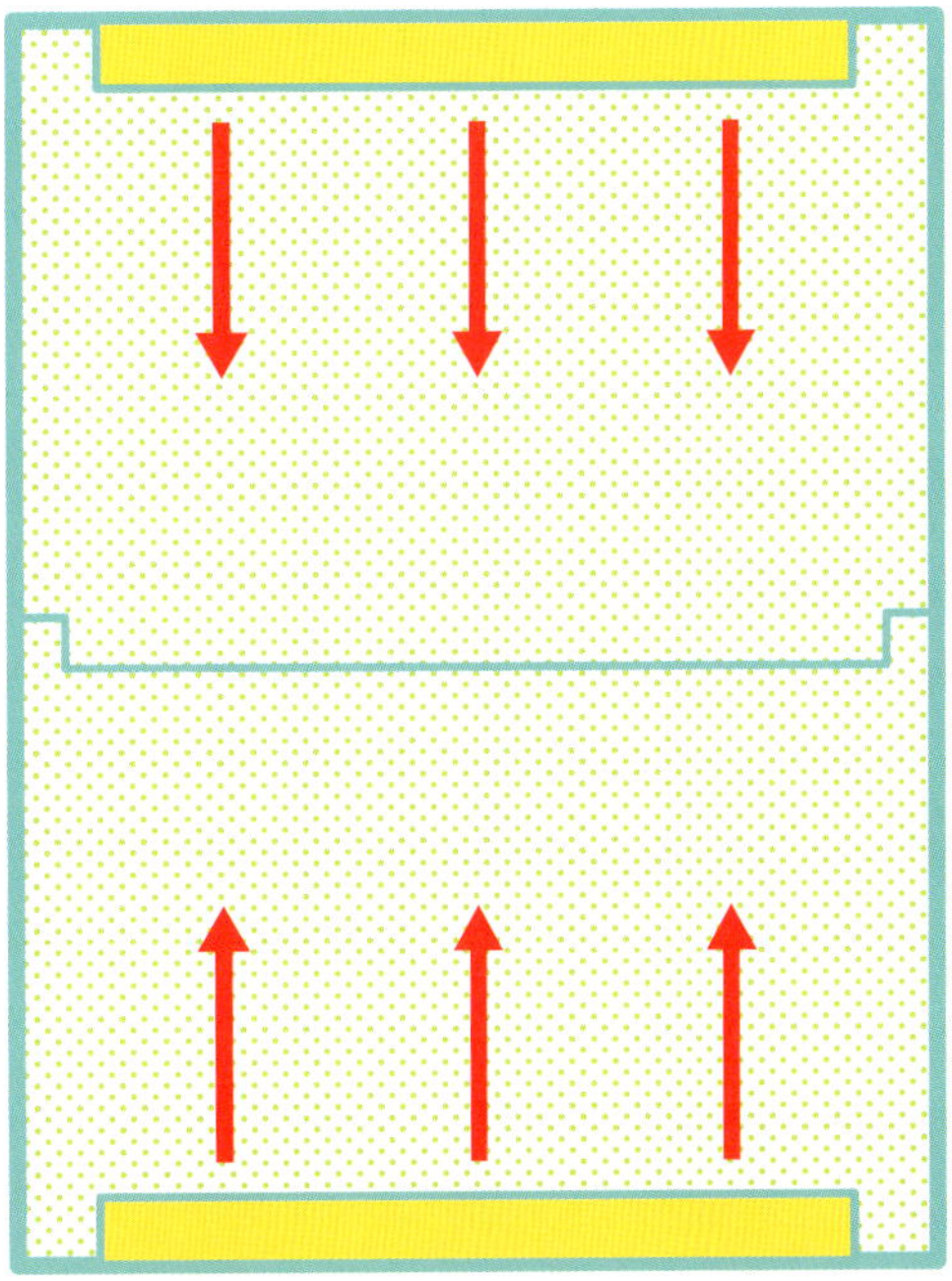

参考：佐藤秀美『おいしさをつくる「熱」の科学』P34／柴田書店 2007年

特徴

- 赤外線の放射による加熱の割合が大きい
- 空気の動きが少ない
- 熱源の下など、赤外線の集中するところで加熱が早く進む

サクサク衣にジューシーな具材
肉汁たっぷりに揚げる秘訣

揚げ物を食べるのは好きだけど、揚げるのは苦手…という人も多いのでは？ 衣がサクサクで中の具材はジューシー！という、揚げ物のコツを徹底的に解説します。

衣の水分と油がきちんと交換できた状態が理想的

揚げ物は、たっぷりの揚げ油で材料を加熱する調理法です。から揚げやトンカツなどの材料を揚げ油の中に入れると、おもに衣に含まれる水分が蒸発し、それと同時に油が入り込んで、水と油の交換が行われます。この交換が十分に行われると、カ

初めに泡が出るのは衣の水分が蒸発するから

揚げ油で加熱すると、衣のもつ水分が蒸発して泡が出る。最初は大きく、衣の水分が少なくなると小さくなる。

油の表面積に対して半分くらいの材料を入れる

材料を入れすぎると、油の温度が下がってしまうため、水分と油がうまく交換されない。鍋に入れた油の表面積に対して半分くらいを目安にして。

低温→高温の揚げ方で油ぎれがよくなる

１度目は低めの温度で揚げて火を通し、２度目に高めの温度でカリッと揚げる二度揚げか、低温→高温と温度を変える一度揚げで、油ぎれよく仕上げる。

油は新しいものを使う

劣化した油を使って揚げ物をすると、油に粘りが出るなど、水と油の交換がスムーズに行われず、衣に水分が多く残ってしまう。

ラッと揚がって、サクサクな食感になります。反対に、衣の中に水分が残ってしまうと、衣がやわらかく、ベチャッとしてしまうのです。衣の中の肉は、蒸されるような形で上手に揚げれば、ジューシーに仕上がります。

揚げる調理法では、食品の内部と外側の温度差が大きくなる傾向があります。体積が大きいものや厚みのあるもの、骨のあるものの加熱は難しいので、低温→高温のような揚げ方で中に火を通して、油ぎれをよくすることも大切なポイントです。

MEMO

衣がきれいに材料を覆っているとジューシーに揚がる

〝天ぷらは蒸し料理〟といわれるほど、衣がきれいに材料を覆って蒸すように加熱することが大切です。衣がついていない部分があると、その部分の水分が抜けてかたくなるので、材料にはしっかりと衣をつけましょう。

肉を揚げるときのメカニズム

1

まずは衣の水分が蒸発する

揚げ油に材料を入れると、衣の表面から水分が出て油が入る。ボコボコという音とともに、大きな泡が出る。

2

一度静かになる

衣の水分が抜けた証拠。一度静かになった頃には、徐々にタンパク質の凝固が始まっている。

3

中の素材の水分が出てピチピチと軽い音に

素材の中心温度が上がり、タンパク質の凝固や収縮によって素材の中の水分が出て蒸発し、徐々に大きな音が出る。

4

火の通し方によって最後の火入れを変える

しっかりと火を通すものはそのまま揚げ続ける。しっとりと火を通すものは、とり出して余熱で火を通す。

料理別 揚げるベスト温度&時間

	揚げはじめ	仕上げ
から揚げ	160℃ 4分	180℃ 1分
トンカツ	160℃ 4分	180℃ 1分〜2分

※から揚げは鶏もも肉を1個約4cm角に切ったもの、トンカツは厚さ2cmのロース肉を使用した場合。
※鍋に熱した油の表面積の半分以下の量が入っている状態。油の温度は上下せず一定の場合。

MEMO

冷凍食品の揚げ物に注意

冷凍食品には、加熱調理済みの食品と、加熱が必要な半加工品があります。外見はよく似ていますが、半加工品は中が生のままなので、食中毒の原因になるのを防ぐために必ず火をよく通しましょう。

超人気店シェフが徹底解説！

肉マニア必見！
肉の調理大実験＆

2

家庭で作る肉料理　部位別
まいにち食べたい肉おかずベスト10

あの有名店の肉料理を家庭でも！　週末に腕をふるって作りたい料理が続々登場します。部位、厚さ、焼き方、温度などとおいしさの関係も徹底解説。さらに、普段のおかずやおもてなしに使える家庭料理もお試しあれ。

肉マニア必見！ 肉の調理大実験①

Mardi Grasの至福のステーキ大全

牛肉をがっつり食べたい！ そんなときに専門店でステーキを堪能する人も多いと思いますが、これからはその味を家庭で実現してしまいましょう。至福のステーキを味わうために、材料を揃えるところから調理中の細かなポイントまで、シェフに直伝してもらいました。

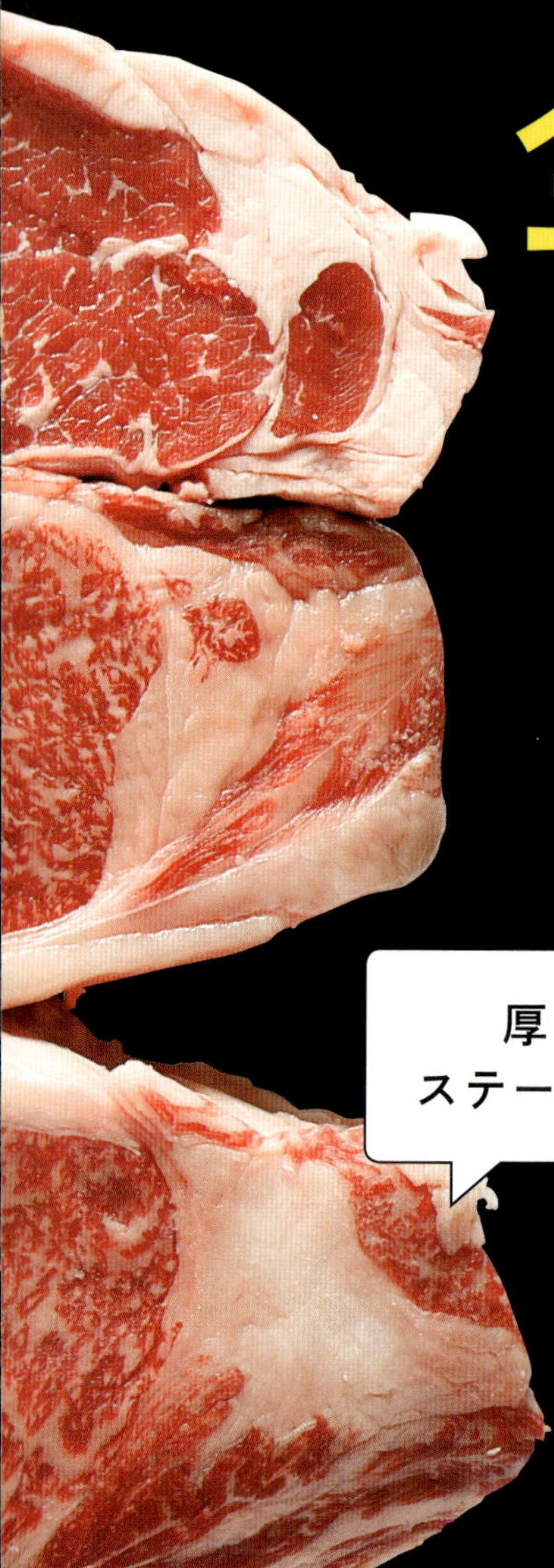

厚さに応じたステーキの焼き方は？

輸入牛と和牛で焼き方を変える？

このお話をうかがったのは…

Mardi Gras
和知 徹さん

フランスでの修業を重ね、帰国後はさまざまな店の料理長に就任。2001年に独立し、「マルディグラ」をオープン。

必ずおいしく
焼ける5大要素って?
部位によって
おいしさは違う?
レア、ミディアムレア、
ウェルダン の
焼き分け方は?

至福のステーキを焼き上げる5大要素をマスターせよ!!

どんな肉を使うか決まったら、それを至福のステーキにするべく調理スタート! 下味をつけるところから仕上げに至るまで、絶対にスルーできない大切な要素が5つあるので、すべてのポイントを押さえられるよう、あらかじめチェックしておきましょう。

1 塩加減・油の種類

ここからこだわることで素材本来の旨みを味わえる

ステーキにはソースをつけて食べる、甘辛い味が好き、そんな人も多いのではないでしょうか。けれど、肉の重量に合わせた塩加減がきちんとできていれば、それだけで味が決まります。また、肉の種別や厚さにぴったりな種類の油を使うのもポイントです。材料を揃えるときに、ここまでこだわってみましょう。

2 火力

フライパンの中の状態に応じて火力を調節して温度を一定に

肉をおいしく焼くコツは、フライパンの中の温度を一定に保つこと。レシピでは、それぞれの工程に火力を提示してはいますが、そのときどきの状態をよく見極めて、出てくる気泡の状態や焼き音に応じて火力を適宜調節することが大切です。最後は火を止めて、余熱で仕上げるものもあります。

3 アロゼ

肉から出てくる旨みを循環させながら焼いていく

肉や魚に油をかけながら焼いていく調理法を、アロゼといいます。ステーキを焼くときは、この作業が重要。肉の旨みを含んだ油からふつふつと出てくるムース状の気泡を肉にかけながら、肉汁を循環させることで、旨みたっぷりのステーキになります。アロゼをするときは、フライパンを傾けると気泡がすくいやすくなります。

4 香り

甘い香りからスタートして香ばしい肉の香りに仕上げる

基本的にバターで焼く場合、最初はマドレーヌのように甘い香りがしますが、徐々に香ばしい肉の香りへ変わっていきます。焦がしてしまうと苦い香りがしてくるので、香りにも注意しながら焼いていきましょう。また、肉を茶色にして香ばしさを出す「メイラード反応」がきちんと起こるように、肉は触りすぎないこと。

5 音

パチパチという音をしっかり聞いてリズムをキープする

ステーキを焼いている間は、パチパチという音のリズムを一定にすることが大切です。そのスピード感は、厚い肉なら８ビート、薄い肉なら音の数が２倍の16ビートを参考にしましょう。音がゆっくりになりすぎていたら、火を強めるなどして調節します。このような判断基準によって、最適な温度を選んで焼くことができるのです。

部位×おいしさの関係

調理する楽しみが味わえる部位を選ぶところから始める

豪快に味わうなら ロースか肩ロースで

おいしいステーキ作りは、部位選びから始まります。一般的に入手しやすい牛ロースは、サーロイン、リブロース、肩ロースの3部位に分かれます。サーロインとリブロースは、肉のきめが細かくてやわらか。肩ロースは、噛みごたえのある味わいが特徴です。予算と好みに合わせて選びましょう。

また、ヒレもきめがとても細かく、繊細なおいしさを味わえます。調理時は、ロースを焼くメソッドを流用することでおいしく焼き上げられます。

牛ロース（輸入）

和牛に比べてあまり霜降りになっておらず、赤身の味わいが楽しめる。冷凍ではなくチルドで輸入されたものがジューシーといわれる。

牛肩ロース肉（輸入）

やや筋が多め。焼きすぎるとかたくなりやすいので、ある程度焼いたら余熱で火を通し、肉汁を落ち着かせてからカットするとよい。

牛ヒレ肉（輸入）

和牛のヒレより若干きめは粗めだが、なんといっても価格が割安。火を通しすぎなければ、やわらかな牛肉の味わいが堪能できる。

種別×おいしさの関係

和牛と輸入牛とでステーキの調理法を変える!?

サシが入っている和牛は焼くときにバターが不要

同じ牛肉とはいえ、何でも同じように焼いては、せっかくのおいしさを味わえないかもしれません。和牛と輸入牛では、サシ（赤身の中の網目状の脂肪）の入り方が大きく違うので、それに応じて焼くのがベストです。

和牛には十分なサシが入っていて、その脂肪がバターのような働きをします。焼いて溶けたり焦げたりした脂肪によって、肉が風味よく焼き上がるのです。

一方でサシがあまりない輸入牛は、コクをつけるためにバターを使って焼き上げます。

牛ロース肉（和牛）

サーロイン、リブロースはロースのなかでも最高級の部位。サシが豊富な霜降り肉で、甘み、香り、コクがある。

熟成牛ロース肉（和牛）

ウエットエイジングの手法で熟成させた牛肉。余分な水分が抜け、旨みが増す。日本にはもともと、枯らし熟成という手法がある。

MEMO

和牛と輸入牛の肉の繊維のこと

筋肉の繊維が細い束になっていれば、肉はやわらかくなります。運動量が少ない和牛は、繊維が細いのでやわらかいのです。逆に輸入牛は繊維が太くなりがちで、和牛ほどのやわらかさはありません。

塩のふり方 × おいしさの関係

先に塩とこしょうを混ぜておくのがおすすめ

塩は、計量スプーンできちんと計ることが大事です。細かく重量を計れる電子はかりも持っておいたほうがいいでしょう。

計った塩は、こしょうと混ぜておくことをおすすめします。そうすれば、肉にふるときの手間を減らせます。こしょうは、もともと消臭のためのものですが、パッと弾ける辛さと肉の旨みや味に影響し合う風味づけになることからも、断然おいしくなると思います。また、肉にまんべんなくふれたかを、こしょうの粒を見て判断できます。

塩はきちんと計り、高い位置からまんべんなくふる！

塩とこしょうを混ぜる

肉の重量などを参考にして塩を計る。

こしょうを小さじ1/4を目安に加えて混ぜる。

肉全体にふる

肉を皿にのせ、高めから塩こしょうをふる。

側面にもまんべんなくふる。

最後は肉で皿を拭くようにして残さずつける。

皿に落ちた分もすべてつける！

塩加減＆油の種類×おいしさの関係

塩加減が肉のおいしさを引き出す

塩加減がしっかりと決まっていれば、それだけでステーキはおいしくなります。ポイントは、塩粒子の細かい塩を使うこと。塩をふって時間をおく場合は特にこれが重要で、粗めの塩を使うと肉汁が外に出てきやすくなってしまいます。

油の種類は、火にかけたときの温度に関わります。バターは水分が多いので低温を保ちやすく、厚めの肉をじっくりアロゼするのに向いています。逆にオリーブ油は高温になるので、薄い肉を一気に焼けます。

肉の厚さに応じて、塩加減と油の種類を変えて極上の味に

3㎝厚さ

塩加減

1%

＆

油の種類

バターのみ

ずっしりしていて厚みのある肉は、重量に対して1％の塩をふる。温めたバターで、時間をかけてじっくりアロゼしながら焼いていき、中まで火を通す。

1.5㎝厚さ

塩加減

0.8%

＆

油の種類

 ＋ 

オリーブ油　バター

薄めの肉は100〜150ｇのものがほとんど。塩の量は肉の重量に対して0.8％がベスト。高温に熱したオリーブ油で片面を焼いて、最後に風味づけとしてバターをプラス。

厚み&焼き方×おいしさの関係

肉汁を存分に感じられる仕上がりを目指す

ステーキを焼くという調理は、肉の水分を抜いていく作業です。水分が抜けることで旨みは凝縮し、香りは強くなり、食感はかたくなっていきます。肉をデザインしながら、つまりどういう仕上がりにしたいのかイメージしながら焼いていきましょう。

　薄い肉は中心まで火が通りやすく、肉汁が外に出やすいため、片面焼きにします。一方、厚い肉は中心まで火が通りにくいので、低めの温度でアロゼをしながら、好みの状態に焼き上げていきます。

薄い肉は片面焼き、厚い肉は両面焼きが鉄則！

5㎝厚さ

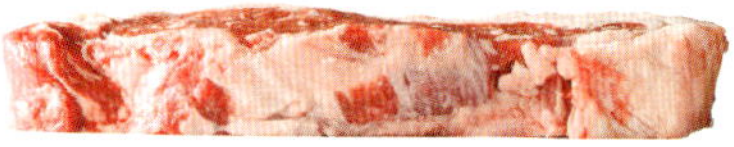

アロゼをしながら肉全体に熱を行き渡らせる。

それぞれの面をじっくりゆっくり焼くことで、厚みのある肉にもきちんと火を通す。

ミディアムレア

1.5㎝厚さ

よく熱した高温の油で、片面を色よく焼く。

裏返したら、余熱で火を通す。外側はカリッと、中はしっとりと焼き上がる。

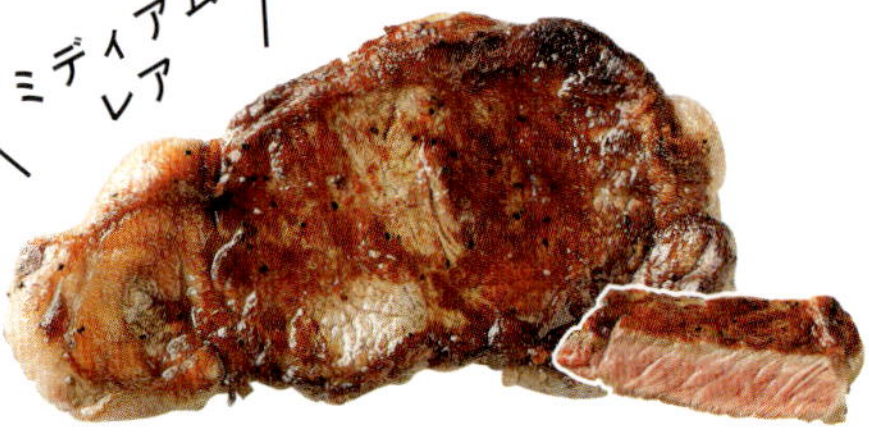

ミディアムレア

焼き加減 × 香り＆音
おいしさの関係

アロゼをしながら好みの焼き加減に

ステーキの焼き加減にはさまざまありますが、ここではレア、ミディアムレア、ウェルダンの3段階に分けてレシピを紹介しています。

好みの焼き加減を決めたら、それに応じたアロゼをしながら焼きましょう。その際、肉の焼き色だけに注目するのではなく、バターや油から出てくる気泡の状態、香り、パチパチという音にも気を配って、状況に応じて火力を調節することがポイントになります。下記の表も参考に、最適な状態を見極めましょう。

レア〜ウェルダンを香りと音で焼き分ける

＼これが基本！／

	ウェルダン	ミディアムレア	レア
焼き加減	 ツヤがあり、断面から赤い肉汁は出ていないがパサついていない。中心がややピンク色。しっとりしていてすごい弾力。旨みも濃い。	 外側がかたくならないように焼き、内側はほとんど赤いまま。肉全体を同じ食感にすると噛みやすくなり、肉汁や旨みを感じやすい。	 表面だけを焼き、内側はほぼ生の状態。肉の縮みがなく、生のサイズ感のまま。おいしさを味わうには、肉を温めることが大切。
火力	脂身の部分は中火で焼くが、基本的に弱火でゆっくり火を入れる。香りや気泡などで判断し、きちんと焼けるように火加減を調節。	最初はバターを入れて中火にかけ、脂身を焼く。アロゼをするときは基本的に中火。火が強すぎたら焦げないように弱火にする。	中火で加熱し、バターの水分が出て気泡が出てくるまでよく熱してから、肉を入れる。中火のまま最後まで焦がさないように焼く。
アロゼ	焼きはじめからアロゼをして、肉汁をじっくり循環させて火を入れる。ミディアムレアの場合よりも、弱火でじっくり時間をかけてアロゼをするのが最大のコツ。ゆっくり焼いている分、水分が抜けて縮んだ状態になり、旨みも凝縮する。	アロゼで四方からじんわり熱を加え、肉汁を循環させる。面ごとに焼き時間の目安を作って、色と気泡の出方のリズムや香りを確認していくと、思い通りに焼ける。最後はフォークを肉の下に入れて浮かせ、余熱で火を通す。	アロゼは最初から始めるが、最初にバターをよく熱しているので、肉の表面にかけると白っぽくなる。肉の面を変えながら絶えずアロゼを頻繁にする。あまり火を入れたくないが、肉を温めながらレアに仕上げるように。
香り	バターの甘い香りから、肉の香りへと変わる。ミディアムレアよりも、しっかりとエキス分を感じる濃厚な牛の香りになるのが特徴。	アロゼをするとき、最初のうちはマドレーヌのようなバターの甘い香り。そこから、牛肉の旨みの詰まった香りへと変わっていく。	最初のアロゼの段階から、すでにウェルダンの最後の濃縮した香りに近い。そして、仕上げの段階には、かなり香ばしい香りになる。
音	弱火で焼いているが、常にパチパチパチとした音をキープしながら焼く。	音のリズムを一定にすることが大切。速くなってきたら、火を弱める。	温度が高いので、常に細かいピチピチピチとした音をキープしている。

輸入牛ロース肉（1・5cm厚さ）を片面焼きする［ステーキ］

薄めの肉はオリーブ油で片面だけ焼く

材料（1枚分）

輸入牛ロース肉（1.5cm厚さ）…1枚
A 塩…肉重量の0.8%
　こしょう…適量
オリーブ油…大さじ1
バター…10g

下味をつける

1 肉を焼く直前に冷蔵庫から出し、Aをふる（≫P52）。

本調理

2 フライパンにオリーブ油を入れ、中火にかけてよく温める。より短時間で肉に火を通すには、この温めが重要。

3 香りが出てきたら1を入れる。気泡が出て、パチパチと音がしてくるまで肉は触らないでおく。

4 さらに音をキープした状態で、側面が白くなるまでそのまま触らずに焼き続ける。

5 側面が7〜8割白くなったら、持ち上げて焼き色を見る。全体に均一に色がついていたら裏返す。

6 肉に金ぐしを刺し、唇に当てて風呂の湯くらいの温度になっていればOK。

7 バターを加え、溶けたら火を止める。バターを肉にかけ、2分おいて余熱で火を通す。

MEMO

7〜8割の片面焼きがベスト

薄めの肉は、両面をしっかり焼くと肉汁が流出してしまいます。裏面は余熱で火を入れる程度がベスト。仕上げのバターでコクづけを。

ミディアムレア

輸入牛ロース肉（5㎝厚さ）をミディアムレアに焼き上げる［ステーキ］

厚めの肉はバターのみで両面焼き

材料（1枚分）

輸入牛ロース肉（5㎝厚さ）…1枚

A 塩…肉重量の1％
｜こしょう…適量

バター…40g

下味をつける

1 肉にAをふり（≫P52）、1時間ほど室温におく。

本調理

2 フライパンにバターを入れて中火にかけ、溶けたら1を脂身から焼く。バターがほんのり色づく火加減にする。

中火

3 そのまま5分焼き、脂身側に均一に焼き色がつけばOK。終始、バターが焦げないように注意すること。

中火
焼き時間
5分

4 肉を倒し、大きい面にムース状の気泡をかけながら、まんべんなく焼き色がつくまで7分焼く。

中火
焼き時間
7分

5 3の反対側を、アロゼをしながら5分焼く。焼き面を変えるときは、ムース状の気泡が消えない火加減にする。

中火
焼き時間
5分

6 4の反対側を焼く。7分しっかりアロゼをしながら焼いたら火を強め、ツヤ出しのアロゼをして火を止める。

中火
焼き時間
7分

7 フォークで肉を浮かせた状態にし、余熱で5分火を通す。フライパンの温かさでやわらかい熱を加えるイメージ。

余熱
5分

ミディアムレアにするコツ！

一連の流れを守って

香りは最初は甘く、その後は香ばしくなるように火加減を調節。最後にツヤ出しのアロゼをし、余熱で火を通します。焼いている間は肉に触りすぎないこと。

ツヤツヤでおいしそう！

輸入牛ロース肉（5㎝厚さ）をレアに焼き上げる［ステーキ］

最初からアロゼをして肉汁を回す

材料（1枚分）

輸入牛ロース肉（5㎝厚さ）…1枚
A 塩…肉重量の1％
　こしょう…適量
バター…40g

下味をつける

1 肉にAをふり（≫P52）、3時間以上室温におく。

本調理

2 フライパンにバターを入れて中火にかけ、しっかり温度を上げる。気泡が消えてきたら、1を脂身から焼く。

3 中火のまま、アロゼをしながら3分しっかりと脂身を焼く。焦げないように注意して、火加減は適宜調節する。

4 肉を倒して大きい面を焼く。油の温度が高いので、アロゼをすると白くなる。3分アロゼを続けて焼く。

5 3の反対側を、頻繁にアロゼをしながら1分焼く。ここでの目的は肉を温めることで、あまり火は入れたくない。

6 4の反対側を、頻繁にアロゼをしながら1分焼く。

7 焼けているか確認する（≫P56-6）。余熱は通さずにでき上がり。焦げてはいないが、香ばしさはある状態。

MEMO

レアステーキとたたきの違い

中は生だけど温かい！

レアに仕上げる際、たたきのようにただ火であぶるだけではNG。肉汁を全体に行き渡らせながら焼き、旨みを存分に味わいましょう。

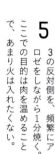

輸入牛ロース肉（5㎝厚さ）をウェルダンに焼き上げる

［ステーキ］

じっくり焼いて水分を抜いて

材料（1枚分）

輸入牛ロース肉（5㎝厚さ）…1枚
A 塩…肉重量の1%
　こしょう…適量
バター…40g

下味をつける／本調理

中火

1 肉にAをふり（≫P52）、2時間ほど室温におく。フライパンにバターを入れて中火にかけ、バターを溶かす。

中火≫弱火　焼き時間10分

2 肉を脂身から焼く。色づいたら弱火にし、小さくゆっくり出てくる気泡でアロゼをしながら火を入れる。

弱火　焼き時間14分

3 ほどほどの焼き色がついたら肉を倒し、大きい面を焼く。14分かけて、アロゼは4回ほど繰り返して火を通す。

弱火　焼き時間5分

4 2の反対側を、アロゼをしながら焼く。パチパチとした音と、気泡をキープできるように火加減を調節する。

弱火

5 3の反対側を焼く。金ぐしを刺して、赤い肉汁が出てくれば0K。ここでさらにアロゼをする。

弱火　焼き時間5分

6 アロゼをしながら5分焼き、火を止めて余熱で火を通す。このあたりで、肉汁が表面に出てくる。

余熱3分

7 裏返し、さらに余熱で火を通す。

ウェルダンにするコツ！

中心に少しだけピンク色を残す

いちばん旨みが濃厚

弱火で焼き込むと水分が抜けてエキスが濃くなり、強い旨みを味わえます。赤い肉汁が一滴も出ないように焼くよりおいしくできます。

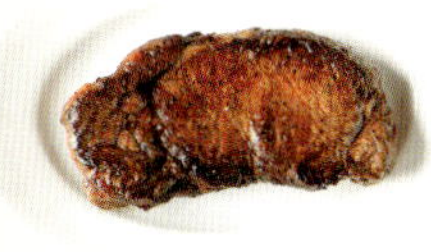

和牛熟成肉（5cm厚さ）をミディアムレアに焼き上げる［ステーキ］

前日に塩こしょうをしてバターなしで焼く

材料（1枚分）

和牛熟成肉（5cm厚さ）…1枚

A 塩…肉重量の1%
　こしょう…適量

ひまわり油…大さじ6

下味をつける

肉にAをふって（≫P52）冷蔵庫に一晩入れ、焼く2時間前から室温におく。

本調理

中火
焼き時間
3分

1 フライパンにひまわり油を中火で熱し、うっすら煙が出てきたら、肉の脂身側をきつね色になるまで3分焼く。

中火
焼き時間
3分

2 肉を倒して大きい面を焼く。油は沸いているイメージで、アロゼをしながら3分こんがり焼く。

弱火
焼き時間
5分

3 1の反対側を、弱火で5分こんがり焼いていく。ここではアロゼはせず、必要以上に火が入らないようにする。

弱火

4 2の反対側を、弱火のまま焼いていく。肉汁をギリギリまで回したいので、火は強めない。

弱めの中火
焼き時間
5分

5 裏面を見て、焼き色が足りなければ火加減を少し強める。油で半身浴させるイメージで5分、こんがり焼く。

余熱
15分

6 火を止め、肉の下にフォークを入れて肉を浮かせた状態にし、焼いた時間と同じだけ余熱で火を通す。

熟成肉の焼き方のコツ！

たっぷりの油で焼く！

オイルバスで見た目も味も◎

火入れが難しい熟成肉をフライパンで焼くなら、オイルバスで。きれいな色がつきやすく、肉汁を逃がさずおいしく焼き上げられます。

MEMO

揚げ焼きとオイルバスの違い

オイルバスとは、多めの油を中火にかけて沸いた状態にし、その中で肉を温めながら焼いていく方法。これに対して、強火で熱した油で肉に火を通す揚げ焼きは、レアに焼き上げる際によく用いられます。

輸入牛肩肉（5cm厚さ）をミディアムレアに焼き上げる［ステーキ］

断面の大きな肉は表と裏の二面を焼く

材料（1枚分）

輸入牛肩肉（5cm厚さ）…1枚
A 塩…肉重量の1％
　こしょう…適量
ひまわり油…大さじ6
バター…10g

下味をつける

肉は室温に戻してAをふり（≫P52）、2時間以上おく。

本調理

中火

1 フライパンにひまわり油を中火で熱し、うっすら煙が出てきたら、肉を入れる。その際、泡が出てくる。

中火
焼き時間
5分

2 アロゼをしながら火を通す。肉の側面の下半分が白くなる程度に5分焼く。

中火

3 持ち上げて焼き色を見る。裏面がきつね色になったら裏返す。

中火

4 風味づけにバターを加えて溶かす。

中火
焼き時間
5分

5 アロゼをしながら5分かけて焼き上げる。裏面がきつね色になったら火を止める。

余熱
3分

6 焼けているか確認する（≫P56-6）。そのままおき、肉を少し寝かせる。

MEMO

寝かせる時間のこと

通常、焼いた時間と同じだけ肉を寝かせるのがよいとされます。ですが最近のアメリカンビーフはサシが入っておらず、寝かせすぎると白っぽくなるため、短めの時間で寝かせることが大切です。そして焼き上がりは、中心がいちばん赤みが強く、外側へグラデーションのできた状態が◎。色合いの落差がない焼き方ほど、食感がよくなります。

フライパンの大きさと油のこと

ここでは、24〜25cmのやや小さめの鉄製フライパンを使用。大きいものを使うと、油の量がたくさん必要になるうえ、油の温度が下がりやすくなります。

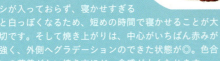

肉マニア必見！ 肉の調理大実験②

Le Mange-Toutの丸鶏ローストチキン

詰め物をしたり、野菜を敷いた天板で焼くイメージもあるローストチキンですが、今回教わったレシピは、丸鶏、オリーブ油、塩だけを使うシンプルなもの。この谷シェフ直伝の方法で、極上の味を楽しんでみてください。家庭では、好みの焼き加減にできるのもうれしいところ。

部位×おいしさの関係

ローストチキンを作るなら丸鶏で挑戦！

丸鶏を使えばさまざまな味わいを堪能できる

丸鶏で作るローストチキンには、特別なおいしさがあります。その秘訣は、低温の熱が鶏のお腹の空洞からじんわり伝わること。これで、高温の熱では作り出せないやわらかさと、ジューシーな肉汁が楽しめます。また、テーブルで切り分けて、さまざまな部位を食べられるのも魅力。もも、むね、手羽、皮、骨のまわりなど、味わいの違いは飽きることがありません。そんなローストチキンをおいしく作る第一のポイントが、丸鶏選び。脂肪の量の違いが味を決めます。

脂身が少なめの丸鶏

地鶏、若鶏などの脂肪が少ない鶏は、ローストすると肉汁の旨みが豊富で、さっぱりした肉のおいしさが味わえる。

脂身が多めの丸鶏

フライパンで焼く場合、調理中に鶏から出る脂と肉汁をかけながら皮をパリッと焼き上げるので、脂が多めの鶏もおすすめ。

後ろから見るとこんな感じ

このお話をうかがったのは…

Le Mange-Tout
谷 昇さん

1976年と89年にフランスへ渡り修業。94年オープンの「ル・マンジュ・トゥー」は「ミシュランガイド東京」で12年連続二つ星。

形の整え方 ×おいしさの関係

プロは見た目も重視。家庭では簡単な方法を

レストランで提供される丸鶏のローストチキンは、やはり見た目が大事。いかに美しく焼き上げるかがポイントになってきます。そのため、調理用の針とたこ糸を使って丁寧に形を整えていきますが、手間がかかるうえ、訓練も必要です。

家庭で作るなら、そんな手間はかけず、おいしく焼ければいいのです。P70では、誰でもできる簡単な形の整え方を紹介しています。焼き上がりは少し崩れますが、味は絶品！　ぜひ、参考にしてみてください。

プロ用と家庭用とでおいしさは変わる？

＼料理人の基本の方法！／

プロ用

調理用の針とたこ糸で、見栄えよく整える。

オーブンで焼く

○ きれいな見た目でもちろん味も極上

ザ・ローストチキンといった美しい焼き上がり。P66～の通りに針とたこ糸で丁寧に形を整えると、切り分けるときにたこ糸がすっと抜け、スマートにサーブできる。

＼手間をかけずにできる／

家庭用

足の下を中心に、たこ糸で結ぶだけでOK。

フライパンで焼く

○ ワイルドな見た目でも味は最高

家庭仕様で簡単に形を整えてフライパンで焼き上げると、もも肉が少し離れて型崩れする。とはいえ、おいしさには影響しないので、家庭では手軽な方法がおすすめ。

焼き方 × おいしさの関係

全体を均等に焼くか、表面をカリッと焼くか

オーブンの場合、庫内で対流が起きて各方面から丸鶏に熱を均等に当て、加熱していきます。一方、フライパンは下から上へと加熱し、周辺の空気も温められて対流が起こります。ただ熱気は外に逃げるので、肉を回転させてアロゼ（≫P71）をしながら火を通して焼き上げます。

　手間はフライパンのほうがかかりますが、両方とも甲乙つけがたいおいしさです。焼き上がりの香りや外側の焼き加減、中の火入れ具合の好みに応じて選ぶとよいでしょう。

オーブンとフライパン、どっちで焼くのがおいしい？

フライパン

もも部分からスタートして全体を焼いていく。

肉の細胞膜から出るタンパク質を含んだ水分を、最後までかけ続けながら焼き上げる。

○ 表面がカリッとなり香ばしく焼き上がる

肉の下側から上側へと熱が伝わっていき、ゆっくりと火が通る。常にアロゼをしながら火を通し、こんがりと焼き上がるのが特徴的。

オーブン

オリーブ油を塗ってから焼きはじめる。

こまめに向きを変えてオリーブ油を塗り、焼き上げていく。

○ 全体が均等に焼けてふっくら・あっさり

設定した温度で対流が起き、肉全体をまんべんなく加熱できる。肉が縮みやすくはなるが、食感はふっくらと仕上がる。

丸鶏（脂身少なめ）をオーブンで焼いて作る
「ローストチキン」

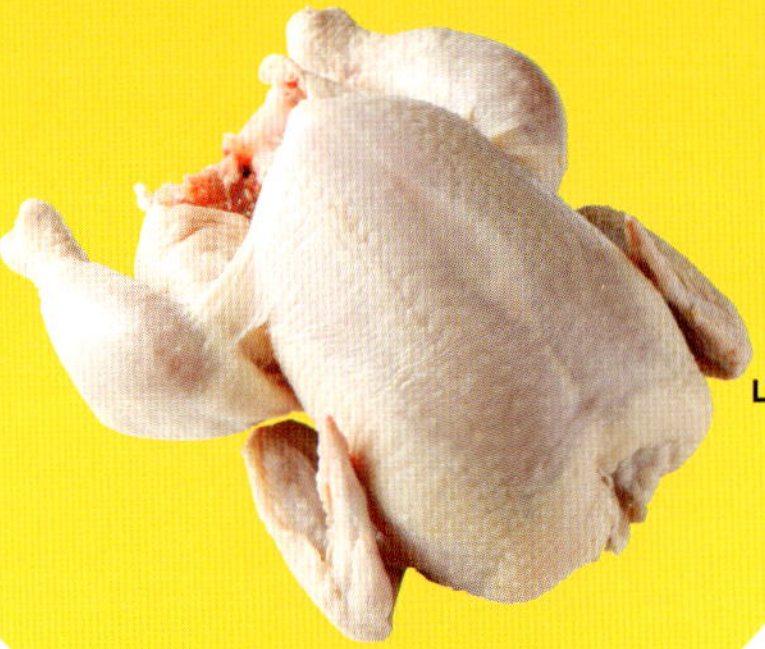

見た目にも
こだわる本格派！

材料

丸鶏（中抜き／水けをとる）… 1 羽（800 g 〜1kg）
オリーブ油… 適量
塩… 適量

形を整える

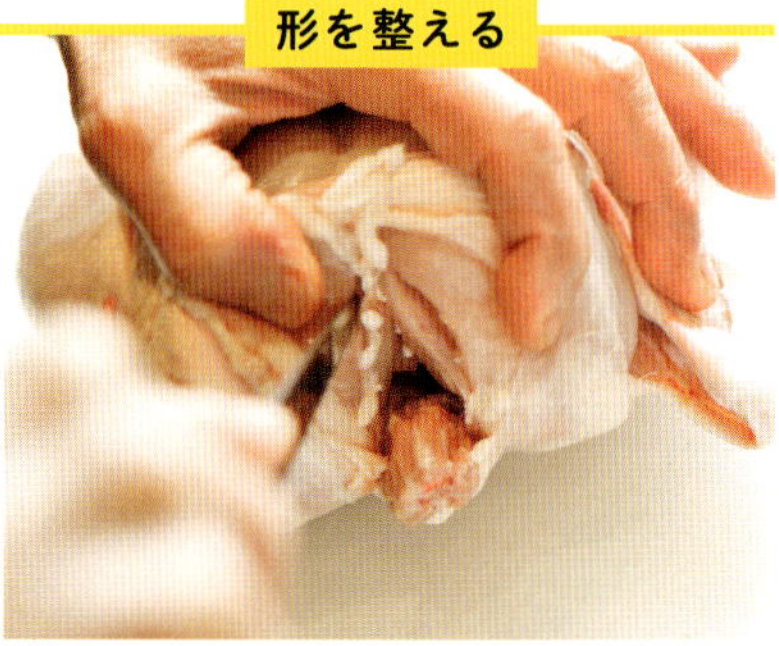

1 まず鎖骨をとり除く。丸鶏の背中側を下にして置き、逆V字形の鎖骨に沿って両側に包丁を薄く入れる。

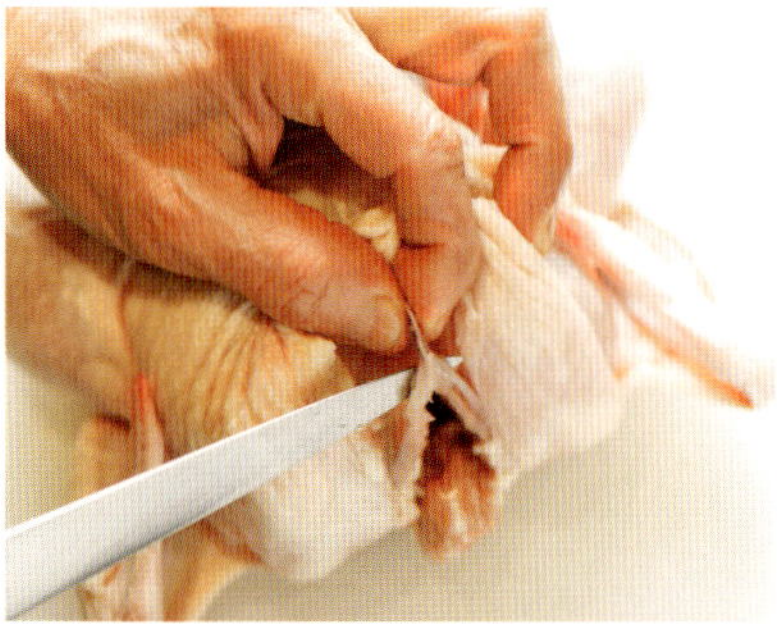

鎖骨の上の部分の、胸骨とつながったところにある関節に包丁を入れながら、鎖骨をとり除く。

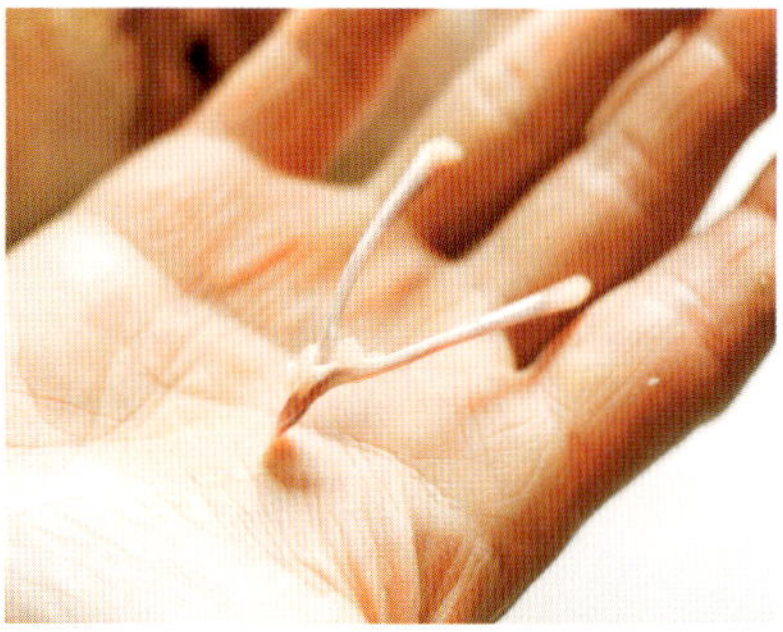

鶏の鎖骨はフルシェットという。これを残したまま調理すると、焼き上がりをきれいに切り分けられなくなってしまう。

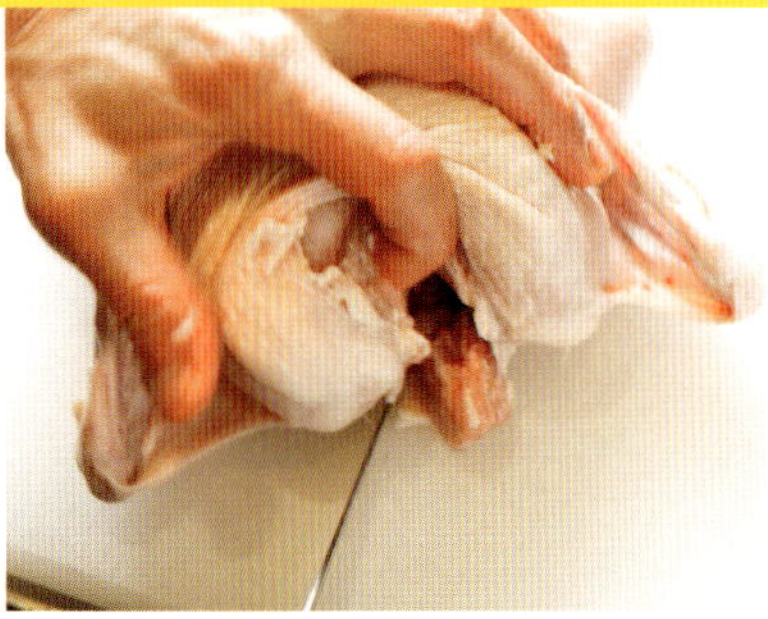

2 次に首の関節をとり除く。首づるの奥のほうに包丁を入れ、関節を切りとる。

関節をとり除くことで、肉をたこ糸でくくったときに首の部分がきれいになる。

3 手羽を、上からたたむようにお腹側へ入れる。今度は、頭側を左にして置く。

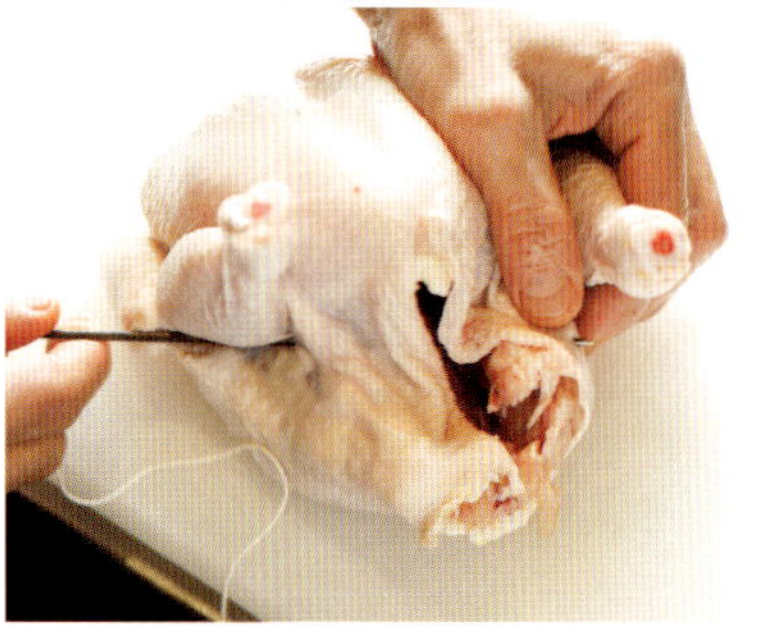

4 60cmのたこ糸を通した針をももの関節の内側から、やや斜め方向に刺す。糸端は10cmほど残す。

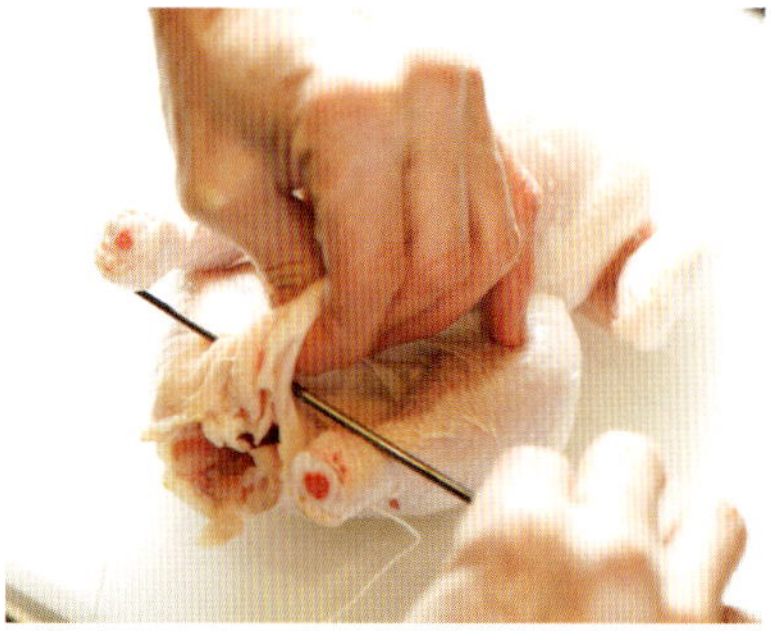

5 お尻の皮をつまんで刺す。このとき、糸が足にかかるようにする。

6
反対側の足にも糸をかけ、ももの関節の内側に向けて刺す。

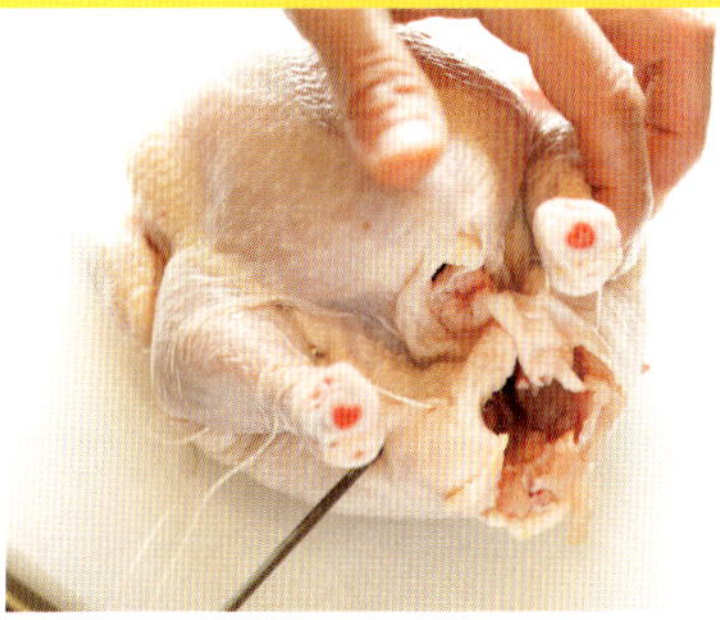

7
針を出して引き抜く。

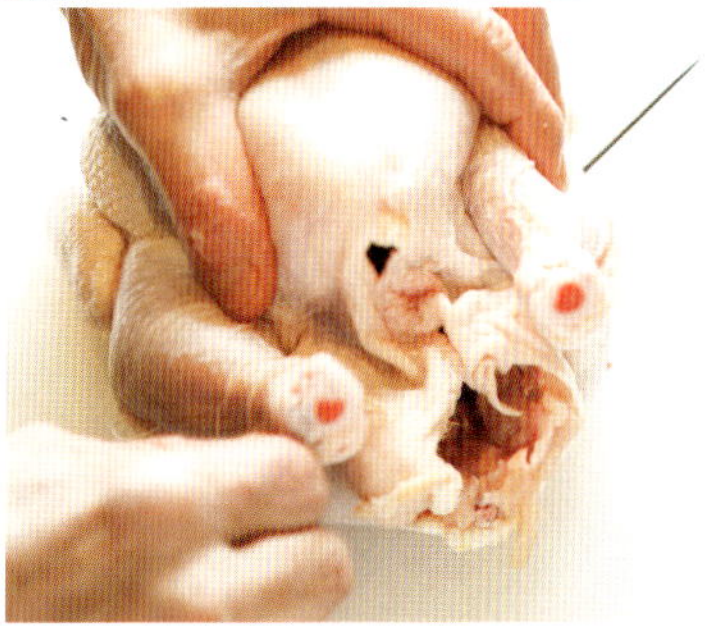

8
糸の両端をぎゅっと引っ張る。

9
ここで裏返す。手羽中部分の2本の骨の間に針を刺し、続けて手羽の先にも刺す。

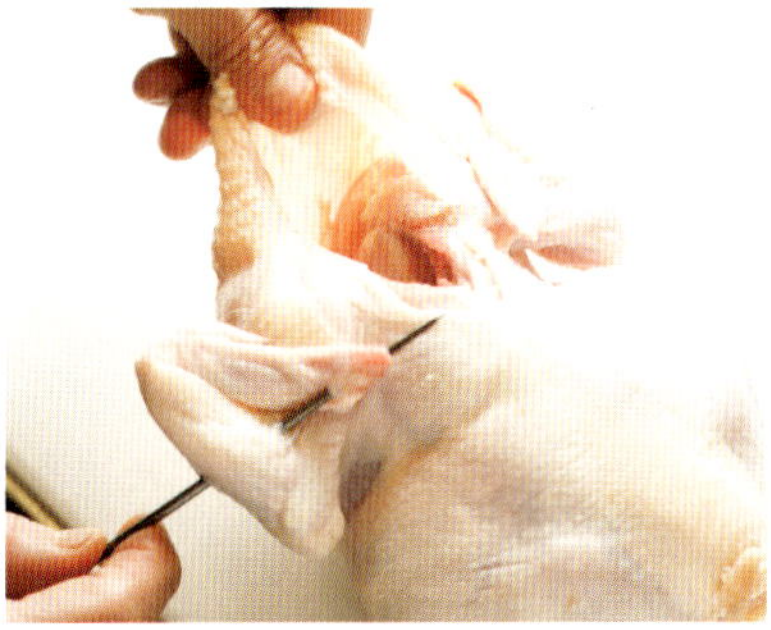

10
首部分の穴を閉じるように皮を被せて針を刺し、9と反対側の手羽の先、手羽中部分の骨の間の順に針を刺す。

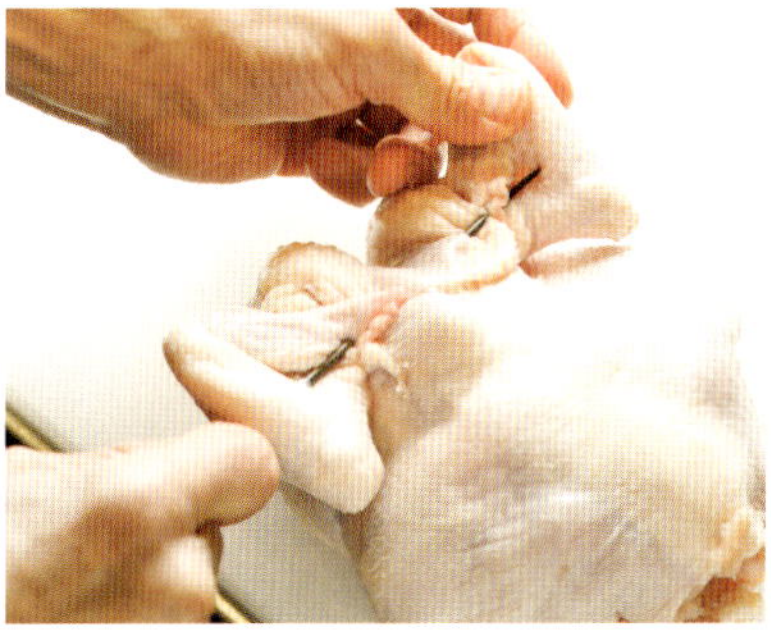

11
針をはずし、糸の両端を引っ張って形を整える。

12
糸を持って鶏を持ち上げ、鶏の自重で糸を締める。

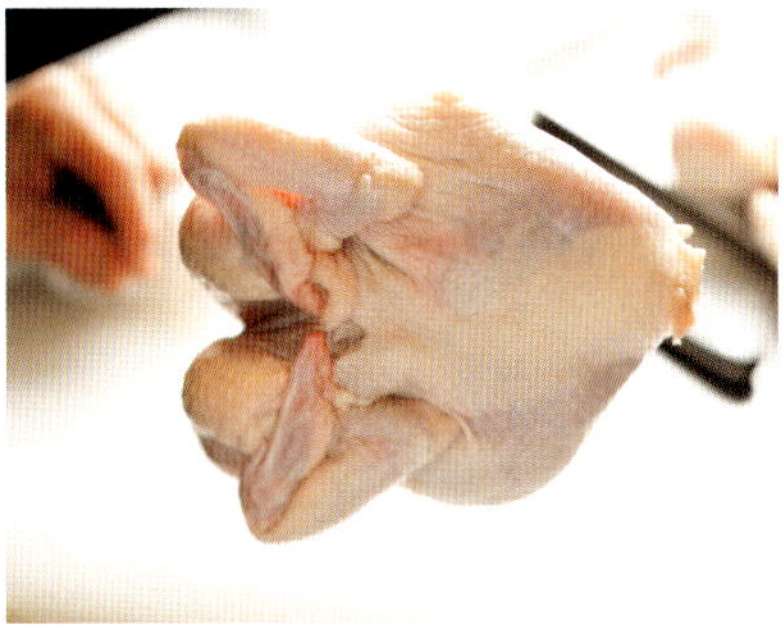

13
糸の両端をクロスさせ、できた輪に片端を2回くぐらせる。両端を引っ張り、肉の厚いところでぎゅっと締める。

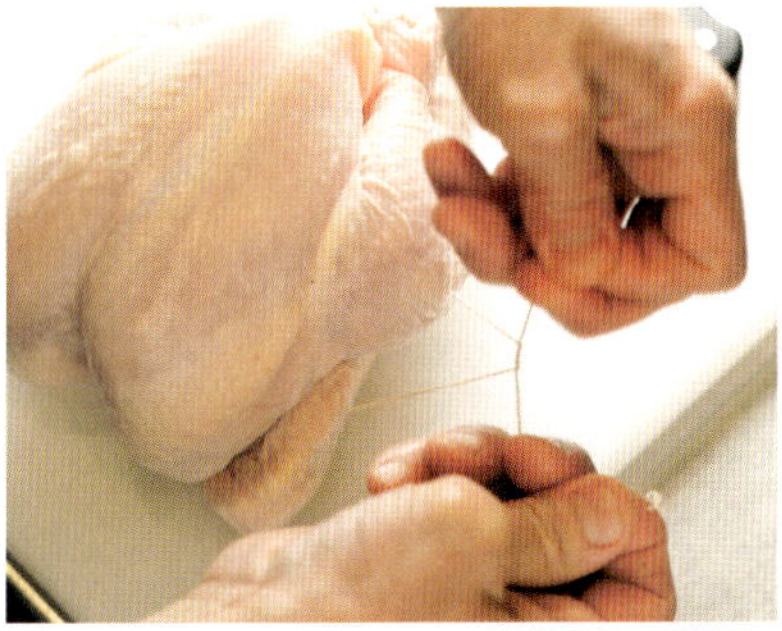

14
最後は玉結びにして、余った糸を切る。

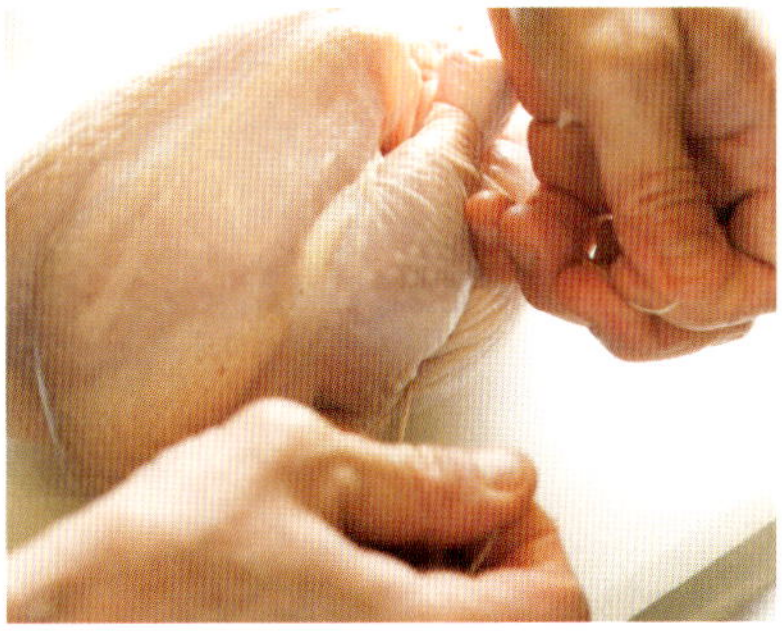

15
胸を張らせるために、むね部分ともも部分の間に指を沿わせて形を整える。

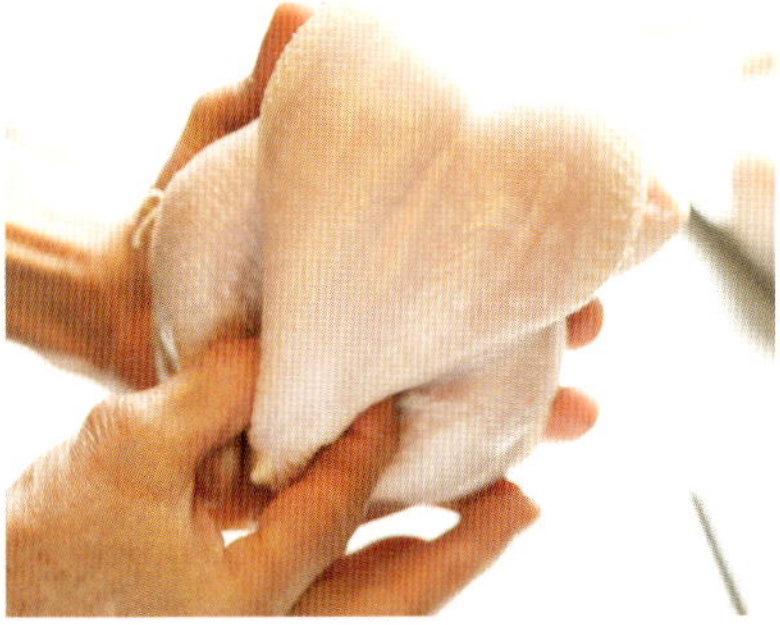

お湯がけをする

16 お尻にトングを浅く入れて持ち、沸騰したお湯を全体にかける。これ以上の縮みを防ぎ、ふっくら仕上げるため。

乾かす

17 16を冷蔵庫で一晩乾かす。こうすると、肉の脂が表面に上がって焼きやすくなる。

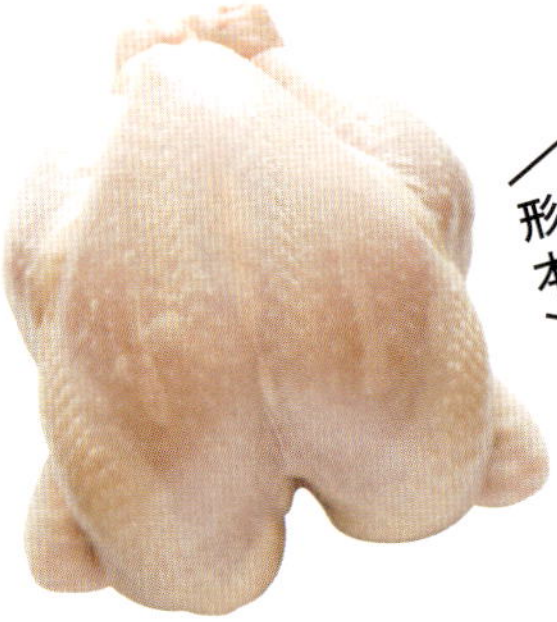

形を整えた翌日に本調理スタート！

オーブンで焼く

18 天板にオリーブ油を塗ってオーブンシートを敷き、17をのせ、ハケでオリーブ油を塗る。

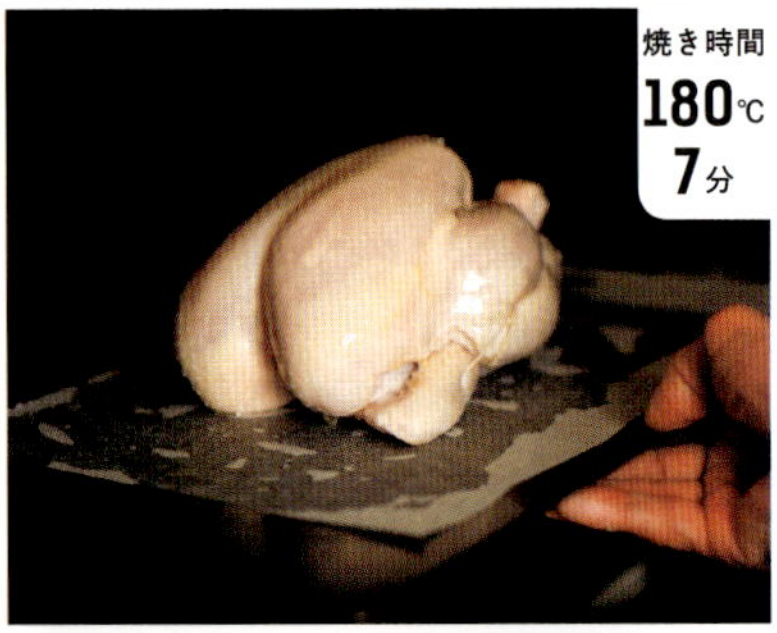

焼き時間 180℃ 7分

19 １８０℃のオーブンで７分焼く。表面が乾いてうっすらと焼き色がついてきたら、オリーブ油を塗る。

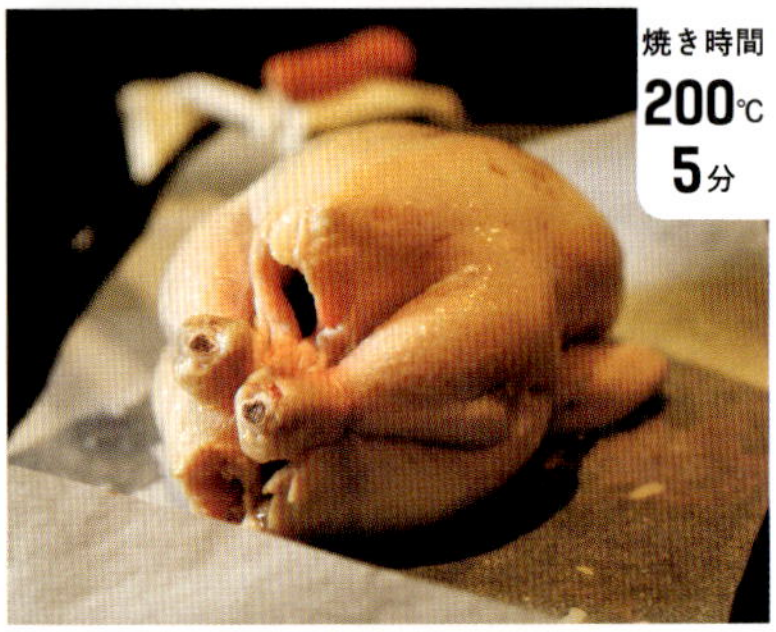

焼き時間 200℃ 5分

20 今度は２００℃で５分焼き、表面が乾いたらオリーブ油を塗る。肉から脂が出てくるが、これを塗るのはＮＧ。

焼き時間 220℃ 6分

21 ２２０℃で６分焼き、オリーブ油を塗る。

MEMO

お湯がけと乾かす工程は中国料理の技法

お湯がけをして乾かす方法は、中国料理の北京ダックなどに代表される技法です。ローストチキンも皮の食感が命なので、お湯がけと乾燥のひと手間はぜひとり入れたいもの。皮の縮みを防ぎ、パリッと焼き上がります。

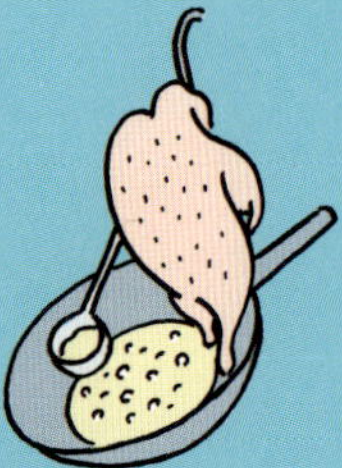

22 温度は変えずに2分焼き、オリーブ油を塗る。

焼き時間
220℃
2分

23 280℃で3分焼いてオリーブ油を塗り、さらに2分焼く。

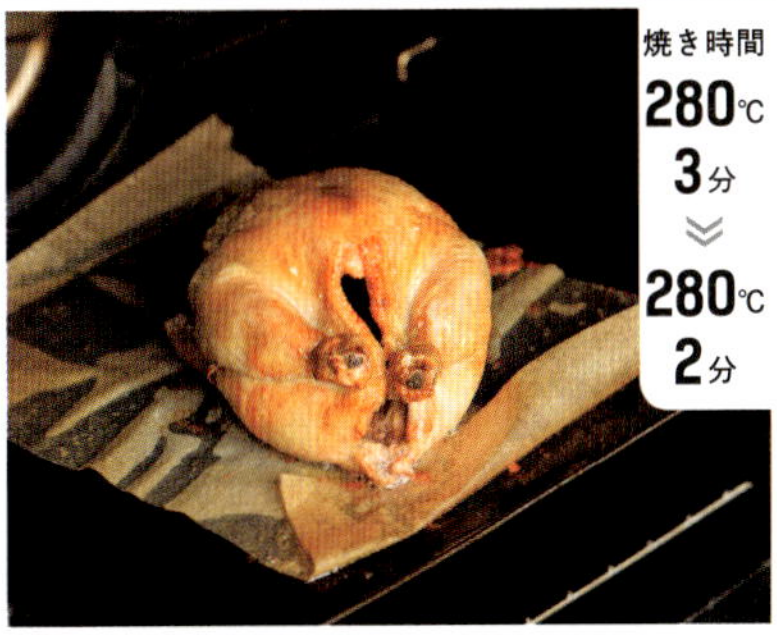
焼き時間
280℃
3分
280℃
2分

24 300℃で2分焼く。

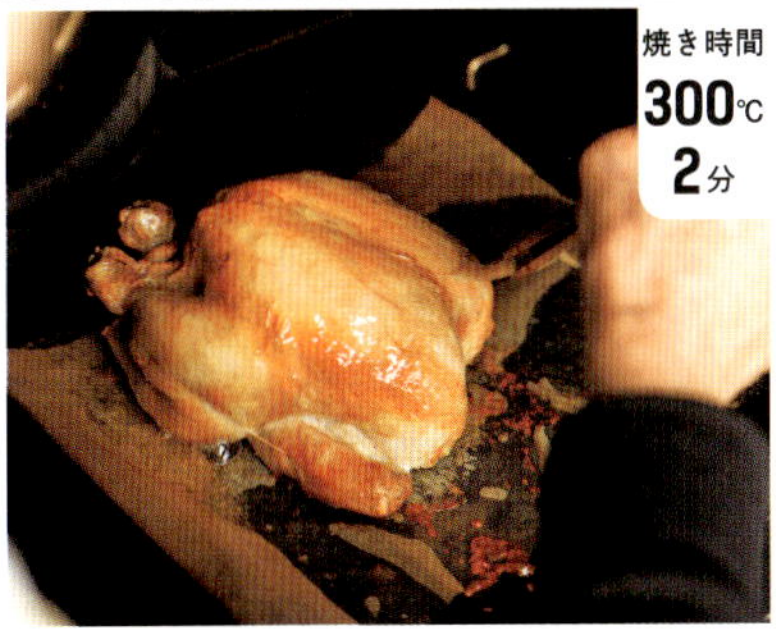
焼き時間
300℃
2分

25 きちんと焼けているかを判断するために、お尻部分を傾けて、背骨から肉汁を出してみる。

26 肉汁が薄ピンク色なら0K。真っ赤な場合は再加熱を。切り分けて焼けていない部位を180℃で数分焼く。

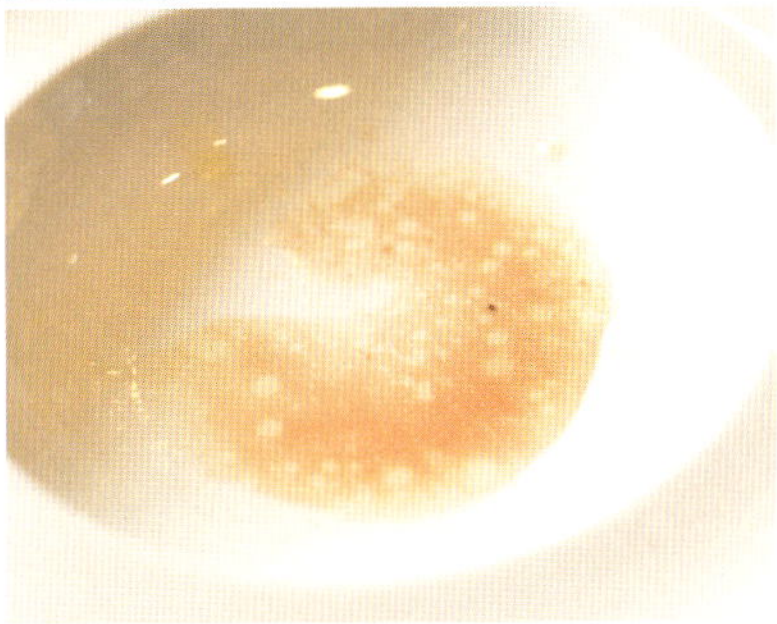

27 焼き上がったらガス台の近くなど温かい場所で5分ほど寝かせる（ルポゼ）。肉を器に盛り、全体に塩をふる。

焼き上がりを判断するコツ！

肉汁が薄ピンクならOK

オーブン加熱で肉の焼き上がりを判断するには、中の肉汁の色で見分けます。この肉汁を出すのは、最後のタイミングで一発勝負をかけて。もし真っ赤で再加熱する際は、むね肉がパサパサにならないよう先に切り分けます。

丸鶏（脂身多め）をフライパンで焼いて作る

［ローストチキン］

簡単にできる方法がこちら！

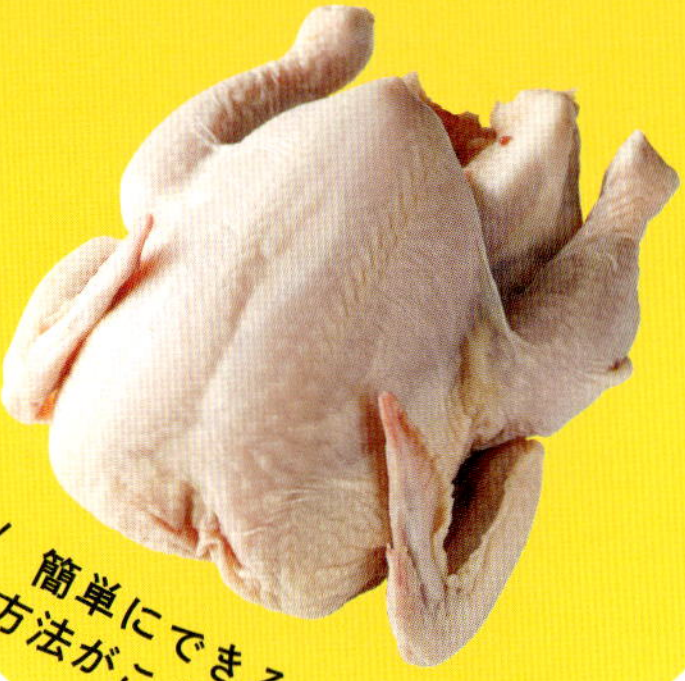

材料

丸鶏（中抜き／水けをとる）… 1 羽（800 g ～1kg）

オリーブ油…大さじ 1

塩…適量

形を整える

1 丸鶏の背中側を下にして置き、両足の下に60㎝のたこ糸を左右均等にかける。

2 糸をクロスさせる。

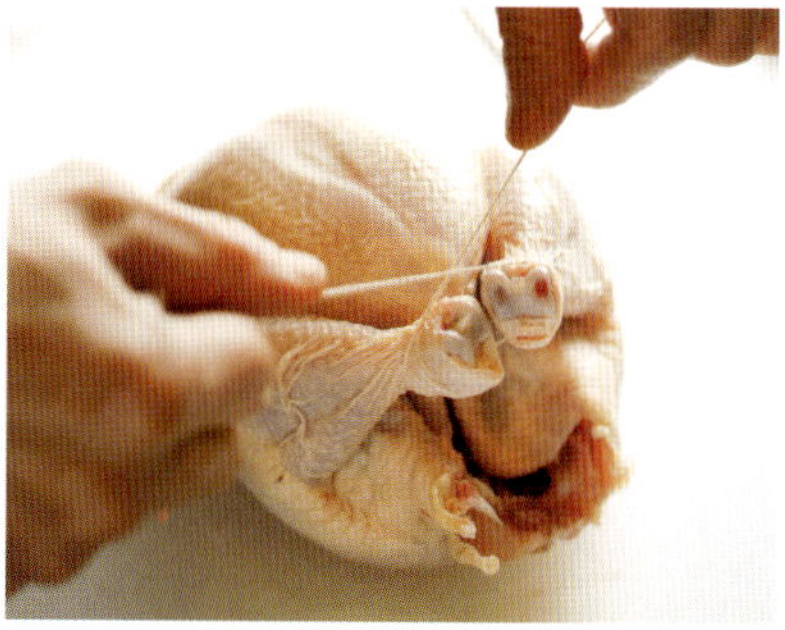

3 そのままぎゅっと締めて、両足をくっつける。

4 糸をそのまま引っ張りながら、もも部分とむね部分の間に通す。

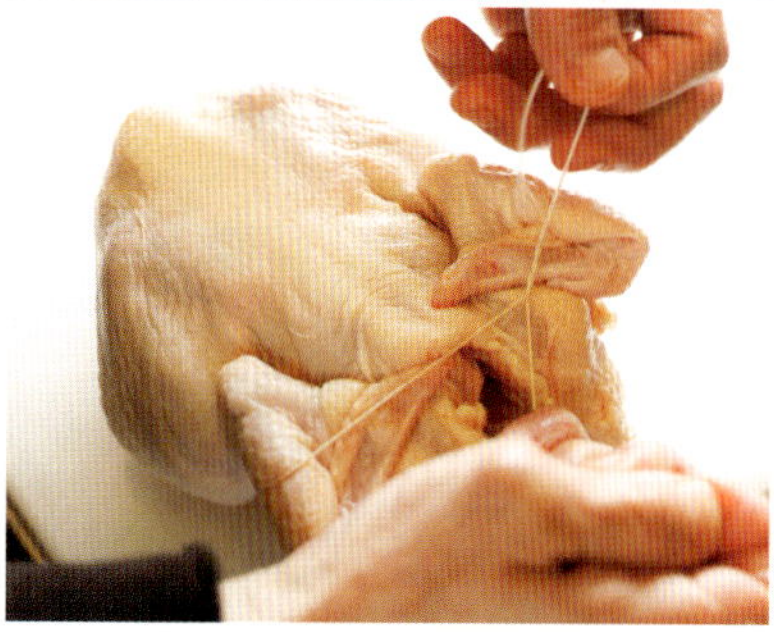

5 裏返し、手羽部分で糸をクロスさせる。できた輪に糸の片端を2回くぐらせて両端を引っ張り、ぎゅっと締める。

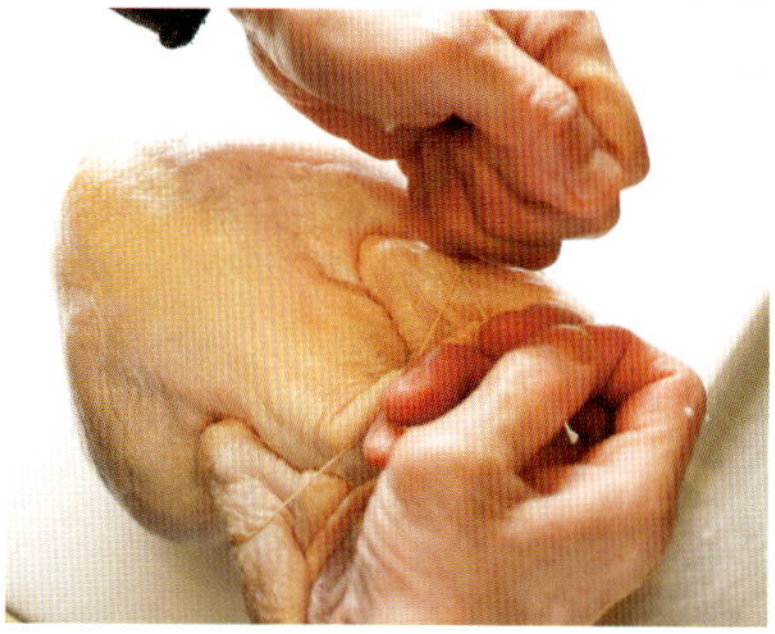

6 最後は玉結びにして、余った糸を切る。

糸の結び終わりのコツ！

肉のあるところで二重結び

たこ糸で簡単に形を整える場合は、最後の締め方と結び方が重要なポイントです。針を刺してたこ糸を通していない分、肉が緩みやすいので、両足をくっつけるときや、糸を引っ張りながら形を整えるときは、しっかり力を入れてぎゅっと締めること。また、最後にたこ糸を結ぶときは、肉に糸を食い込ませる感じでぎゅっと縛って二重結びをしましょう。

お湯がけをする／乾かす

7 お尻にトングを浅く入れて持ち、沸騰したお湯を全体にかける。これを冷蔵庫で一晩乾かす。

形を整えた翌日に本調理スタート！

フライパンで焼く

強めの中火
焼き時間
2分

8 フライパンを強めの中火でほどよく熱し、オリーブ油を入れ、全体を2分ほど焼く。焼きはじめはももから。

弱火
焼き時間
2分
30秒
音がしたら
2分

9 肉全体に油が回ったら、弱火で全体を2分30秒焼く。パチパチ音がしはじめたら、その状態を保ち全体を2分焼く。

弱火
焼き時間
3分
30秒

10 肉を回転させながら、3分30秒焼く。このあたりで、こんがりとした焼き色がつきはじめる。

弱火
焼き時間
10分

11 さらに10分ほど焼く。ジュワーッと音がして水分が出たら、それを肉にかけながら焼く。この作業が、アロゼ。

弱火
焼き時間
20分

12 音が大きくなったら火を弱める。脂の色が濃くなるまで10分ほどアロゼを続け、さらに10分ほどアロゼをする。

13 焼き上がったらガス台の近くなど温かい場所で5分ほど寝かせる（ルポゼ）。肉を器に盛り、全体に塩をふる。

MEMO

火の通り方は部位によって違う

もも肉とむね肉は、筋の入り方や肉質がまったく違います。もも肉は筋が多いので火が通りにくいですが、むね肉はすぐに火が通ります。丸鶏は回転させながら焼くことで、火を均等に入れていくのがポイントです。

これが理想的な脂の色

タンパク質のアミノ酸が高温にあたってキャラメル色になる。これが旨みのエキス。真っ黒になるのはNG。

丸鶏　ローストチキンを切り分け、ソースを作る

① ももを切る

1 肉をくくっていた糸を、すっと抜きとる。

2 もも部分の、皮が浮いているところに包丁を入れ、そのままぐっと開く。

3 皮膜が見えるので、そこを切るように骨に沿って包丁を入れ、関節をはずす。

4 そのまま裏返し、お尻のほうから包丁を入れる。

5 背骨に向かってぐっと包丁を入れ、ももを引っ張る。

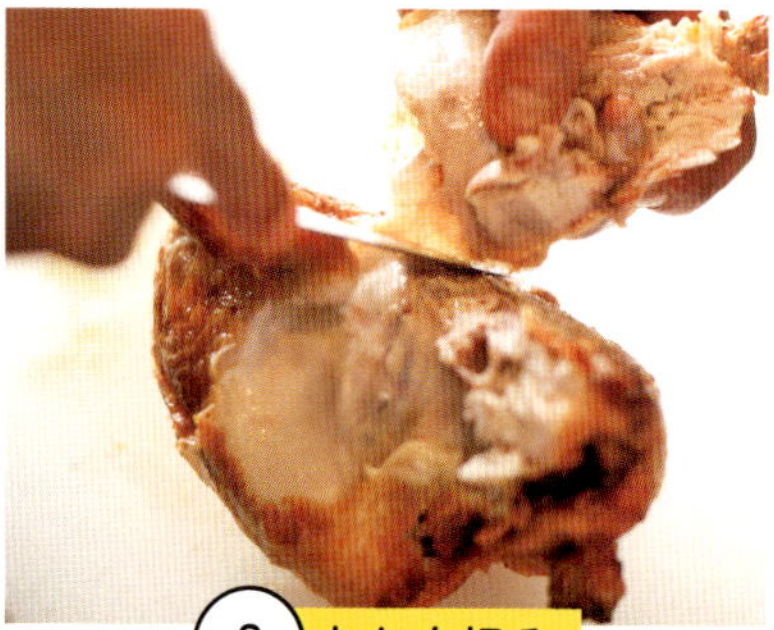

6 皮を切ってももをはずす。反対側も同様に。

② むねを切る

7 首側を手前にし、骨の両サイドに包丁を入れる。

8 むね部分に関節があるので、そのまま包丁を入れて引っ張り上げる。

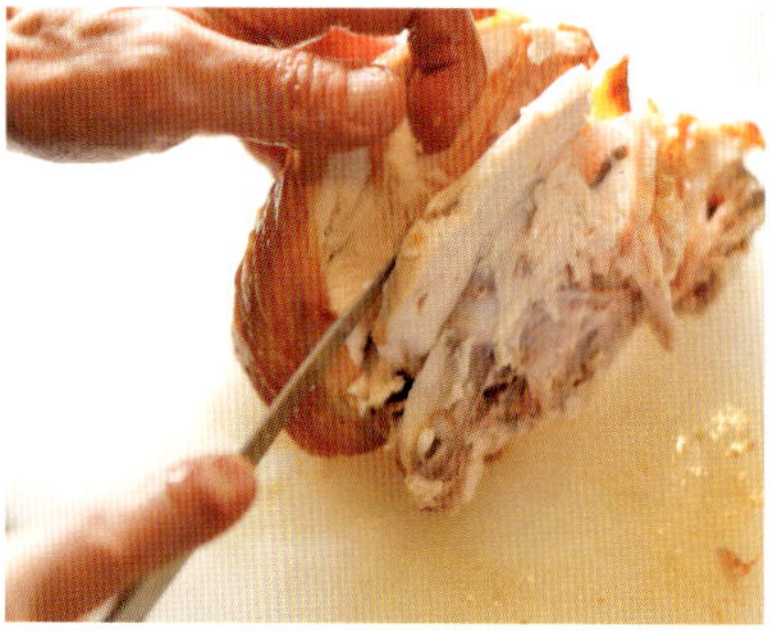

9 反対側は、ささみを持ちながら同様に切り離す。

③ そのほかの部位を切る

10 むねからささみと手羽を切り離す。手羽は手羽先と手羽元に切り分ける。

11 これで、手羽先、手羽元、もも、むね、ささみに切り分けが完了。

12 残った骨には、旨みがとても多い髄が含まれる。これでソースを作るので、適当な大きさに切っておく。

ソースを作る

13 12の骨をフライパンに入れ、水600㎖を加えて煮る。

14 しっかりとした味になったらザルでこし、煮汁だけをフライパンに戻し入れる。

15 鍋にバター30gを中火で溶かす。泡のきめが細かくなりナッツのような香りがしてきたら、14に混ぜて火を消す。

16 マスタード10gを混ぜてソースが完成。ボードに11、フライドオニオン、クレソンを盛り、ソースをかける。

丸鶏のローストチキンをそのまま皿に盛りつけるのもいいけれど、切り分けてボードに盛りつけるのもおすすめ。

肉マニア必見！ 肉の調理大実験③

trattoria29の最強ハンバーグ

家庭でも作ることの多いハンバーグを、プロがおすすめする方法で、とびきりおいしく仕上げてみましょう。使用する肉のことから焼き方まで、教えてもらったポイントが盛りだくさんです。また、肉の種類や配合を変えてみる、一味違うバージョンもお試しあれ。

部位×おいしさの関係

旨みとコクを味わえる
3つの部位をチョイス

とっておきのハンバーグを作るなら、部位にこだわるところから始めてみましょう。おすすめは、牛すね肉と牛ネック。これらは筋肉質なうえに筋が多くてかたいので、よく煮込みに使われますが、刻んで使うのも◎。筋のまわりに旨みが凝縮しているので、それだけ旨みの濃いハンバーグが味わえます。豚バラ肉で脂身も加えましょう。これらを5〜2・5㎜くらいのバラバラの大きさに刻むと、食感にもバリエーションが出てさらにおいしくなります。

牛肉は旨みが凝縮したすねとネックを使用

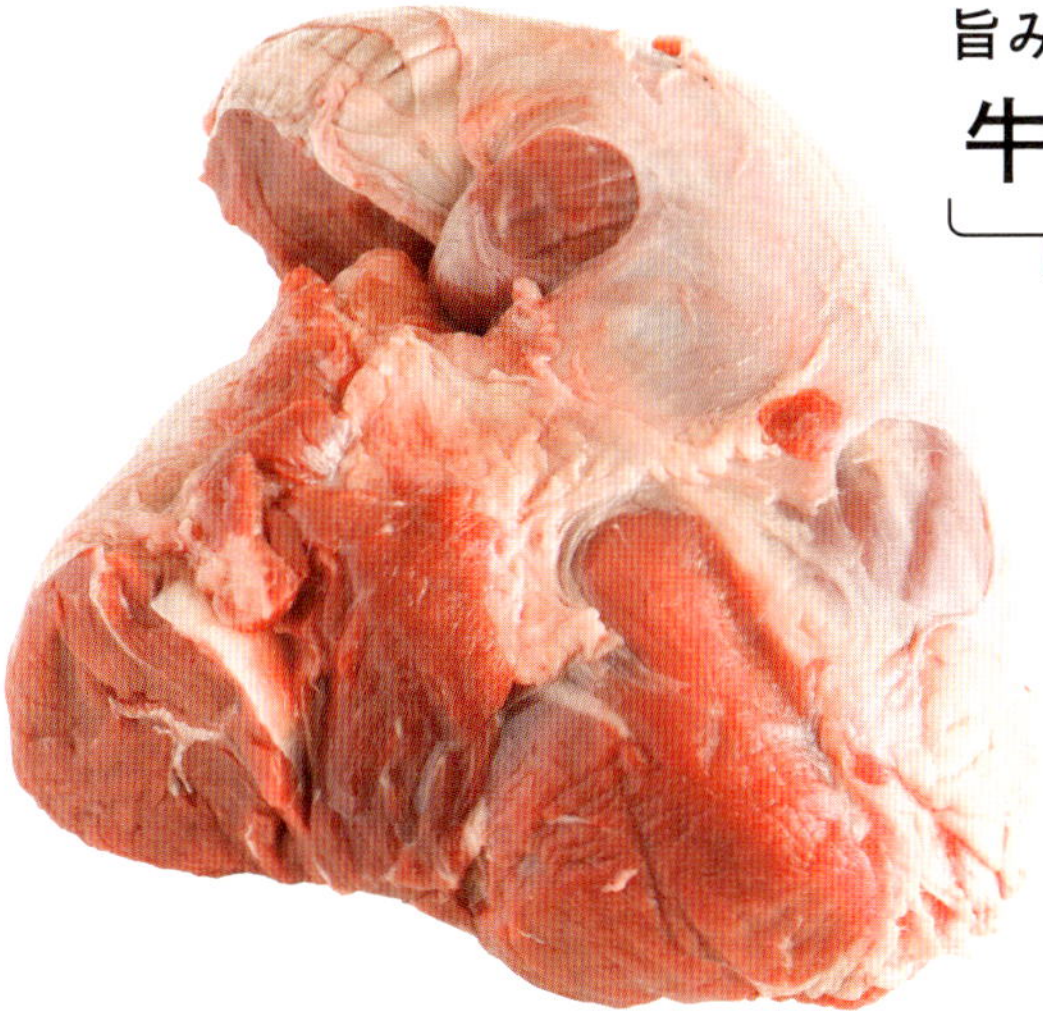

旨みがたっぷり
牛すね肉

筋がとても多いが、それだけ旨みもあって味わい深い赤身。煮込みだけでなく、刻んでひき肉状にして料理するのもおすすめ。

深く濃厚な味わい
牛ネック

脂肪が少なくて筋が多く、きめが粗くてかたい。スライスしたものも煮込みにすることが多いが、刻めばハンバーグにぴったり。

コクと風味のある
豚バラ肉
（スライス）

適度についている脂肪がポイント。合わせる牛肉がどちらも赤身なので、この豚バラの脂肪をプラスすることでジューシーさもアップ！

このお話をうかがったのは…

trattoria29
竹内悠介さん

イタリアの精肉店＆レストランで、料理のみならず肉の解体や熟成についても習得したシェフによる、肉料理が中心のイタリアンの店。

配合×おいしさの関係

赤身肉4：脂身1で作る肉だねがベスト！

牛すね肉と牛ネックは、脂肪が少ない赤身の部分。それだけを使うとあっさりした味わいですが、ここに脂身をたすと、ほどよくジューシーで、ぐっと旨みの濃いハンバーグに仕上げることができます。脂身としては、豚バラ肉を使うのが最適。それらの配合は、牛すね肉2：牛ネック2：豚バラ肉1にしましょう。これは、ボロネーゼ（ミートソース）やラグー（煮込み）でも使われていて、ハンバーグにもおすすめの黄金比率なのです。

部位×比率から見るベストな配合は!?

VS

牛すね肉　牛ネック　豚バラ肉

2：2：1

脂肪の少ない牛すね肉と牛ネックに豚バラ肉の旨みを加えて、粘りが出るまでよく練る。

○ 凝縮された肉の旨みを堪能！

牛すね肉と牛ネックの旨みの濃さが際立った、食べごたえのあるハンバーグ。ほどよく密度があり、肉感も味わえる。肉汁たっぷりの至福のおいしさを堪能すべし。

MEMO

刻み具合は?

食感を生かすなら、肉は手切りするのがベスト！　大きさは揃えず5〜2.5㎜の間で粗く刻みます。こうすることで、食感はもちろん旨みも味わえるおいしいハンバーグができるのです。

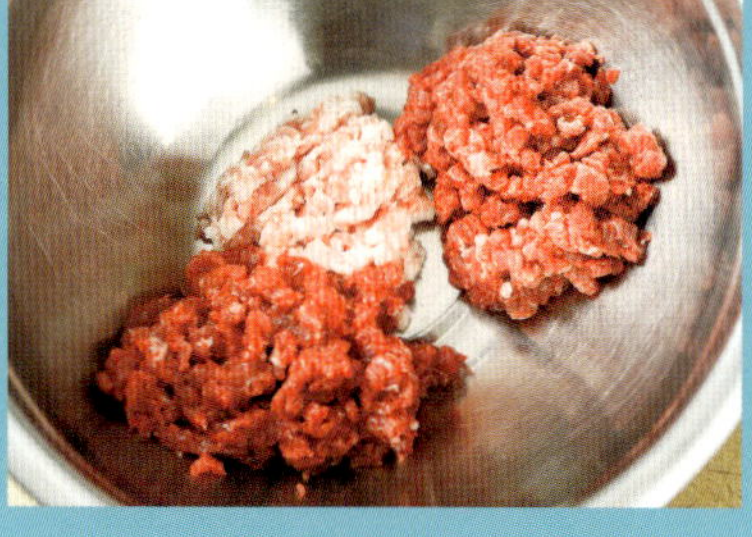

赤身肉100%や、市販のひき肉で作る肉だねも

赤身肉4：脂身1の肉だね以外にも、試してほしい配合を紹介します。一つは、牛すね肉と牛ネックを1：1の割合で作る牛赤身肉100%の肉だね。余分なつなぎは一切入れずに作るハンバーグは、ステーキ感覚のおいしさです。もう一つは、市販のひき肉を使う定番ハンバーグ。今回は牛ひき肉と鶏ひき肉を1：1の割合にした、弾力のあるあっさり味です。それぞれの肉の特徴を生かしたおいしさを味わえる配合なので、ぜひ挑戦してみてください。

牛ひき肉　鶏ひき肉

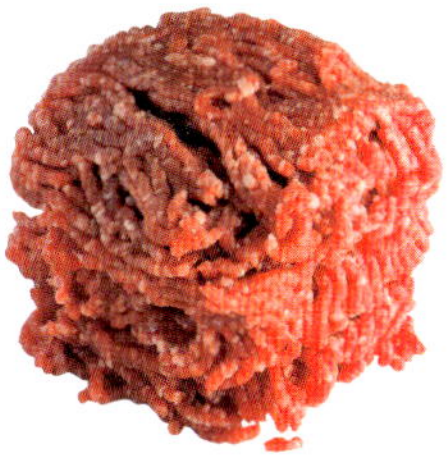
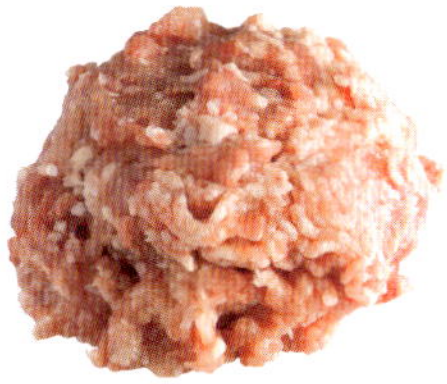

1 ： 1

VS

（牛100％）
牛すね肉　牛ネック

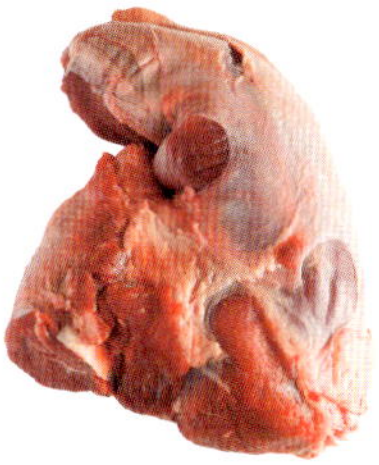
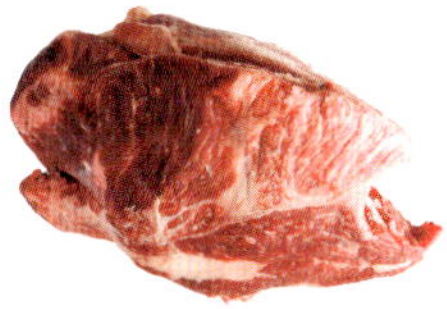

1 ： 1

市販のひき肉を使えば手軽だが、食感に変化が出にくい。鶏肉を加えてあっさり味に。

△ ボリューム満点でもあっさりしたハンバーグ

市販のひき肉は肉の食感自体は出にくいが、ボリューム感とみっちりとした密度があり、肉汁も多めなので満足感は高い。厚めに焼くと、あっさりながらも食べごたえ満点。

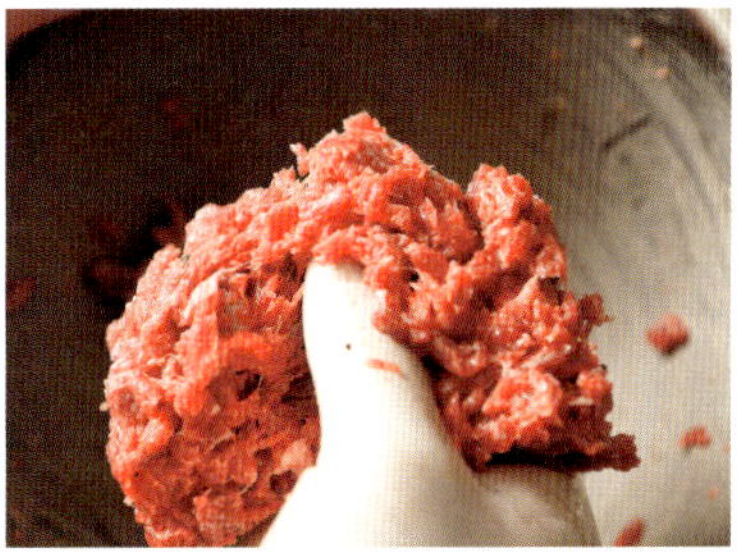

筋が多い牛すね肉や牛ネックはそのままだとかたいが、刻むと弾力や旨みを感じやすい。

△ ハンバーグというよりもステーキという感覚

牛すね肉と牛ネックの旨みをダイレクトに噛み締めることができる、ステーキに近い仕上がりに。手切りならではの食感を味わえるのは、つなぎなどを使っていないからこそ。

温度&練り方×おいしさの関係

肉の脂が冷たい状態で白濁するまで練ること

ハンバーグのおいしさといえば、ふっくらとした弾力と、あふれる肉汁です。これを実現する最大のポイントは、ひき肉の温度と練り方にあります。ひき肉は冷たいことが大前提で、肉だねを作るときに、ひき肉の脂と水分を混ぜ合わせて乳化させることが大切。もしひき肉が室温だと、脂が溶けて分離する原因になります。冷たいひき肉を、白濁するまでしっかりこねること。ここを押さえるだけで、抜群においしいハンバーグが完成します。

ひき肉の温度と練り方次第で焼き上がりが変わる!?

室温に戻したひき肉

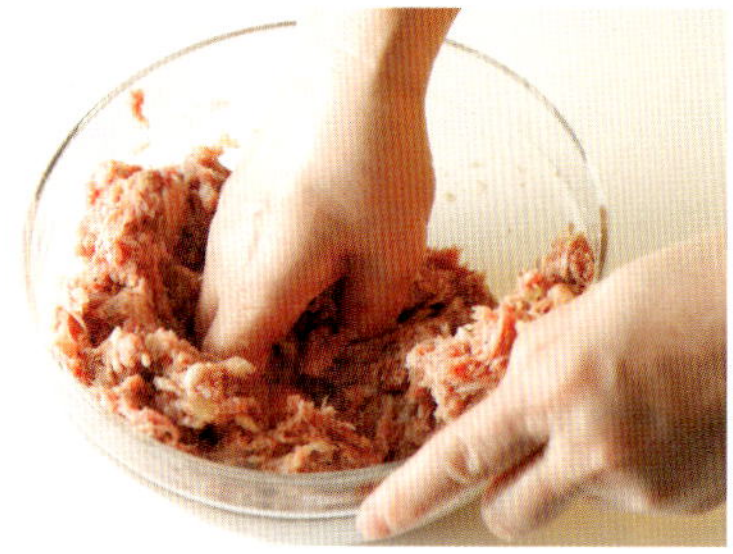
室温に戻すと脂が溶けてしまい分離する。

成形する

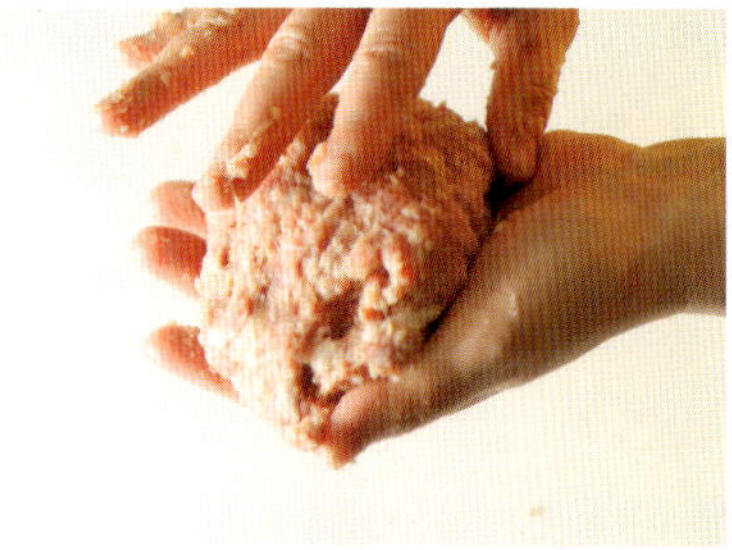
成形しにくく、形がいびつになりがち。

× ひき肉を室温に戻すと脂が溶けるので、形がまとまりにくく、旨みも外に逃げやすい。

冷蔵庫で冷やしたひき肉

肉の脂と水分を乳化させるようによく練る。

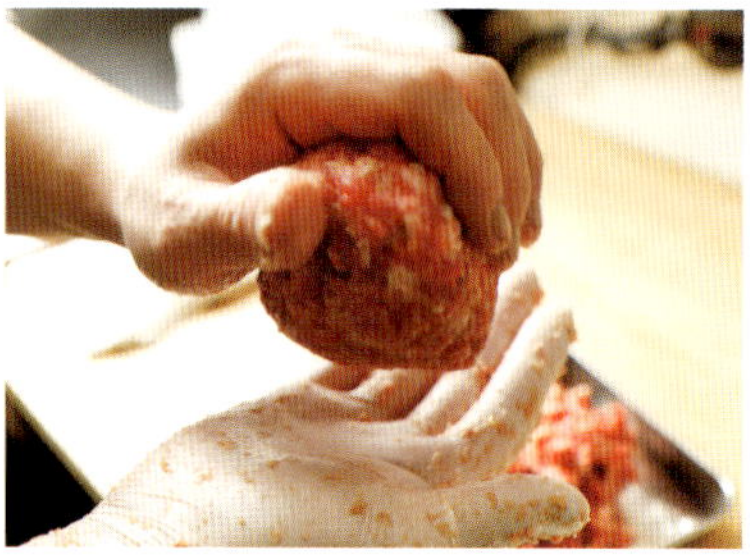
肉だねをよく練ると成形しやすくなる。

○ しっかりと乳化させた肉だねは、焼き上がりもふっくら、形もきれいに仕上がる。

厚さ＆焼き方×おいしさの関係

厚さの違いで焼き方も仕上げ方も変わる

厚みの違いとおいしさの関係を見ていきましょう。2㎝厚さは一般的で、フライパンだけで焼くにはベストな厚さ。表面にこんがりとした焼き色をつければ、あとはふたをしてじっくり火を入れるだけで、しっとりジューシーに仕上がります。一方、3㎝厚さは、フライパンだけで焼くと中に火が通る前に焦げてしまうので、オーブンを併用するのがベスト。オーブンで外側からゆっくりと加熱することで、弾力と肉汁たっぷりのおいしさが実現します。

厚さ2㎝と3㎝のハンバーグ、焼き方はどう変える？

2㎝厚さ

定番のハンバーグ。フライパンで焼き上げる。

ごく弱火にして、じっくりと中まで火を通す。

絶妙な火入れに感動！

○ フライパンならではのしっとりとしたジューシーな味わい。肉の旨みを存分に味わえる。

3㎝厚さ

まずはフライパンで両面をこんがりと焼く。

厚みがあるので、160℃のオーブンで焼く。

弾力と肉汁たっぷり！

○ 厚みを保ちつつ、外側はこんがり、中はふっくら弾力のあるジューシーなおいしさ。

牛ネック＋牛すね肉＋豚バラ肉で作る［ハンバーグ］

ジューシーで食べごたえ◎

材料（2人分）

- 牛ネック…160g
- 牛すね肉…160g
- 豚バラ薄切り肉…80g
- A 玉ねぎ…1/2個（みじん切りにしてオリーブ油で炒める）
- 卵…1個
- パン粉…20g
- パルミジャーノパウダー…10g
- 塩…2.5g
- 粗びき黒こしょう…適量
- オリーブ油…大さじ1/2

炒め玉ねぎ

本調理

1 肉は5～2・5㎜角の粗みじん切りにする。最初に繊維を断ち切るのがポイント。

2 1を冷蔵庫で30分ほど冷やし、ボウルに入れる。ボウルもあらかじめ冷やしておくと、なおよい。

3 Aを加える。玉ねぎはこのくらいの色まで炒めること。パルミジャーノパウダーは旨みの隠し味。

4 材料が全体にまんべんなく混ざるよう、大まかに混ぜ合わせる。

5 手のひらで押すようにして、白っぽくなるまでよく練り合わせる。乳化させることで、弾力のある仕上がりに。

練り方のコツ！

弾力を出すようにしっかり練る

肉だねは白濁する（白っぽく、糸を引くようになる）まで、しっかり練りましょう。練りがたりないと成形する際きれいに整えられず、弾力があって旨みがたっぷりな仕上がりにはなりません。

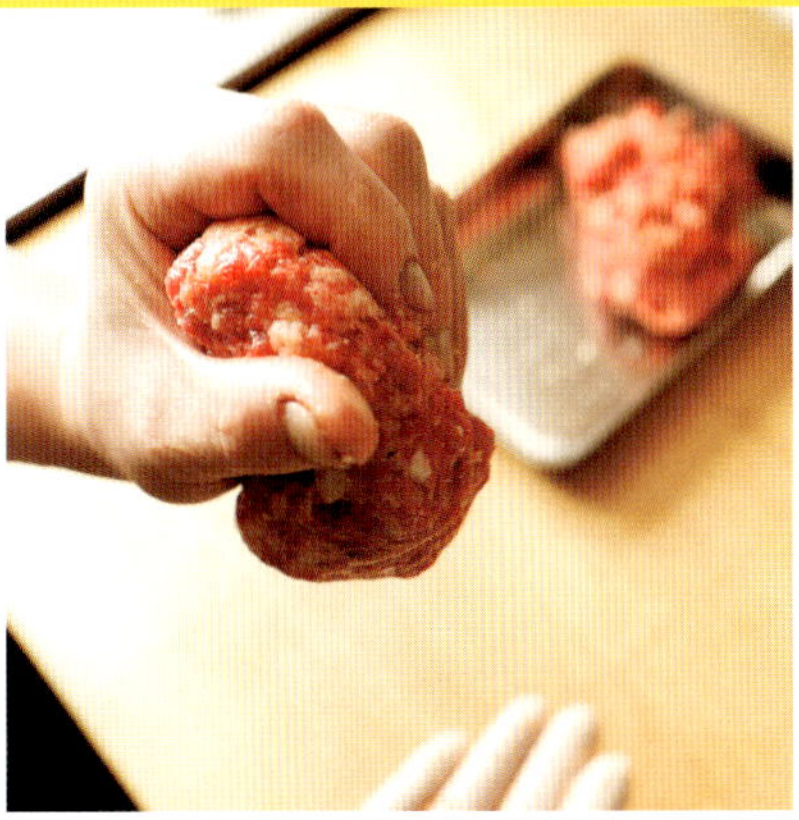

6 1人分ずつ成形していく。肉だねを左手で握り、右手に落とす感覚で空気を抜くのがポイント。

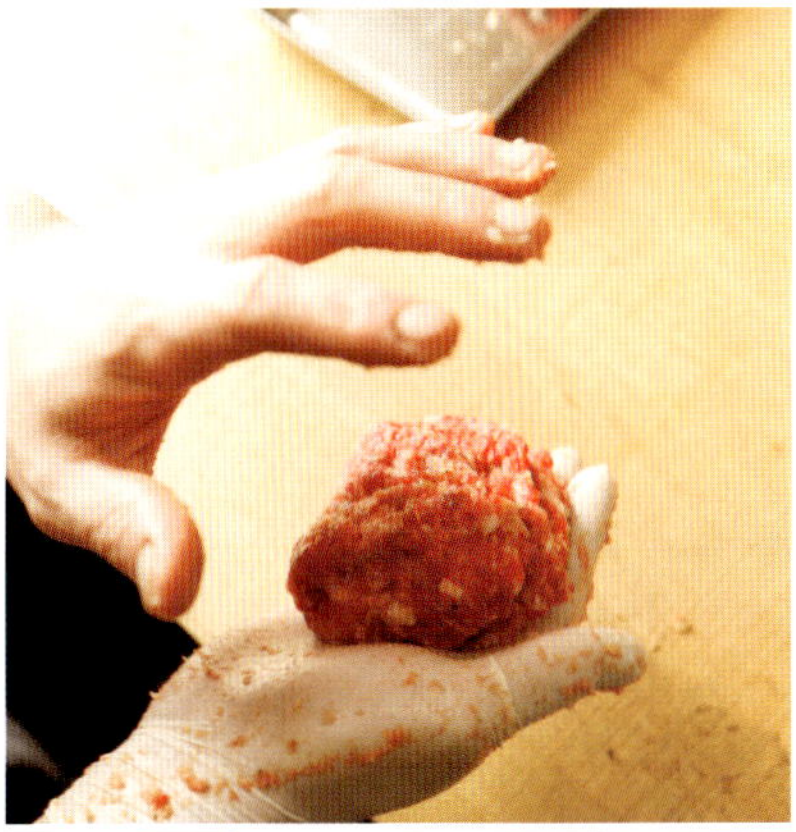

7 握っては落とすを何度も繰り返しながら、しっかり空気を抜く。落とすときは強めにたたきつける感じで。

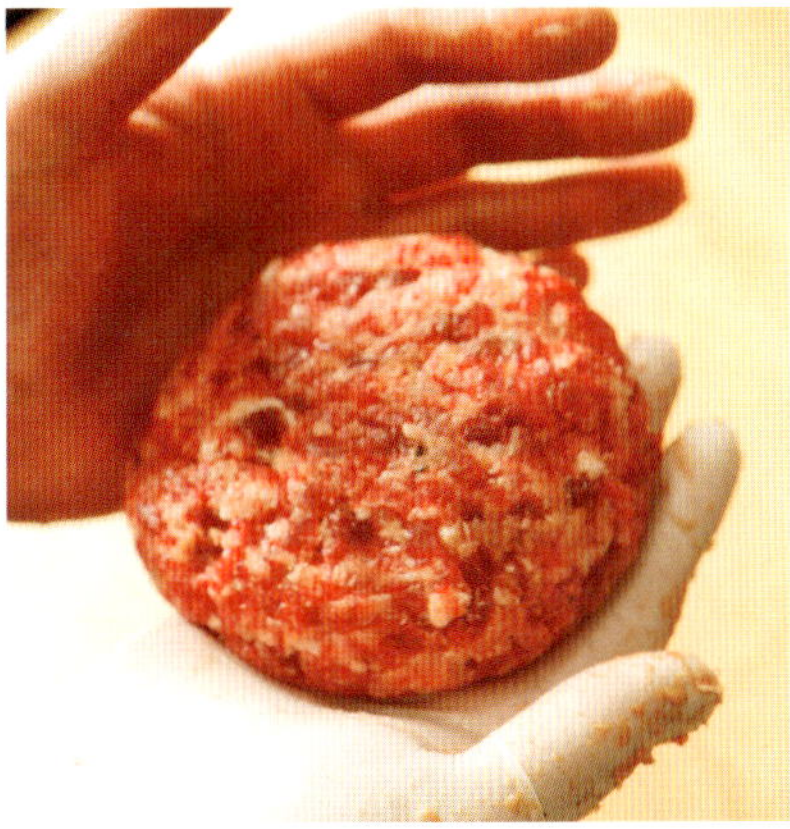

8 形を整える。もしきれいに整わないなら、練りたりないか、ひき肉の温度が高く、だれている証拠。

弱火
焼き時間
3分
2分

9 フライパンにオリーブ油を中火で熱し、肉だねを入れる。弱火にして3分焼き、裏返して2分ほど焼く。

ごく弱火
焼き時間
ふたをする
5分30秒
3分30秒
3分弱

10 ふたをし、ごく弱火で5分30秒焼く。再度裏返してふたをし、3分30秒焼き、また裏返してふたをし、3分弱焼く。

11 ハンバーグの中央に金ぐしを刺し、それを唇に当ててみて、少し熱いと感じる程度になったら、でき上がり。

生焼け防止のコツ！

中まで火が通ったか金ぐしでチェック

ハンバーグに刺した金ぐしが、体温よりやや高いくらい熱くなっていれば、中まで火が通ったという証拠。冷たければ引き続き加熱を。

牛100%で作る「ハンバーグ」

つなぎなしで肉を味わう！

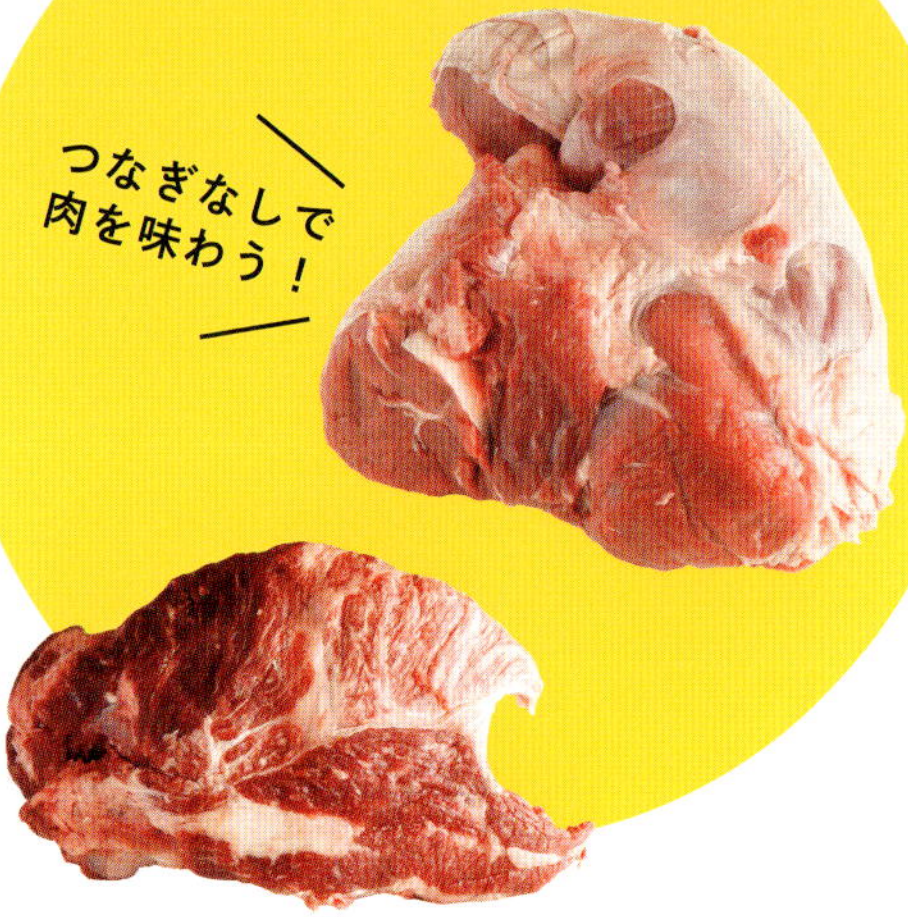

材料（1人分）

- 牛ネック…100g
- 牛すね肉…100g
- A 溶かしバター（無塩）…20g
- A 塩…1.2g
- A 粗びき黒こしょう…適量
- オリーブ油…大さじ1/2

本調理

1 肉は粗みじん切りにし（≫P80-1）、包丁で全体をよくたたいて粘りを出し、冷蔵庫で30分ほど冷やす。

2 1、Aをボウルに入れて混ぜ、よく練る（≫P80-4～5）。

弱めの中火
焼き時間
5分

3 フライパンにオリーブ油を強火で熱し、成形（≫P81-6～8）した2を入れ、弱めの中火にして5分焼く。

弱めの中火
焼き時間
3分30秒

4 裏返して、3分30秒焼き、火を止める。

ふたをする
3分

5 ふたをして、ガス台の近くなど温かい場所に3分ほどおいてから、中まで火が通ったか確認する（≫P81-11）。

形を保って焼き上げるコツ！

肉をよくたたいて粘りを出す

牛100%のハンバーグは、パン粉や卵などのつなぎを入れてないので、形が崩れやすいもの。そのため、あらかじめ肉をよくたたいて粘りを出すことで、焼いたときの型崩れを防ぎます。

牛ひき肉＋鶏ひき肉で作る
［ハンバーグ］

肉の密度がありボリューミー

材料（2人分）

- 牛ひき肉…200g
- 鶏ひき肉…200g
- A
  - 玉ねぎ…1/2個（みじん切りにしてオリーブ油で炒める）
  - 卵…1個
  - パン粉…20g
  - パルミジャーノパウダー…10g
  - 塩…2.5g
  - 粗びき黒こしょう…適量
- オリーブ油…大さじ1/2

本調理

1 ひき肉は冷蔵庫で30分ほど冷やし、ボウルに入れる。ボウルもあらかじめ冷やしておくと、なおよい。

2 1にAを加えて混ぜ、よく練る（≫P80-4～5）。

3 フライパンにオリーブ油を中火で熱し、成形（≫P81-6～8）した2を入れ、弱火にして4分30秒、裏返して2分30秒焼く。

弱火
焼き時間
4分30秒
2分30秒

4 再度裏返し、160℃に予熱したオーブンで片面につき5分ずつ加熱する。火が通ったか確認する（≫P81-11）。

焼き時間
160℃
5分
5分

竹内シェフのおすすめソース

自家製ケチャップ

にんにく1/2片、玉ねぎ1/2個をみじん切りにし、オリーブ油大さじ2を熱したフライパンで炒める。クローブパウダー・ナツメグパウダー・フェンネルシード・シナモンパウダー各ひとつまみを加え、炒めて香りを出す。カットトマト（水煮缶）250g、塩適量、はちみつ大さじ2、赤ワインビネガー大さじ1を加え、10分ほど煮詰める。ブレンダーで撹拌して仕上げる。

サルサロッサ

セロリの茎1本分と葉3枚、赤玉ねぎ1/2個、にんじん1本、赤ピーマン3個をフードプロセッサーで細かく刻み、赤ワインビネガー50g、塩適量を加えて混ぜる。食べるときにオリーブ油を適宜加える。

ロメスコソース

赤パプリカ2個を250℃のオーブンで10分焼き、皮をむく。にんにく1/4片を薄切りにする。スライスアーモンド30g、トマトピューレ大さじ1/2、赤ワインビネガー大さじ1、燻製パプリカパウダー小さじ1、オリーブ油大さじ2、塩適量と合わせ、ブレンダーで撹拌する。

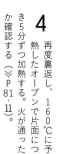

肉マニア必見！ 肉の調理大実験④

のもと家のパーフェクトトンカツ

衣がサクサクで肉汁があふれる揚げたてのトンカツ。一度は家庭で挑戦してみたいですね。ここでは、豚肉の脂身が甘くて胃にもたれないとっておきのトンカツや、厚切りトンカツの作り方を紹介しながら、部位の選び方、衣のつけ方、厚みによる揚げ方の秘密に迫ります。

部位×おいしさの関係

豚ロースブロック肉を部位別の特徴で使い分け

豚1頭から4本だけとれる豚ブロック肉を使い分け

トンカツは、肉のきめの細かさはもちろん、脂身の旨みを味わう料理。使う部位は、細かい脂肪が肉の間に入って旨みとコクの強い肩ロース肉や、適度な脂肪がついてきめが細かくやわらかいロース肉が適しています。

こちらの店では、六白黒豚1頭から4本しかとれない、肩から背中にかけてのロースブロック肉を仕入れ、それを3つの部位に分けて使うことが多いそう。なかでも真ん中の部位は、肉質が肩ロースとロースの中間で、厚切りカツ用に最適です。

このお話をうかがったのは…

のもと家
岩井三博さん

和食店に10年間勤務後、居酒屋では経営にも携わる。任された店を「のもと家」として一新。食材や調味料にもこだわるトンカツ店。

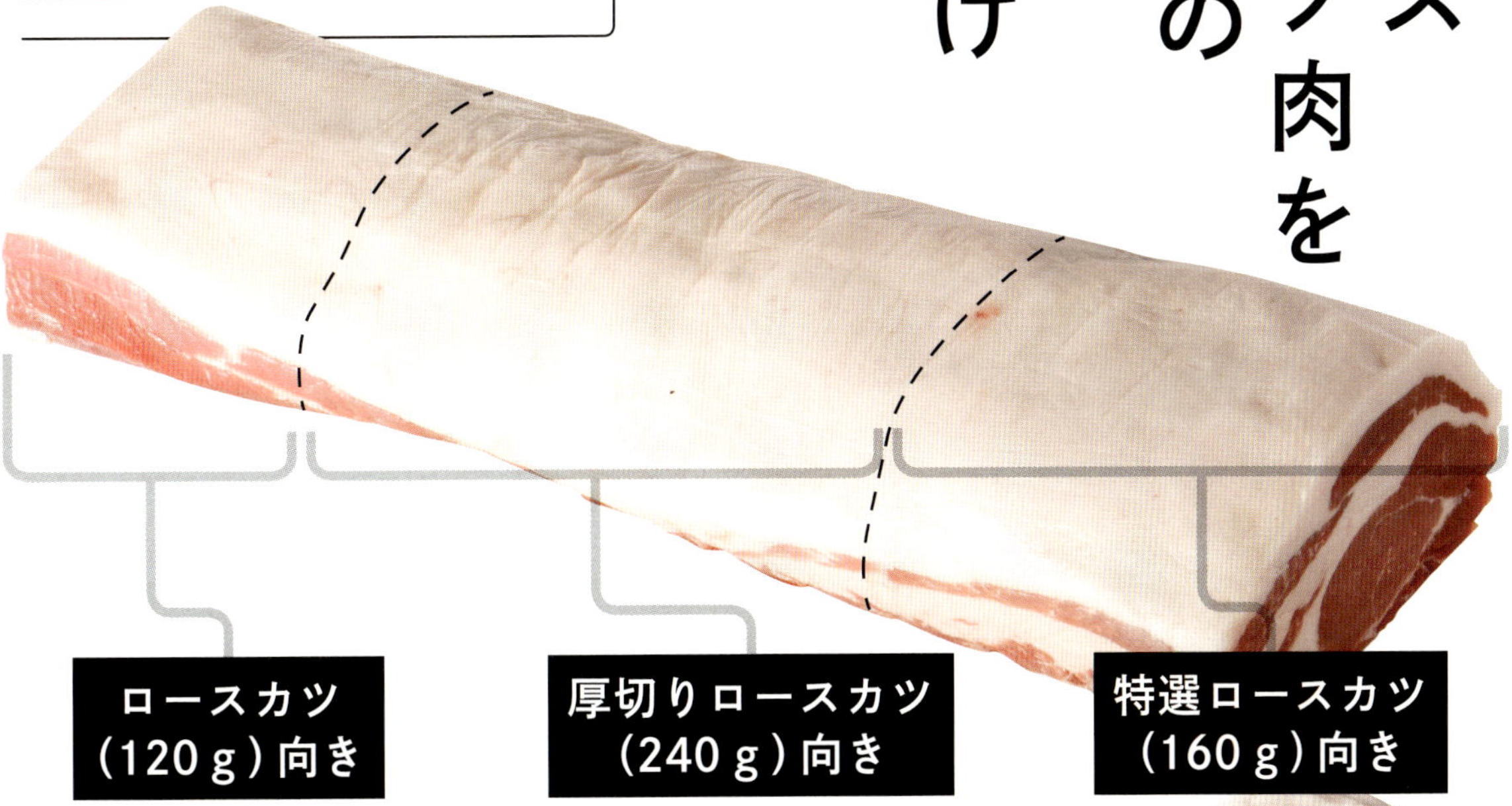

ロースカツ（120g）向き

厚切りロースカツ（240g）向き

特選ロースカツ（160g）向き

筋が多めで、ハムなどにも利用される部位

ほどよく脂身がついているものの、赤身にはサシがほとんどなく、筋が多めの部位。ハムなどにも利用される。

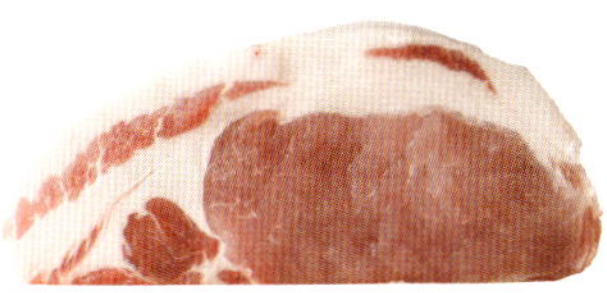

ほどよい脂身と肉質のやわらかさが特徴

肩ロース肉とロース肉の中間の部位。適度な脂身とやわらかい肉質が特徴なので、厚切りトンカツに最適。

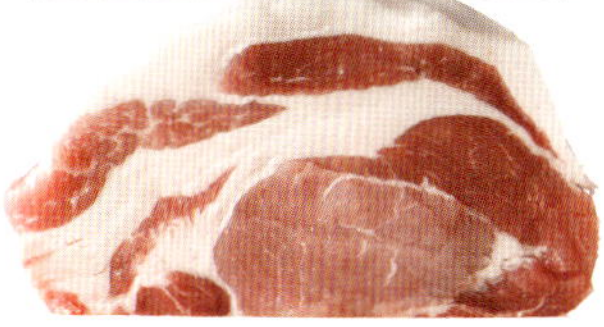

リブロースにあたる部位。少し厚めに切るのが◎

リブロース肉は、赤身部分に脂肪がほどよく入っているので、旨みとコクが強い。少し厚みのあるトンカツに◎。

衣 × 油の温度
おいしさの関係

衣がはがれやすい条件を回避しておいしく揚げる

揚げ上がりのトンカツの衣がはがれてしまうのは、豚肉の水けをとっていない、パン粉が乾燥している、などが原因として挙げられます。また、揚げ油の温度が低いことや、鍋底に沈んだ肉が浮力によって上がってくるときに衣がはがれやすくなることなども考えられます。

　すなわち、これらの原因を回避すれば、衣がサクサクなトンカツを揚げられるということ。丁寧な下処理と衣のつけ方や揚げ方をマスターして、ぜひ極上のトンカツを目指してください。

水け、パン粉、油の温度、浮力によって、衣のつき方が変わる

しっとりしたパン粉＋中温で揚げる

豚ロース肉に、しっとりタイプの生パン粉をつけて、160℃の揚げ油でゆっくり揚げる。

160℃は失敗しにくい温度。衣が立っている状態で、サクサク、カラッと揚がる。

○ ツンツンとした衣が特徴的で、肉にしっかりとついている。肉汁があふれ、サクサクとした食感が美味。

乾燥したパン粉＋低温で揚げる

豚ロース肉に乾燥パン粉をつけて、140～150℃の揚げ油でゆっくり揚げる。

揚げはじめにパン粉が散り、揚げ終わりには肉が変形して衣もガリガリとかたい状態に。

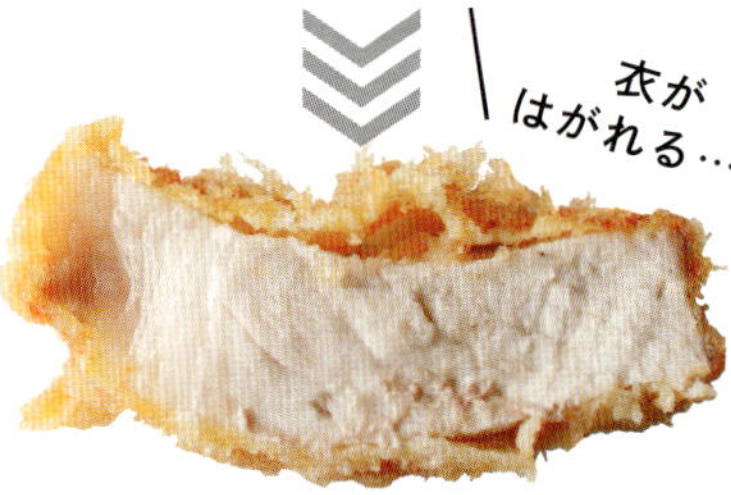

× 衣が肉から浮いてはがれる。サクサクというより、ガリガリとかたい。肉もかたく、肉汁は少ない。

厚さ＆揚げ方 × おいしさの関係

肉の特徴に応じた揚げ油の温度や揚げ方に

トンカツはたっぷりの揚げ油の中で、おもに衣の水分と揚げ油の交換を十分に行うこと。揚げ油の温度と揚げ時間を部位や厚さによって調節することが重要です。ロースカツと厚切りカツの揚げ方を比べてみると、当然、揚げ油の温度と揚げ時間は変わってきます。厚切り肉のほうが火が入るのに時間がかかるので、少し低めの温度で時間をかけ、肉の下からも火が入るように箸で持ち上げながら揚げます。最後に高温にして揚げるとカラッとした仕上がりに。

豚肉の厚さと部位によって揚げ方を変える？

厚切りカツ

低めの150℃の揚げ油に肉を入れる。

鍋の端のほうで

14分揚げたら、油の温度を上げて3分揚げる。

表面がしっとり！

断面はピンク色で、やわらかくジューシー。噛み締めると、あふれる肉汁と脂の甘みを満喫できる。

ロースカツ

160〜170℃の揚げ油に肉を入れる。

油の温度は一定で、6〜7分揚げる。

軽くてジューシー！

衣がサクサクで肉汁たっぷり。軽い口あたりでペロリと食べられる。脂身の甘みも感じられるおいしさ。

豚ロース肉（160g）で作る
【特選ロースカツ】

これが基本のトンカツ！

材料（1人分）

- 豚ロース肉（160ｇ）…１枚
- 塩（海塩）…少々
- 白こしょう…少々
- 小麦粉…適量
- 溶き卵…適量
- 生パン粉…適量
- 揚げ油（ラード）…適量

下ごしらえ

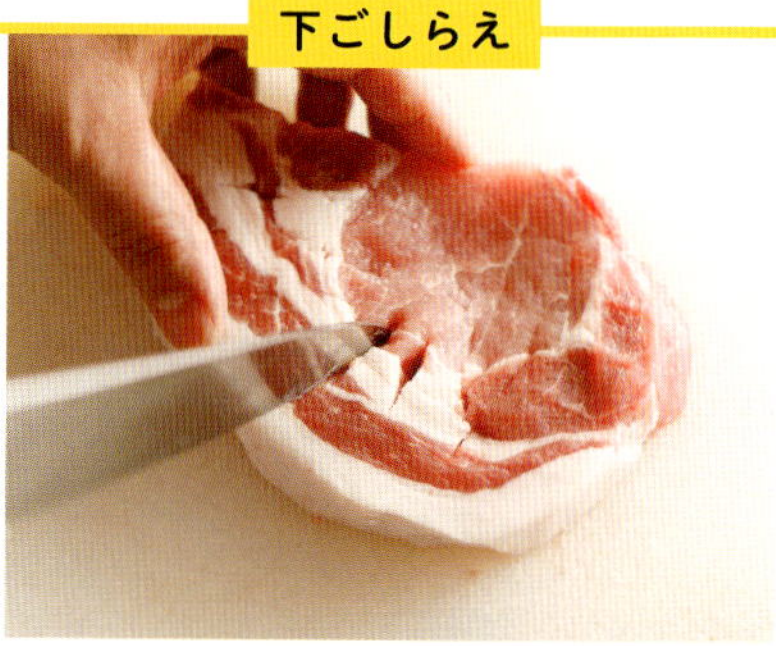

1 肉は水けをとり、脂身と肉の間の筋に7か所切り込みを入れる。裏面も同様に筋切りする。

2 肉をやわらかくするため、肉たたきを使って全体をたたく。たたきすぎると繊維が壊れてしまうので注意。

3 塩は脂身に多めにふり、赤身にはさっとふる。こしょうもふる。これを冷蔵庫で3時間寝かせると、光沢が出る。

4 バットに小麦粉を敷いて**3**を入れ、全体にまんべんなくまぶし、余分な粉をはたいて薄めにつける。

5 別のバットに溶き卵を入れて**4**をくぐらせ、全体にまんべんなくつける。最後は、溶き卵をよくきる。

6 別のバットにパン粉をたっぷり敷き、**5**をのせる。肉のまわりからパン粉をかぶせて、押さえる。

衣のつけ方のコツ！

小麦粉と卵は適度に、パン粉はたっぷりと

衣は、肉全体にしっかりつけます。小麦粉と卵は全体にまんべんなく、かつ余分にはつけないように。パン粉は肉を覆うようにたっぷりつけて。

しっとりタイプのパン粉を使う

MEMO

塩を脂身に多くふる理由は

トンカツ作りにおいては、豚肉の余分な水分を出し、旨みを引き出すために塩をふります。塩は脂身に入りにくく赤身に入りやすい特性があるので、塩の量は脂身と赤身で調節し、バランスよく旨みを引き出します。

本調理

7 店で使う揚げ油は、目的の違う純製ラード2種類。旨みとコクづけ用で、香気成分が独特な風味とコクをプラス。

8 7に、温度上昇の高いタイプのラードをブレンド。これが、カラッとおいしく揚げるコツ。

9 揚げ油を160℃に熱し、6を手前からそっと奥に向かって入れる。こうすると、衣が立つように揚がる。

10 160℃をキープして、6~7分揚げていく。ときどき、箸で肉をつかんでは離すことをくり返す。

11 泡が小さくなってきたら、網じゃくしで持ち上げて油をよくきる。このときの油が、透明なら揚げ上がり。

12 揚げ上がったら網にのせ、油をきる。この工程には、余熱で火を通して肉をしっとりさせる目的もある。

13 まな板に12をのせ、包丁を上から降ろすようにして切る。濡れタオルで包丁を拭きながら切るとよい。

MEMO

純製ラードと調整ラードの違い

ラードとは、基本的には豚の背脂を指します。純製ラードは、豚の脂肪だけを精製した、国産豚脂100%のもの。これに対して調整ラードは、精製した豚脂をベースに牛脂やパーム油といった油脂を混ぜたものです。

豚ロース肉（120g）で作る

［ロースカツ］

120gでも
十分なボリューム！

材料（1人分）

豚ロース肉（120g）
　…1枚
塩…少々
白こしょう…少々
小麦粉…適量
溶き卵…適量
生パン粉…適量
揚げ油（ラード）…適量

下ごしらえ

1 肉は水けをとり、脂身と肉の間の筋に6か所切り込みを入れる。裏面も同様に筋切りする。

2 肉たたきで肉全体を軽くたたき、塩、こしょうをふる。これを冷蔵庫で3時間寝かせると、光沢が出る。

3 2に小麦粉、溶き卵、パン粉を順につける（≫P88-4〜6）。

本調理

4 揚げ油を160〜170℃に熱し、3を入れる（≫P89-9）。温度をキープして、6〜7分揚げていく。

5 泡が小さくなってきたら、揚げ上がりの目安。網じゃくしにとる。

6 網じゃくしを持ち上げ、しっかりと油をきる。

7 網にのせて油をきり、包丁で切り分ける（≫P89-13）。

MEMO

油きりの重要性

トンカツを揚げるうえで大切なのは、油きりをしっかりすること。そしてこのときの油が澄んでいれば、揚げ上がりの目安になります。油が濁っていると肉に火が通っていない証拠なので、再度加熱してください。

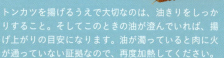

豚ロース厚切り肉（240g）で作る
［厚切りロースカツ］

厚切りならではのおいしさを味わって

材料（1人分）

- 豚ロース厚切り肉（240g）…1枚
- 塩…適量
- 白こしょう…適量
- 小麦粉…適量
- 溶き卵…適量
- 生パン粉…適量
- 揚げ油（ラード）…適量

下ごしらえ

1 肉は水けをとり、脂身と肉の間の筋に7か所切り込みを入れる。裏面も同様に筋切りする。

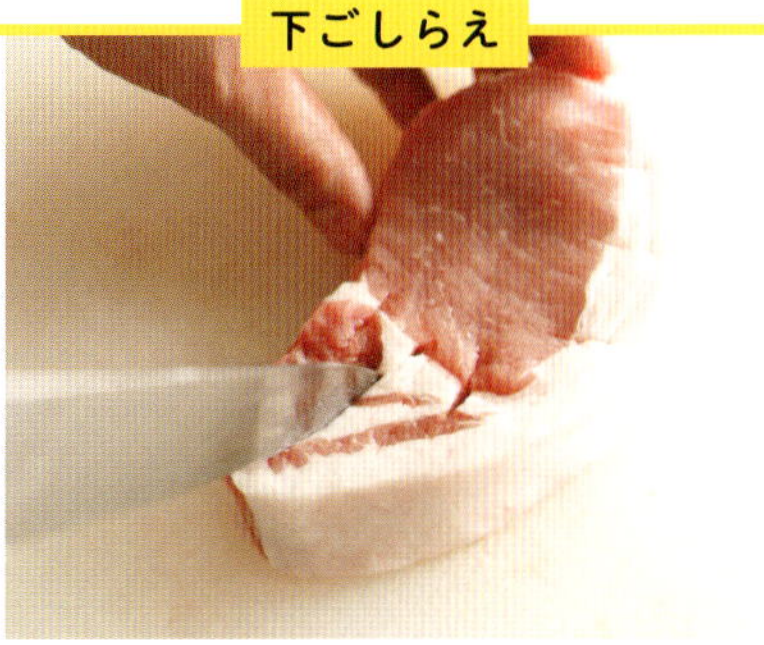

2 肉たたきで肉全体を軽くたたき、塩、こしょうをふる。これを冷蔵庫で3時間寝かせると、光沢が出る。

3 2に小麦粉、溶き卵、パン粉を順につける（≫P88-4〜6）。

本調理

4 揚げ油を150℃に熱し、3を入れる（≫P89-9）。1〜2分したら箸で持ち上げながら、下からも火を通していく。

揚げ時間
150℃

5 14分ほど経ったら油の温度を170℃に上げ、3分ほど揚げる。これでカラッと仕上がる。

揚げ時間
150℃
14分
170℃
3分

6 中心の縦のラインに出てきた泡は、衣の水分が蒸発して揚げ油が入り込んだということ。サクサクな食感の目安。

7 網じゃくしにとってしっかりと油をきり、網にのせてさらに油をきったら、包丁で切り分ける（≫P89-13）。

MEMO

衣の水分と揚げ油の交換のこと

例えば水けを絞ったスポンジを水の中に入れると、穴に水が入って膨らみます。これと同じで、トンカツを揚げていくと、衣の水分が蒸発したところに油が入り込みます。これでサクサクな食感に仕上がるのです。

肉マニア必見！ 肉の調理大実験⑤

肉山の極上ローストビーフ

塊肉をどーんと使った豪華なローストビーフは、腕をふるって作りたい憧れの料理！ そこで、家庭でもおいしくできるレシピを紹介します。また、より手軽に作れるステーキ肉を使うバージョンも必見。冷凍しておいたものでも、極上の味に仕上がります。

部位×おいしさの関係

ローストビーフを作るなら赤身を選ぶのがベスト

脂肪が主張しすぎない ももやランプがおすすめ

ローストビーフは、そもそもは牛肉の大きな塊をオーブンで焼く料理で、イギリスが発祥といわれます。本場では温かいうちに食べるので、サーロインなど脂肪がある部位が好まれます。

ここで紹介するのは、日本人好みの〝冷めてもおいしい〟タイプ。その場合、脂肪が主張しすぎない、もも肉やランプ肉が適しています。もも肉は若干きめが粗いものの、うまく焼けば味はとびきり！ ランプ肉は、脂肪が適度に入った国産牛のものを選ぶとおいしくできます。

あっさりした味わい

牛もも肉

かためのそとももにくよりも、脂肪が少なくてあっさりした味わいの内もも肉のほうがローストビーフ向き。

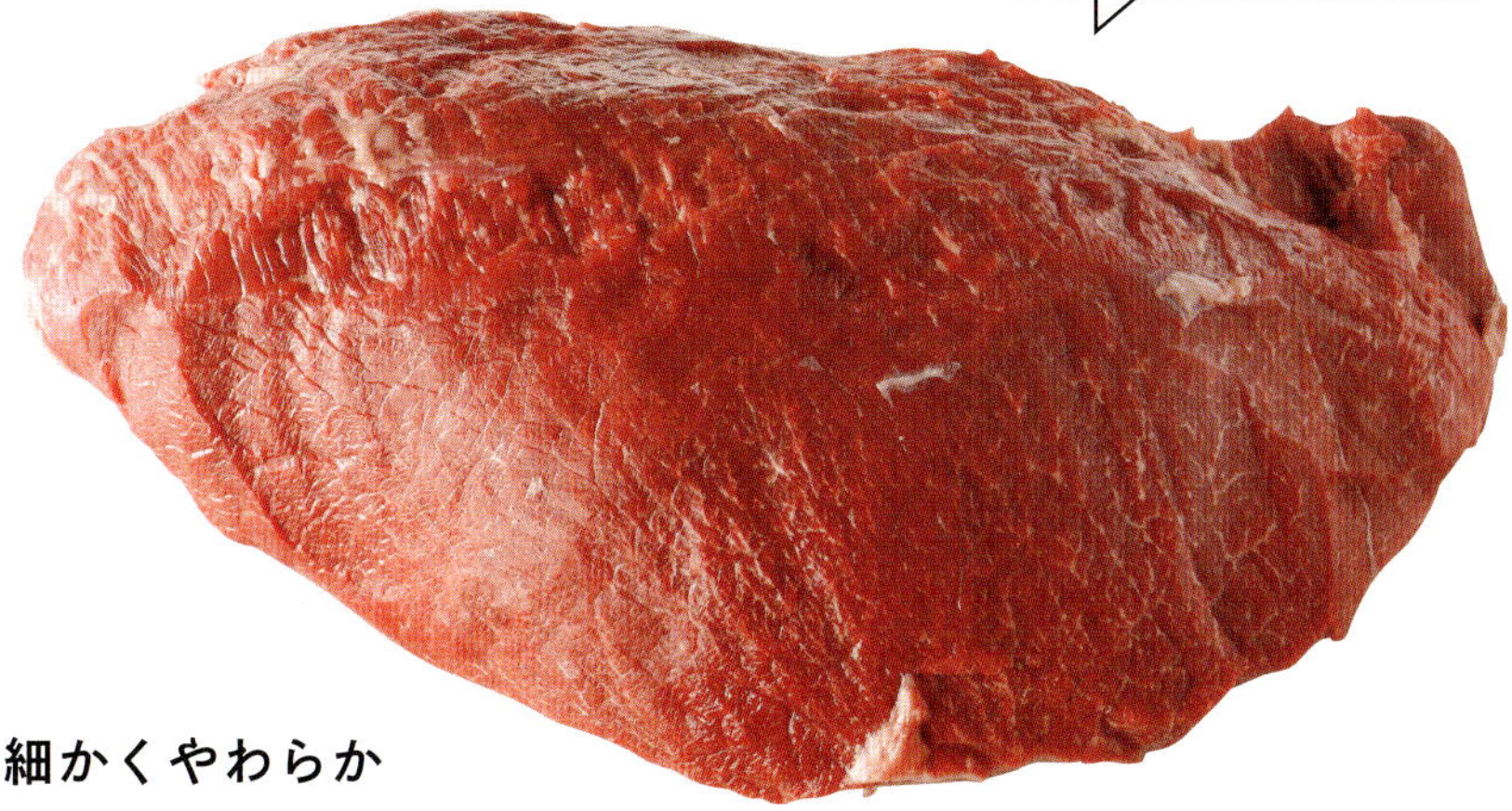

きめ細かくやわらか

牛ランプ肉

きめが細かくてやわらかい赤身肉で、脂肪も適度についている。どんな調理法も向いているが、ローストビーフにぴったりなのはここ。

このお話をうかがったのは…

肉山 吉祥寺店
光山英明さん

2012年オープンの「肉山」は全国へ出店中。また「ホルモン酒場　焼酎家『わ』」、「たるたるホルモン」など多くの業態を展開。

厚み×おいしさの関係

薄くても焼き方次第でおいしく焼き上がる

塊肉を豪快に焼き上げる料理であるローストビーフ。5㎝厚さの牛肉を使用すれば、レアの食感が楽しめるうえに旨みの濃さが抜群です。

とはいえ、塊肉は高価で使うのに勇気がいるという人は、1・5㎝厚さのステーキ肉を使ってみましょう。P98のレシピを参考にすれば、薄くてもおいしいローストビーフが作れます。肉の厚みが違っても、それに適した焼き方にすることで、十分においしいローストビーフが味わえるのです。

厚みによっておいしさは変わるのか?!

5㎝厚さ　VS　1.5㎝厚さ

ローストビーフの定番の厚さにカット。

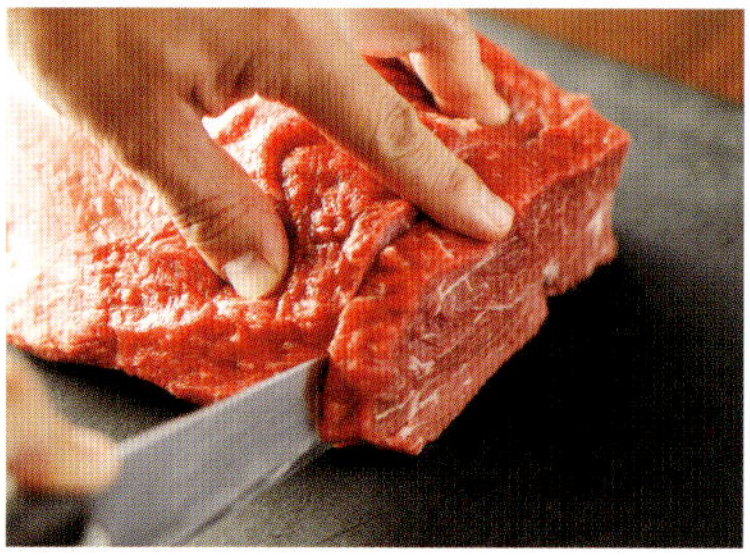

ステーキとして一般的な厚さにカット。

フライパンで焼く

○ 旨みの濃さとレアな肉感

5㎝厚さで500gくらいの肉が、ローストビーフの定番。フライパンで、表面を最後まで強火で焼いてこんがりさせることで、旨みが濃く、レアの部分もたっぷり味わえる仕上がりになる。

○ しっとりして旨みが濃い

定番のものとは火入れのコツが変わってくるが、この厚さでも十分においしいローストビーフができる。ポイントは、火加減と焼き時間。弱めの中火で表面を短時間で焼いていくと、しっとり食感で濃い旨みが味わえる。

温度×おいしさの関係

凍っていても薄めの肉は極上の味に仕上げられる

冷凍肉の解凍には時間がかかり、その方法によっては解凍に失敗するケースもあるもの。凍ったままでもおいしく焼けるのなら、それがいちばんでしょう。

肉を焼くときのセオリーとして一般的には、室温に戻した肉を使うべきといわれていますが、1・5㎝くらいの厚さなら冷たいまま焼いてもOK。中心をレアにしたい場合はなおさら、冷たい状態がベストです。薄めの肉でローストビーフを作る場合、冷凍肉をそのまま焼くことは理にかなっているといえます。

室温に戻してから焼く？ 凍ったまま焼く？

凍ったまま　VS　解凍して室温に戻す

1.5㎝厚さの肉を強火でしっかり焼く。

1.5㎝厚さの肉を弱めの中火で焼く。

フライパンで焼く

○ レアの部分も十分に味わえる

凍った状態から焼き上げたローストビーフは、5㎝厚さの室温の肉を焼いた場合と同じくらいのレアな肉感を味わうことができる。もちろん旨みもたっぷり。

○ 火がほどよく入ってしっとり

室温に戻した肉は火加減に気をつけて焼けば、しっとりとした食感と旨みを味わえる。仕上がりは、レアとミディアムの中間くらいの食感になる。

5㎝厚さの牛ランプ肉で作る「ローストビーフ」

厚みがあって見た目にもうれしい

材料（作りやすい分量）

牛ランプ肉（塊）…400ｇ
塩…適量
牛脂…適量

本調理

1 フライパンを強火で熱して牛脂を入れ、よく溶かして全体になじませる。

2 焼く直前の肉に塩をふり、まんべんなくまぶす。

強火
焼き時間
38秒

3 1に2を入れ、そのまま強火で38秒焼く。

強火
焼き時間
38秒

4 裏返して、さらに強火で38秒焼く。

強火
焼き時間
20秒
20秒

5 側面のうち、大きいほうの2か所を20秒ずつ焼く。

塩は焼く直前にまんべんなくふる

塩は、肉の旨みを閉じ込めるうえ、水分をほどよく出して身を締め、焼きやすくする効果があります。ただ、塩をふって時間をおくと、肉汁が流れ出てしまい旨みもなくなるので要注意。また、塩は均一にふることで、熱の伝わり方や焼き色のムラがなくなります。

焼き方のコツ！

5㎝厚さの肉は終始強火で焼く

厚みのある肉は、中心まで火が通るのに時間がかかります。そのため、最初から最後まで強火で焼いていくこと。旨みを閉じ込めるためにも、大事なポイントです。

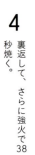

強火
焼き時間
10秒
10秒

6 側面のうち、小さいほうの2か所を10秒ずつ焼く。

強火
焼き時間
10秒
全体を焼く

7 全体に一通り焼き色をつけたら、もう一度、全体を10秒ずつ焼いていく。

8 肉の表面を指で押してみて、ほどよい弾力があったら、焼き上がりの目安。

10分
放置

9 8をアルミホイルで包み、そのまま10分ほどおいて余熱で火を通す。

10 とり出して、5㎜幅にスライスする。

肉汁たっぷりのコツ！

アルミホイルに出る肉汁は少なめが◎

肉汁たっぷりな仕上がりの判断基準は、アルミホイルに出る肉汁の量。これが少なければ、ちょうどよく火が通っている証拠です。

MEMO

断面が赤くなるのはヘモグロビンの反応

ローストビーフは、切った直後はピンク色で、時間が経つと赤く変色します。これは、肉のヘモグロビンが空気中の酸素と反応したことで出る色です。生焼けだからではありません。

1・5cm厚さの牛ランプ肉で作る「ローストビーフ」

肉の旨みが引き立つ！

材料（作りやすい分量）

牛ランプ肉（1.5cm厚さ）…100g
塩…適量
牛脂…適量

本調理

弱めの中火
焼き時間
45秒

1 フライパンを中火で熱し、牛脂をなじませる。塩をまんべんなくふった肉を入れ、弱めの中火で45秒焼く。

弱めの中火
焼き時間
45秒

2 裏返して、同様に45秒焼く。

弱めの中火
焼き時間
側面
8秒
×4
全体を焼く

3 側面を8秒ずつ焼き、さらに全体を色が変わるまで焼く。

5分
放置

4 3をアルミホイルで包み、そのまま5分ほどおいて余熱で火を通す。

5 とり出して、5mm幅にスライスする。

家庭でもおいしいローストビーフを

家庭で手軽にローストビーフを作りたいのであれば、1・5cm厚さの肉を使うことをおすすめします。塊肉と比べて購入も調理も気軽にでき、それでいて塊肉と同じくらいおいしく仕上がります。ぜひ、スーパーなどに売っている牛ステーキ肉で試してみてください。

焼き方のコツ！

1.5cm厚さの肉は弱めの中火で

薄めの肉は中まで火が入りやすいので、火加減を弱めにしましょう。また、焼く時間も短めに設定して、中心がレアに焼き上がるように調節すること。

1・5cm厚さの冷凍牛ランプ肉で作る

［ローストビーフ］

甘みとレアの肉感を味わえる

材料（作りやすい分量）

冷凍牛ランプ肉（1.5cm厚さ）…100ｇ
塩…適量
牛脂…適量

本調理

1 フライパンを強火で熱し、牛脂をなじませる。肉に塩をふってまんべんなくまぶし、フライパンに入れる。

強火
焼き時間
50秒
50秒

2 1を片面につき50秒ずつ焼く。牛脂を肉のまわりに焼きつけて脂を出しながら、揚げ焼きにするように。

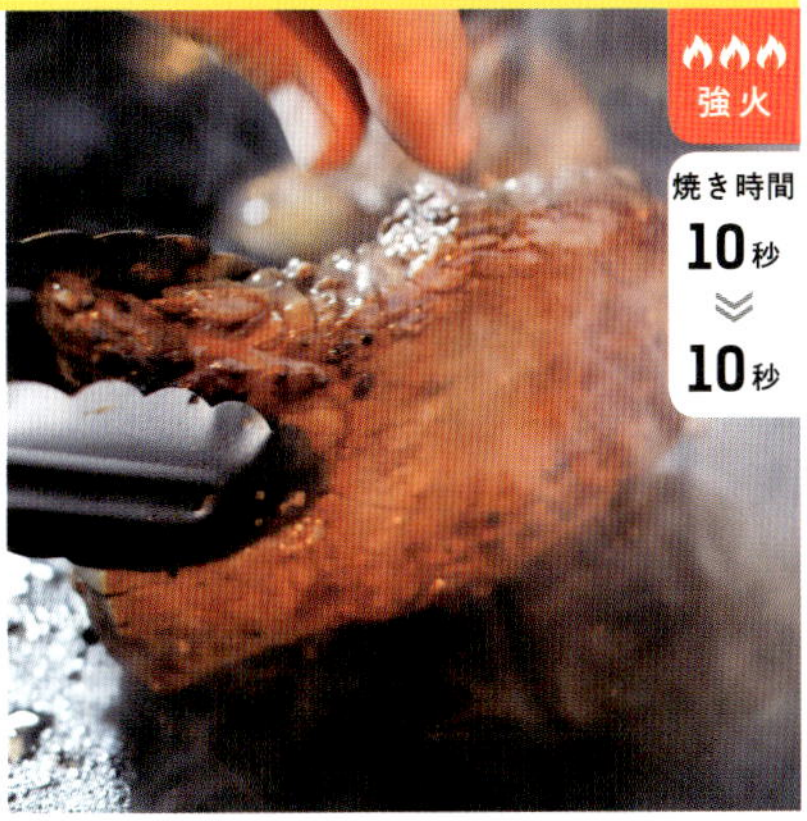
強火
焼き時間
10秒
10秒

3 側面のうち、大きいほうの2か所を10秒ずつ焼く。

強火
焼き時間
5秒×2
20秒×2
全体を焼く

4 側面のうち、小さいほうの2か所を5秒ずつ焼く。続いて両面を20秒ずつ焼き、最後に再び全体を色が変わるまで焼く。

6分
放置

5 4をアルミホイルで包み、そのまま6分ほどおいて余熱で火を通し、とり出して5㎜幅にスライスする。

凍ったままでも十分おいしい

冷凍保存しておいたステーキ肉があったら、たまには凍ったままでローストビーフを作ってみてはいかがでしょう。1・5cmくらいの厚さの肉なら、フライパンで焼くだけでも十分においしく仕上がるうえ、中心はレアという絶妙な焼き加減も実現できます。

焼き方のコツ！

冷凍肉は強火でまんべんなく焼く

凍っている分、焼くときは最初から最後まで強火をキープすること。また、牛脂の使い方もポイント。脂を溶かし出しながら揚げ焼きにする感覚で、肉に火を通していきます。5cm厚さの牛肉よりもじっくり焼いて。

肉山からもう一品！

しっとり豚の低温焼き

しっとりしていて肉汁がたっぷりな豚の低温焼きは、肉山の定番メニューです。これを家庭で味わえたらうれしいですね。ここでは焼き方を2通り紹介していますが、どちらも、表面を焦がしすぎずに中までしっかり火を通すことがポイント。ぜひ作ってみてください。

焼き方 × おいしさの関係

遠火でじっくり焼くと生焼け回避＆しっとり

フライパンだけで焼く場合、強火で焼き時間を意識しながら全面をひたすら焼きます。中心に火が通りにくいので、焼き具合は指でよく確認しましょう。

一方、炭火＆フライパンで焼く場合は、まず炭火で焦げ目をつけ、それからフライパンでこんがりと表面を焼き固めて旨みを閉じこめ、再び炭火でじんわりと中まで火を通します。炭火によって「強火の遠火」が実現するので、中心まで絶妙な焼き上がりに。また、風味がぐっと増して極上の味わいになります。

炭火も使って焼いていくと仕上がりはどう変わる？

フライパンだけで焼く VS 炭火＆フライパンで焼く

フライパンだけで焼く

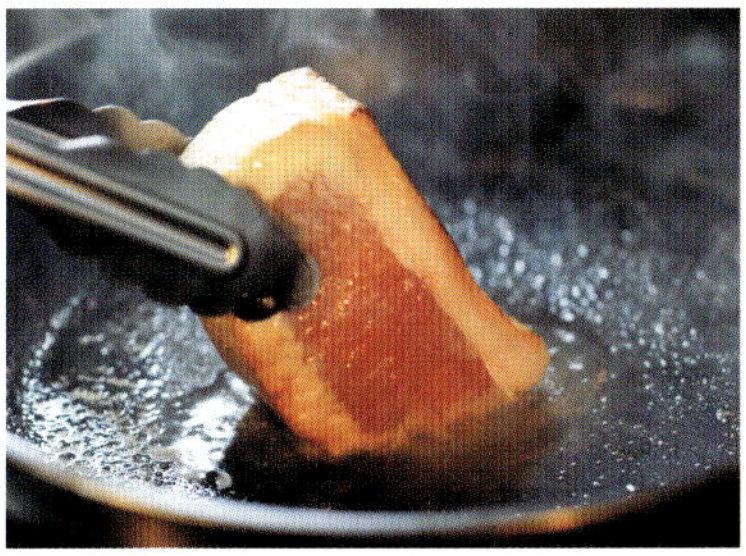

フライパンで、すべての面を一通り焼く。

焼き面を変えながら、さらに火を通す。

△ 中心がピンク色に焼き上がる

まわりはしっかりめに、中心はピンク色に火を通した状態。しっとりしていてやわらかい。気になるなら最後の焼き時間をやや長めに。

炭火＆フライパンで焼く

炭火でさっと焼いた肉を、フライパンで焼く。

再び炭火で焼く。今度はじっくり火を通す。

○ 中心まで火が通ってしっとりな仕上がり

炭火ならではの風味がつき、抜群のおいしさに。中心まで絶妙に火が入って、しっとりやわらかく仕上がる。

豚ロース肉を炭火&フライパンで焼いて作る［豚の低温焼き］

きちんと火が入る！
炭火焼きの風味も◎

材料（作りやすい分量）

豚ロース肉（塊）…300g
藻塩…適量

下ごしらえ

肉は買ってきたらペーパータオルで水けをとる。

本調理

1 肉は焼く2~3時間前に冷蔵庫から出して室温に戻し、焼く直前に藻塩を多めにまんべんなくふる。

2 網にのせ、炭火で表面を焼く。すべての面が白くなるように、面を変えながら焼いていく。

強火
焼き時間
1分
30秒

3 フライパンを強火で熱し、2の脂身部分を1分30秒焼く。

弱火
焼き時間
10秒
×5

4 弱火にして、ほかの面を10秒ずつ焼く。こうして表面を焼き固めることで、旨みを閉じ込める。

炭火
焼き時間
9分

5 再び網にのせて炭火で9分ほど焼きながら、遠火でじっくり火を通していく。

6 肉の表面を指で押してみて、ほどよい弾力があったら、焼き上がりの目安。

15分
放置

7 6をアルミホイルで包み、そのまま15分ほどおいて余熱で火を通す。

焼き方のコツ！

遠火と余熱でじっくり火を通す

炭火を使うと、強火の遠火で焼くことが可能になり、遠赤外線効果を得られます。これでじんわりと肉の中心まで火が通り、絶妙なしっとり加減に！　最後はアルミホイルで包んで、余熱でも火を通します。

豚ロース肉をフライパンだけで焼いて作る［豚の低温焼き］

火の通りに注意すれば
フライパンだけでもOK

材料（作りやすい分量）

豚ロース肉（塊）…300g
藻塩…適量

下ごしらえ

肉は買ってきたらペーパータオルで水けをとる。

本調理

1 肉は焼く2〜3時間前に冷蔵庫から出して室温に戻し、焼く直前に藻塩を多めにまんべんなくふる。

2 フライパンを強火で熱し、1の脂身部分を2分焼く。

強火
焼き時間
2分

3 裏返して、20秒焼く。

強火
焼き時間
20秒

4 側面のうち、小さいほうの2か所を5秒ずつ焼く。

強火
焼き時間
5秒
×2

5 残りの側面を50秒ずつ焼き、さらに全体を焼く。ひとつの面を20秒焼いては面を変えていき、中まで火を通す。

強火
焼き時間
50秒
×2
全体を
焼く

6 肉の表面を指で押してみて、ほどよい弾力があったら、焼き上がりの目安。

7 6をアルミホイルで包み、そのまま15分ほどおいて余熱で火を通す。

15分
放置

焼き方のコツ！

焼き上がりのチェックは指で

最終的にはアルミホイルに包んで火を通し、しっとりと仕上げます。そのためにも、豚肉は中までほどよく火を通しましょう。焼き上がりは中心がピンク色なのが◎。肉の表面を指で押して、状態を判断して。

家庭で作る肉料理

部位別 まいにち食べたい肉おかずベスト10

ここでは、それぞれの肉の部位と特徴を生かして作る家庭料理のレシピを紹介していきます。プロのおいしさにぐっと近づけるコツが盛りだくさんなうえに、その手順を踏むことによってどうしておいしくなるのかという理由や、肉の秘密なども解説。これらを知っておくと、料理はさらに楽しくなるはず！

料理／上島亜紀（P104～131）

豚の角煮

脂身も肉もおいしく

とろとろな食感の脂身部分と、ほろほろで旨みがたっぷりの肉が一緒に味わえる！ そんな極上の豚の角煮を作ってみましょう。いちばんのポイントは、豚肉の脂をとことん抜くこと。おいしいのはもちろん、ヘルシーに仕上がるのもうれしいところです。

PORK

豚バラ肉

おいしくなるコツ！

脂を抜き、とろとろのコラーゲンだけ残す

700ｇの豚バラ肉を焼くと、約40mℓの脂が抜けます。さらにそれをゆでて脂を抜いて。ゆで汁は、一晩で表面が脂で固まるほどです。

材料（作りやすい分量）

豚バラ肉（塊）…700ｇ
しょうが（薄切り／皮もとっておく）…１かけ分
長ねぎ（5cm長さに切る／青い部分もとっておく）…２本分
酒…50mℓ
A 和風だし…400mℓ
　酒…50mℓ
　しょうゆ…大さじ2
　みりん…大さじ1　1/2
　砂糖…大さじ1
サラダ油…大さじ1/2
ねりからし…適量

下ごしらえ

1 肉を切る

肉は、最も大きい面が3×5cm四方になるように切る。煮上がるまでにかなり縮むので、この大きさを目安に。

本調理（下ゆで）

2 焼き色をつける

フライパンにサラダ油を熱し、１を入れ、初めは強めの中火で、あとは火を弱めて全面に焼き色をつける。

3 脂をきる

ペーパータオルに2をとり、各面を押さえつけながら脂をきる。フライパンに残った脂は、炒め物などに使える。

4 ゆでる

鍋に3、しょうがの皮、長ねぎの青い部分、酒を入れ、たっぷりの水を加える。強火にかけ、アクをとりながらゆでる。

5 適宜水をたす

沸騰後は弱めの中火にし、ふたをして１時間以上ゆでる。途中で水分が減ったら、肉の表面が乾かないように水をたす。

6 竹ぐしで刺してみる

肉は脂が抜けるまでゆでる。竹ぐしを刺してスーッと入るようになれば、肉の脂がとことん抜けたという目安。

MEMO

塊肉の大きさのこと

ものによって大きさがまちまちな塊肉は、料理に応じてサイズを使い分けることをおすすめします。角煮のように煮込むなら、縮む分を考慮して大きめを選ぶのが◎。もし比較的小さめの肉を使う場合は、１切れが大きめになるよう切り方を工夫しましょう。幅だけを考えて端から切っていくと小さくなりすぎてしまいます。

１切れを大きめに切る
煮込みには大きめの塊を

上島亜紀先生

料理家。簡単に作れる家庭料理からおもてなし料理まで、幅広く提案。おいしい肉料理を日々研究中。

MEMO

豚バラ肉の白い部分の正体は?

一般的に脂身と呼ばれる部分は、実は脂肪の塊ではなく、コラーゲンを主成分とする結合組織なのです。その中に、脂肪も存在しているということ。これをゆでると、脂肪は溶け出てコラーゲンだけが残った状態になります。ちなみに調味液でゆでるよりも水からゆでたほうが、脂肪はより多く溶出させることができます。

\ コラーゲンと脂肪が混在！ /

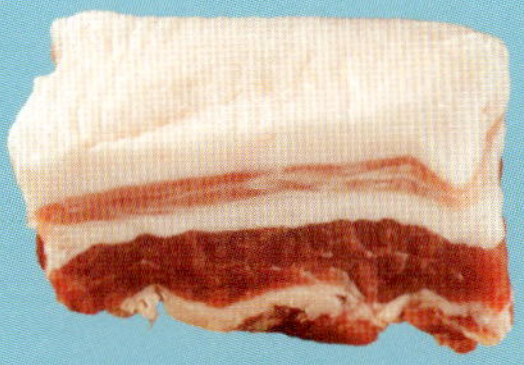

本調理

7 アクを落とす

6の肉を水にとり、やさしく洗いながらアクを丁寧に落とす。雑味がとり除かれるので、すっきりとした仕上がりに。

8 水けをとる

ペーパータオルに7をとり、余分な水けをとる。この時点で脂はしっかり抜けているので、煮汁の量は少なめで大丈夫。

9 煮る

鍋に長ねぎ、8、しょうが、Aを入れる。中火にかけ沸騰したら落としぶたと鍋ぶたをし、弱めの中火で30〜40分煮込む。

10 適宜裏返す

煮込んでいる途中で肉を裏返し、煮含める。器に盛り、ねりからしを添える。

MEMO

ゆで汁はスープに、脂は炒め物に使って

ゆで汁は旨みたっぷりなので、脂をとり除いたらスープに利用を。また、フライパンに残ったりゆで汁からとり除いたりした脂は、いわばラード。炒め物に使うと、コクのあるおいしい仕上がりに！

COLUMN

下ゆで済みの豚バラ肉徹底解剖！

角煮を作る工程で下ゆでまで済ませた豚バラ肉は、どんな状態になっているのでしょうか。ここで詳しく見てみましょう。

“焼きつける+長時間ゆでる”で、脂肪の95%は抜ける

脂肪が多い豚バラ肉は、コクと旨みが濃い反面、脂っぽい仕上がりになりがちで、調味料の味が入りにくいという特徴があります。角煮のような煮物にするときは、いかに脂肪を抜いて味を入れられるかがポイント。

まずは脂身を焼きつけて脂肪を溶かし出し、香ばしさをつけます。そして、たっぷりの水に入れて1時間ほどゆでてさらに脂を抜きます。この2段階の工程で脂身をしっかり抜くことで、コラーゲンのゼラチン化が起きて、脂っこくなくとろける食感を作り出せます。

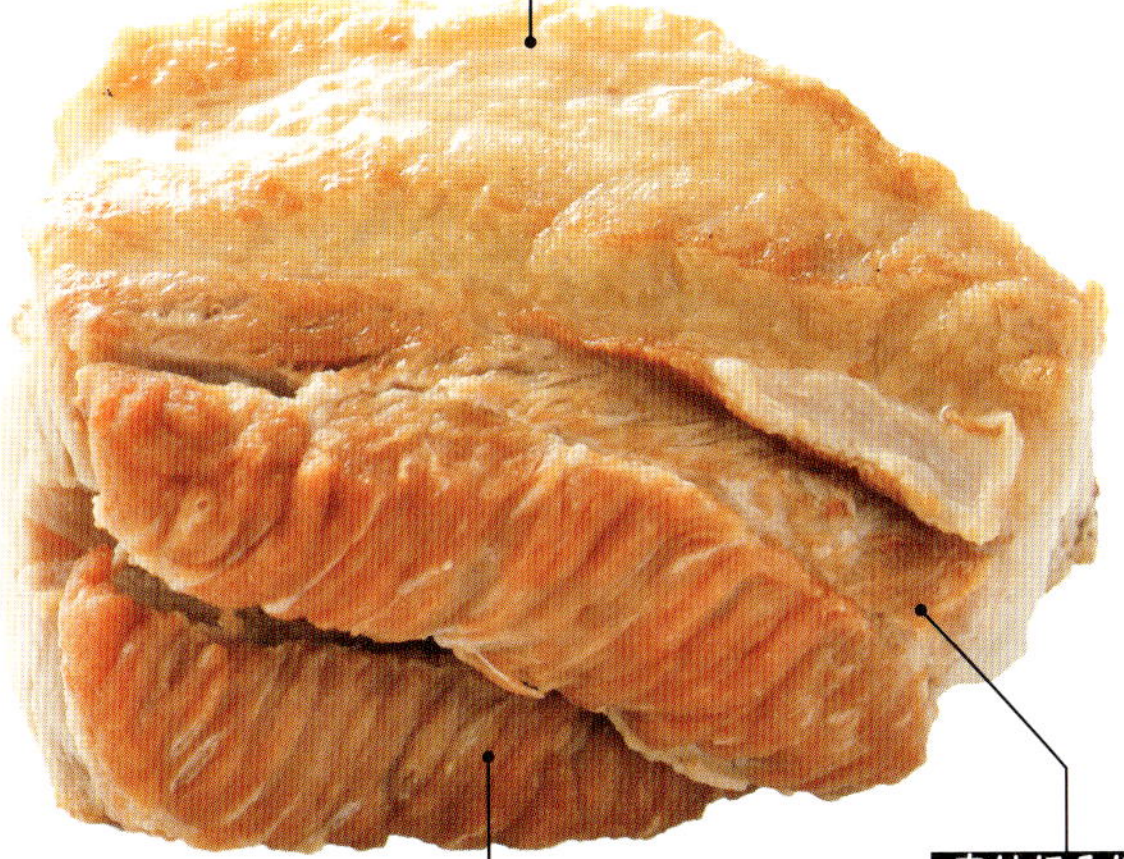
脂がほとんど抜けたコラーゲン
肉はほろほろ
焼く+ゆでるで脂肪が抜ける

豚バラ肉700gに対して脂が約40mℓ！

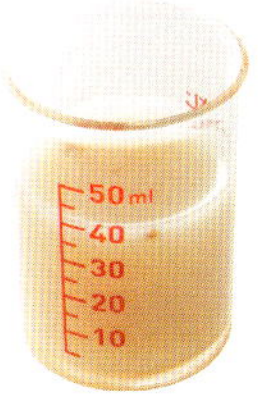
50ml
40
30
20
10

1 フライパンで焼きつけるだけでも脂が抽出される

豚バラ肉を焼きつけるとき（≫P105-2）は、初めはジュッと高温で。それ以降は火を弱め、脂の融点を超える温度でじっくり焼きつけ、脂を出すことがポイント。

白く固まった脂は簡単にとり除ける

2 ゆで汁を一晩おくと表面に脂が固まる

焼きつけたあとに長時間ゆでる（≫P105-4～6）と、ほとんどの脂肪が抜ける。肉の中心温度が70℃以上になった時点で、コラーゲンのゼラチン化が始まる。ゆで汁を一晩おくと、脂が白い固形物として表面に浮き出る。

しょうが焼き

こま切れ肉を使って

しょうが焼き用の肉ではなく、こま切れ肉で作る極上レシピです。こま切れ肉はいろいろな部位が集まったものなので、その分深い味わいに。ただ、調理でかたくなりがちなので、りんごジャムや小麦粉を加えてしっとりジューシーな仕上がりを目指します。

PORK

豚こま切れ肉

おいしくなるコツ！

下味の調味料に小麦粉を加える

豚こま切れ肉をジューシーに焼くには、小麦粉を下味に加え、肉の表面にタレをからみやすくします。粉を肉にまぶすよりも手軽です。

材料（作りやすい分量）

豚こま切れ肉…300ｇ
玉ねぎ…1/2個
赤唐辛子（種をとり除く）…１本
Ａ りんごジャム…大さじ２
　しょうゆ…大さじ１ 1/2
　しょうが（すりおろし）…大さじ１
　酒…大さじ１
　みりん…大さじ１
　小麦粉…大さじ1/2
　にんにく（すりおろし）…小さじ１
サラダ油…大さじ１
キャベツ…３枚
青じそ…２枚

下ごしらえ

1 肉に下味をつける

ボウルに肉、Ａを入れてもみ込む。りんごジャムで、甘みとコクをプラス。小麦粉を加えると、しっとりジューシーに。

2 野菜を切る

玉ねぎは5㎜幅のくし形切りにする。キャベツと青じそはせん切りにして合わせ、冷蔵庫におく。

本調理

3 肉を焼く

フライパンにサラダ油、赤唐辛子を入れて強めの中火で熱し、１を重ならないように並べ入れる。これで焼きムラを防止。

4 ほぐす

裏面に焼き色がついたら、全体をほぐす。焼き固まる前に触ると旨みが逃げるので、初めのうちは触らないで。

5 玉ねぎを加える

２の玉ねぎを加え、さらに炒める。玉ねぎの水分がほどよく入り、肉がしっとりジューシーに。甘みもプラスされる。

6 水けをとばす

肉に火が入り、玉ねぎがしんなりしたら、強火にして水けをとばす。こうすることで、水っぽくならず、味が濃厚に。

7 炒めからめる

肉の表面にタレがしっかりからまるように、全体をよく炒める。器に２のキャベツと青じそを敷いた上に盛る。

チャーシュー

PORK

豚ロース肉

煮込まず手軽に作る

煮汁でじっくり煮込むのではなく、グリルでこんがり焼くタイプのレシピを紹介します。肉はあらかじめ切り分けて、下味をしっかりつけるのがポイント。また、焼き上がった肉は繊維を断つようにそぎ切りにすると、肉のボリュームが出てやわらかな食感に！

おいしくなるコツ！

煮込むのではなく焼く調理で

脂が多い豚肩ロース肉をチャーシューにするなら、焼く調理が◎。その際は先に切り分けて、脂を落としながら香ばしく仕上げます。

材料（作りやすい分量）

- 豚肩ロース肉（塊）…500ｇ
- A しょうゆ…60mℓ
  - 砂糖…70ｇ
  - はちみつ…30ｇ
  - 甜麺醤…大さじ1/2
  - みそ…小さじ２
  - オイスターソース…小さじ２
  - 白ねりごま…小さじ２
  - ごま油…小さじ２
  - 塩…小さじ１
  - 花椒…小さじ１
  - にんにく（すりおろし）…小さじ１
  - しょうが（すりおろし）…小さじ1/2
  - シナモンスティック…１本
  - クローブ…５個
  - 八角…１個
  - こしょう…少々
- 好みの野菜（レタスやみょうがなど）…適量

下ごしらえ

1 タレを作る

耐熱ボウルにＡを入れ、よく混ぜる。ラップをせずに電子レンジで沸騰するまで加熱し、とり出して室温において冷ます。

2 肉を切る

肉は縦に2〜2.5cm厚さに切る。今回は煮込まず焼くので、切り分けておくと味がしみ込みやすく、火も通りやすい。

3 筋切りをする

包丁の切っ先で、２の両面の筋に切り込みを入れる。筋切りすることで、肉の縮みを防ぎ、形よく仕上げることができる。

本調理

4 タレに漬ける

ポリ袋に１、３を入れ、口を縛って密閉して冷蔵庫で１時間ほど漬ける。ポリ袋に入れて漬けるだけだから簡単。

5 袋をもむ

タレに漬けている途中、肉にタレがしみ込むように何度かもむ。漬けダレは仕上げのタレとして使うのでとっておくこと。

6 肉を焼く

５の肉をとり出して余分なタレをきり、グリルで13〜15分、弱火で焼く。片面焼きの場合は、途中でひっくり返す。

7 そのままおく

６をそのまま３分ほどおく。余熱で火を通すことで、やわらかく、しっとりジューシーな焼き上がりになる。

8 焦げを除く

焼いたときにできた焦げには苦みがあるので、キッチンばさみですべて除く。網の下に落ちたタレはとっておく。

9 チャーシューを切る

８の肉をそぎ切りにし、器に好みの野菜と盛り合わせる。５と８のタレを１の要領で２分強加熱し沸騰させ、肉にかける。

ローストポーク

湯煎と余熱で完成

湯煎焼きで低温調理することによって、肉のまわりからゆっくり熱を通していき、肉汁たっぷりのしっとりとした仕上がりに。調理の最後には肉をアルミホイルで包み、余熱でじんわり火を通します。これなら、焦げたりパサパサしたりといった失敗知らず！

PORK

豚もも肉

おいしくなるコツ!

オリーブ油をなじませて焼く

豚もも肉は、脂が少なくさっぱりとした部位。全体にオリーブ油をなじませて低温で焼けば、風味豊かでしっとりジューシーに。

材料(作りやすい分量)

豚もも肉(塊)…500g
塩…小さじ1強
粗びき黒こしょう…小さじ1/2
オリーブ油…大さじ1/2
ローズマリー…2本
A にんにく(薄切り)…1かけ分
水…大さじ3
白ワイン…大さじ1
しょうゆ…大さじ1/2
コンソメスープの素(顆粒)…小さじ1/2
塩・粗びき黒こしょう…各適量

下ごしらえ

1 肉に下味をつける

肉は室温に戻し、塩、こしょうをふる。肉を室温に戻すことで、塊肉の中心部分まで火が通りやすくなる。

2 下味をすり込む

1を手でしっかりすり込み、そのまま5分ほどおく。肉全体にまんべんなく味がしみ込むようにすり込むのがコツ。

3 オリーブ油をかける

2にオリーブ油をかけ、手で全体になじませる。下味をすり込んだ上からコーティングすることで、旨みを閉じ込める。

本調理

4 天板にセットする

網を置いたバットを天板にのせ、ローズマリーを1本敷き、上に3をのせる。

5 ローズマリーをのせる

4の肉の上に残りのローズマリーをのせる。ローズマリーで肉をはさむことで、全体に香りがつきやすい。

6 湯煎焼きにする

熱湯を肉につかない高さまで注ぎ、120℃に熱したオーブンで50分ほど湯煎焼きにする。スチーム効果でしっとり。

7 アルミホイルで包む

6をローズマリーごとアルミホイルで二重に包む。こうすると、肉の熱を逃がさないようにする保温効果がある。

8 中まで火を通す

肉の温度を急激に下げないために、7を布の上に20分ほど置いて中までじんわり火を通し、器に盛る。肉汁はとっておく。

9 ソースを作る

耐熱容器にAと8の肉汁適量を入れ、ラップをせずに電子レンジで2分加熱して沸騰させ、8の器に添える。

カツサンド

PORK

豚ヒレ肉

とことんやわらかく

脂肪が少なくやわらかさが特徴のヒレ肉ですが、そのまま揚げるのではなく、しっかりたたいてさらにやわらかく仕上げます。これをカツにすれば、パンと一緒にスムーズに噛み切れるうえ、衣の香ばしさとタレのコクもあいまって絶妙な一品に。

おいしくなるコツ！

たたいてのばして きれいに成形する

肉を格子状にたたくことで繊維を断ち切り、歯切れよくやわらかに仕上げます。また、それを成形することで、パンの大きさや形にぴったり合わせられるようになり、見た目もきれいに仕上がります。

材料（作りやすい分量）

- 豚ヒレ肉（塊）…250g
- 塩・粗びき黒こしょう …各適量
- 小麦粉…適量
- 溶き卵…適量
- パン粉…適量
- キャベツ（せん切り）…適量
- 食パン（6枚切り）…4枚
- A バター…30g
  - ねりからし…10g
- B とんかつソース…大さじ4
  - トマトケチャップ …大さじ1/2
  - しょうゆ…小さじ1
- 揚げ油…適量
- ベビーリーフ…適量

下ごしらえ

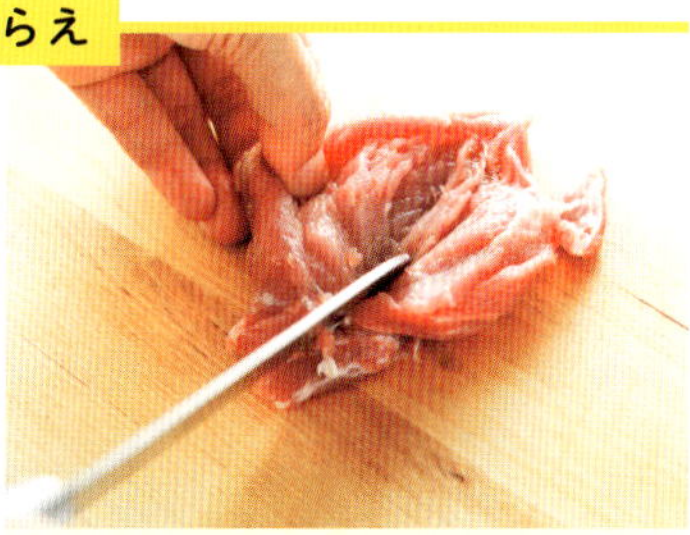

1 肉を開く

肉は長さを半分に切り、厚みを半分にするように切り込みを入れて開く。こうすることで、平らにしやすくなる。

2 たたく

まな板が汚れないようにラップを敷いて1を1切れのせ、包丁の背で全体が均一の厚さになるようにたたく。

3 さらにたたく

2の向きを90°変え、格子状にさらにたたいて広げ、繊維を断ち切る。4倍の大きさになったら、塩、こしょうをふる。

4 成形する

もう1切れも同様にたたき、まな板に敷いたラップを使って、食パンの大きさに合わせて四角く成形し、ぴっちり包む。

5 衣をつける

4のラップをはずし、小麦粉、溶き卵、パン粉の順で衣をつける。パン粉をつけるときは、手でしっかり押さえるように。

衣のつけ方のポイント

やわらかい肉が崩れないように注意

成形したヒレ肉はかなりやわらかいので、衣をつけるときは崩れないように丁寧に！　パン粉をまぶしたら、最後は全体を両手でしっかり押さえつけることで密着させましょう。

本調理

6 揚げる

フライパンに揚げ油を1.5cm深さに入れ、170℃に熱し、5の両面をこんがり揚げる。あまり動かさないように。

7 油をきる

網を置いたバットに6を立てかけるようにして油をきる。サクサクの食感にするためには、油きりが一番重要。

おいしくなるコツ！

動かさずに揚げて油をしっかりきる

揚げはじめの肉は崩れやすいので、表面がしっかり固まるまでは動かさないようにしましょう。また、揚がったら立てた状態で油きりをすれば、サクサクの食感に仕上がります。

8 パンに調味料を塗る

Aをよく混ぜ、食パンの片面に塗る。サンドイッチ定番の調味料であるからしバターで、味にアクセントを。

9 具材をはさむ

8の2枚にキャベツをのせる。Bをよく混ぜて7にたっぷりつけ、それぞれキャベツの上にのせ、残りの食パンではさむ。

10 全体を落ち着かせる

9をラップで包み、10分ほどおいて落ち着かせる。ギュッと力を入れてきつめに包むと型崩れせず、切りやすくなる。

11 カツサンドを切る

パン切り包丁を小刻みに動かしながら、10をラップごと好みの大きさに切る。器に盛り、ベビーリーフを添える。

MEMO

カツサンドはヒレ肉以外でもおいしい?

サクサクでやわらかいのが特徴の豚ヒレカツとは違い、ジュワッと脂があふれ出す豚ロースカツをはさむのもおすすめです。また、ヒレはヒレでも牛ヒレカツで作るビフカツサンドも◎。

鶏のから揚げ

プロ級の仕上がりに

サクサク・カリカリ・ジューシーな、専門店で出てくるようなから揚げだって家庭で作れます！　そのためには、衣のつけ方や揚げ方に大きなポイントがあるのです。仕上がりがべちゃっとしてしまうといった悩みは、このレシピで解消しましょう。

CHICKEN

鶏もも肉

下味のつけ方のコツ！

塩、こしょうのあと調味料をもみ込む

まずは塩とこしょうをふり、そのあとにしょうゆベースのタレをもみ込みます。これで、肉にしっかりと味がしみ込みます。

材料（作りやすい分量）

鶏もも肉（180ｇ）…２枚
塩・粗びき黒こしょう…各少々
A しょうゆ…大さじ1 1/2
　みりん…大さじ1
　オイスターソース…大さじ1/2
　しょうが（すりおろし）…大さじ1/2
　にんにく（すりおろし）…大さじ1/2
B 卵白…１個分
　片栗粉…大さじ1
C 小麦粉…大さじ4
　片栗粉…大さじ4
揚げ油…適量
レモン（くし形切り）…適量

下ごしらえ

1 肉に切り目を入れる

肉は厚みを均一にするように、切り目を細かく入れながら平らに開く。切り目を入れるのは、筋繊維を断ち切るため。

2 脂を除く

1の余分な脂をキッチンばさみで除く。包丁を使うよりもラク。鶏肉料理のおいしさは、丁寧な下ごしらえにあり。

3 水けをとる

2をペーパータオルで二重に包み、余分な水けをしっかりととる。これによって、旨みが凝縮される。

4 切る

3の１枚を横半分に切り、さらに３等分くらいに切って食べやすい大きさにする。少し大きいくらいがちょうどいい。

5 下味をつける

バットにペーパータオルを敷き、4をのせて包んで水けをさらにとってから、両面に塩、こしょうをふって下味をつける。

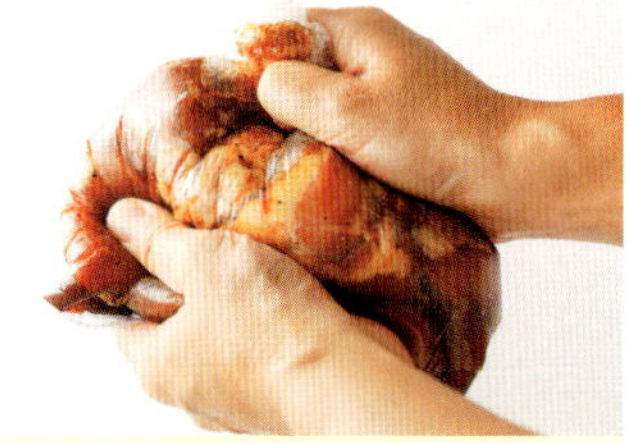

6 調味料をもみ込む

ポリ袋にA、5を入れ、口を縛って密閉し、両手でしっかりともみ込む。ポリ袋を使う分、洗い物の手間がなくなる。

7 冷蔵庫に入れる

よくもみ込んだ6を冷蔵庫に入れ、そのまま30分以上おく。ここで下味をじっくりとしみ込ませる。

おいしくなるコツ！

鶏肉は丁寧に下処理する

余分な脂や筋などがついたままの状態で調理すると、鶏肉特有の臭みが出てくるうえ、仕上がりの食感も悪くなってしまいます。肉からはみ出ている皮、黄色みがかった脂、軟骨、筋は、あらかじめ丁寧にとり除いておきましょう。

本調理

衣のつけ方のコツ！

2段階に分けてつける

まずは卵白と片栗粉をもみ込み、鶏もも肉の旨みを閉じ込めます。それから片栗粉と小麦粉をまぶすと、カリッと揚がります。

8 卵白と片栗粉を混ぜる

下衣をつける。7を冷蔵庫からとり出し、袋の口を開けてBを加える。よくもみ込んで混ぜ、10分ほどおく。

9 残りの粉類をつける

Cをよく混ぜてバットに広げ、8の皮をのばして肉に沿わせながら衣をつける。皮の形を整え、揚げ上がりをきれいに。

揚げ方のコツ！

肉をフライパンいっぱいに入れる

揚げ油の量が少ない場合は、油の温度を160℃よりも高めに。肉をいっぱい入れることで、液面が上がってカリッと揚がります。

10 揚げ油へ入れる

フライパンに揚げ油を1.5cm深さに入れ、強火にかけて170℃に熱し、9を皮目を下にして入れる。

11 揚げる

10の要領で、フライパンいっぱいに9を入れて揚げる。油のかさが上がり、全体をカリッと揚げられるようになる。

12 火力を上げて揚げる

裏面が揚げ固まったら、油に入れた順に一度だけ裏返す。泡がたくさん出てきたら、180℃にしてこんがり揚げる。

13 油をきる

網を置いたバットに、12の皮目を上向きか横向きで、網目に差し込むようにして油をきる。器に盛り、レモンを添える。

おいしくなるコツ！

油きりをしっかりと

揚がったものからバットに立てていき、油を効率よく落としましょう。こうして、衣に残る油を最小限にします。横にしてしまうと、余分な油がどんどん衣にしみ込んでいくことになるので注意。

MEMO

温度計を使うなら油はたっぷり使う

油の温度を確実に管理したいなら、温度計を使いましょう。その場合、フライパンでも鍋でもいいので、油はたっぷりと。揚げ方は、160℃くらいで肉の中まで火を通し、180℃くらいでカラッと二度揚げ。

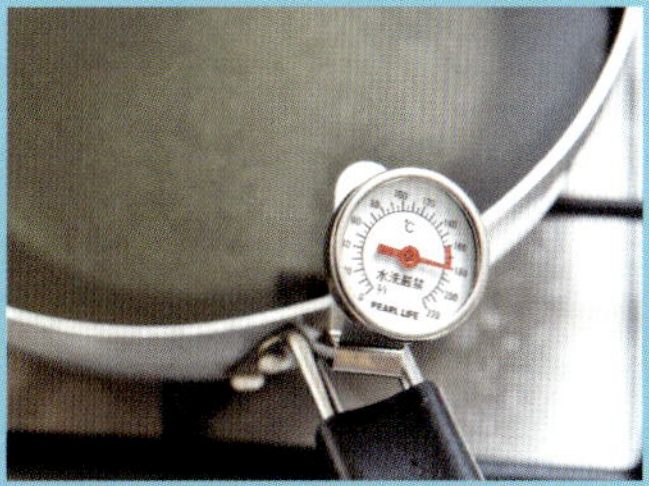

バンバンジー

CHICKEN

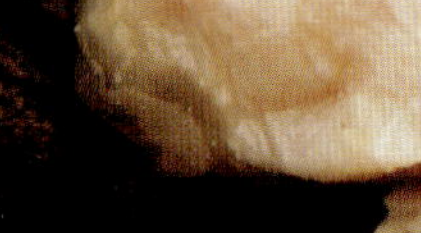

鶏むね肉

肉汁を逃さずキープ

加熱の加減が難しく、パサパサしがちなイメージの鶏むね肉を、しっとりやわらかく調理する方法をマスターしましょう。肉の保水性を高く保つには、湯煎にかけることがポイント。適切な湯温を保って肉に熱を通せば、肉汁がとどまりおいしい仕上がりに！

加熱のコツ！

湯煎の温度は上げすぎない

鶏むね肉は脂が少ない分、加熱しすぎるとパサパサに…。湯煎のお湯は65℃くらいを保ち、やわらかくジューシーに仕上げましょう。

加熱しすぎたパサパサの状態

低温＆余熱でジューシーに！

材料（作りやすい分量）

鶏むね肉（160ｇ）…２枚
しょうが（すりおろし）…小さじ２
塩…小さじ１
Ａ長ねぎの青い部分…１本分
　しょうがの皮…１かけ分
　酒（煮切り）…50mℓ
　ごま油…小さじ１
Ｂ長ねぎ（みじん切り）…大さじ３
　白いりごま…大さじ１
　しょうが（みじん切り）…小さじ１
　ごま油…小さじ１
　しょうゆ…小さじ1/2
もやし（ゆでる）…1/4袋
きゅうり（せん切り）…1/2本分

下ごしらえ

1 肉の皮目を整える

鶏肉は、火を通すと皮が縮んで固まりやすいので、あらかじめ皮をのばして肉に沿わせながら、きれいに整える。

2 水けをとる

１をペーパータオルで包み、余分な水けをしっかりととる。水けは臭みの原因にもなるので、この工程は忘れずに。

3 下味をつける

２に塩をまぶし、しょうがをまんべんなく塗って10分ほどおく。しょうがを使うことで、臭みを消して香りをたたせる。

本調理

4 袋に入れる

耐熱の保存袋２枚に、それぞれ３を１枚ずつ、Ａを半量ずつ入れる。肉は、なるべく平らに広げて入れるのがコツ。

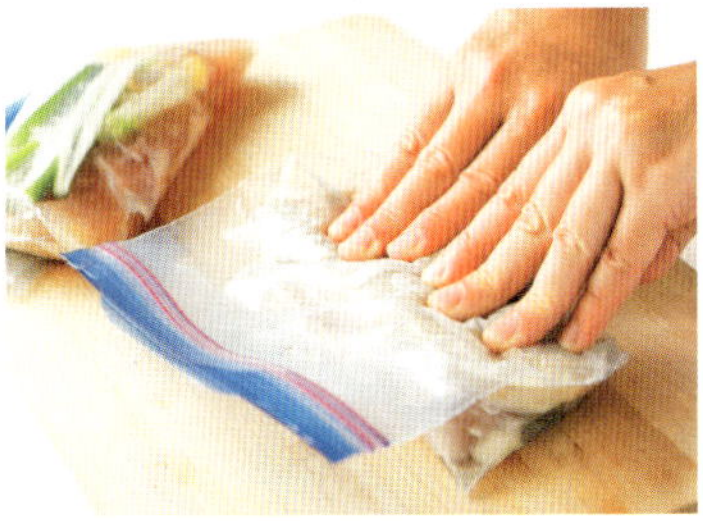

5 密閉する

４の空気を抜きながら密閉する。これで真空に近い状態を保てることから、旨みや栄養素を逃さず、しっとり仕上がる。

6 湯煎にかける

鍋に湯を1.5ℓ沸かし、５を入れて火を止め、30℃くらいに冷めるまでそのままおく。

7 湯煎からはずす

６が冷めたら、保存袋ごと鍋からとり出す。このまま冷蔵庫や冷凍庫に入れて保存することもできる。

8 肉を切る

７の肉をとり出してそぎ切りにし、器にもやし、きゅうりとともに盛り合わせる。汁は50mℓとっておく。

9 タレを作る

Ｂ、８の汁をよく混ぜ、盛り合わせた８にかける。鶏のエキスがたっぷりの汁をタレに利用すると、おいしさ倍増。

牛すね肉の赤ワイン煮込み

焼く↓煮るで絶品！

牛すね肉は、オーブンでじっくり煮込んでほろほろとしたやわらかい食感に仕上げましょう。とはいえ、ただ煮込むのではありません。肉は小麦粉をまぶして焼き色をつけておきます。こうすることで、ぎゅっと詰まった旨みと、香ばしさも味わえます。

BEEF

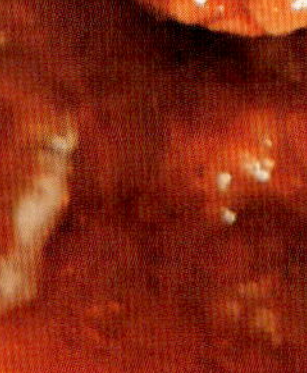

牛すね肉

おいしくなるコツ！

コラーゲンのゼラチン化を利用

牛すね肉は、長時間の加熱によってコラーゲンがゼラチン化し、とろりとする性質があるため、煮込むとやわらかく濃厚になります。

材料（作りやすい分量）

- 牛すね肉（塊）…900ｇ
- 玉ねぎ…１個
- セロリ…１本
- にんにく…３かけ
- A 赤ワイン…500mℓ
  - ホールトマト（水煮缶）…１缶
  - トマトペースト…大さじ１
  - コンソメスープの素（固形）…２個
  - ローリエ…１枚
- 塩・粗びき黒こしょう…各適量
- 小麦粉…大さじ２
- バター…30ｇ
- サラダ油…大さじ１　1/2

下ごしらえ

おいしくなるコツ！

肉に小麦粉をまぶしておく

肉の表面に小麦粉をまぶしておくことで、焼いたときに風味や香り、色がつきやすくなります。また、それを煮込むことで、肉からとれた粉によって煮汁にとろみがつきます。

1 肉を切る

肉は大きめに切る。１切れを150ｇくらいにするのがよい。

2 下味をつける

１に塩、こしょうをふってしっかりとすり込み、下味をつける。

3 小麦粉をふる

２に小麦粉をまんべんなくふりかける。

4 小麦粉をまぶす

３をはたきながら、肉全体に粉を薄くまぶす。

5 野菜を切る

玉ねぎ、セロリはみじん切りにする。にんにくは芽を除いて、たたきつぶす。

本調理

6 肉を焼く

オーブン対応の鍋にサラダ油を強めの中火で熱し、4を入れて焼く。

7 とり出す

全面に焼き色がついたら、肉をいったんとり出す。

8 野菜を炒める

7の鍋に5を入れて、肉の焦げをからめるように強めの中火で炒めていく。

9 色づくまで炒める

うっすらと焼き色がつくまで、炒め続ける。

10 ワインなどを加える

7の肉、A、かぶるくらいの水を加える。

11 アクをとりながら煮る

強めの中火で加熱し、アクをとりながら煮る。

12 ふたをする

沸騰したら火を止めて、オーブンシートで落としぶたをしてから鍋ぶたをする。

13 オーブンへ入れる

天板に12を鍋ごとのせ、180℃に熱したオーブンで1時間30分～2時間加熱する。

MEMO

玉ねぎのオーブン焼きの作り方

煮込み用とは別に、皮つきの玉ねぎを用意します。13でオーブン加熱しはじめて30分経ったところで、天板のあいているところに玉ねぎを丸ごと置き、あとは一緒に焼くだけです。

14 途中で肉を裏返す

オーブンで加熱中、1時間ほど経ったところで、肉を傷つけないように裏返す。

15 肉をとり出す

オーブンに戻して加熱を続け、肉がやわらかくなったら、いったん肉をとり出す。

16 煮汁の脂を除く

煮汁に浮いている脂を、スプーンですくいとる。

17 煮詰める

16の鍋を強めの中火にかけ、とろみがつくまで煮詰め、塩、こしょうを加えて味をととのえる。

18 肉とともに煮込む

15の肉を戻し入れ、とろ火で15分ほど煮込む。

19 バターを加える

バターを加えて混ぜる。器に盛り、好みでクレソンを添える。玉ねぎのオーブン焼きを添えるのも◎。

おいしくなるコツ！

途中で肉をとり出す

オーブン加熱後は肉をとり出し、煮汁を直火で煮詰めます。このとき肉を入れたままだと、煮崩れして小さくなってしまうことに。大きさを保つには、煮詰めた煮汁に肉を戻し入れて仕上げるのが◎。

MEMO

直火で煮込むときは

オーブンがなければ、もちろん直火で煮込んでOK。2時間を目安に、火加減に注意して焦がさないようにしましょう。オーブンに比べて煮崩れしやすいので、様子を見ながら仕上げてください。

鍋底についた焦げの正体は

肉を焼いたときに鍋底につきがちな焦げは、肉の旨みです。肉をとり出したら、焦げをヘラでこすってはがしましょう。これを野菜にからめてじっくり炒めることで、おいしい旨みが加わります。

牛のみそ漬け

牛赤身肉がみそと◎

みそ床に肉や魚、卵などを漬けておくと、食材にみその風味がついてぐっとおいしくなります。肉を漬ける場合、豚肉を使うのが一般的なのですが、このレシピのように牛肉を使ってもおいしく仕上がります。その際は、赤身肉を選ぶのがおすすめです。

BEEF

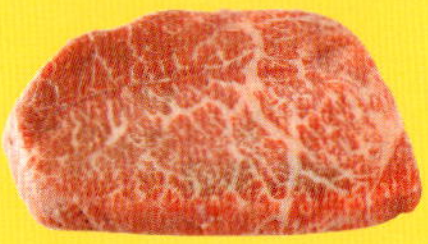

牛赤身
ステーキ肉

おいしくなるコツ！

肉を室温に戻しておく

冷たい肉だと、外側がしっかり焼けたところで中には火が通っていない…ということに。冷蔵庫から出して30分後くらいに焼くと◎。

材料（作りやすい分量）

牛赤身ステーキ肉（150ｇ）… 2 枚
A みそ … 大さじ 2
　みりん（煮切り）… 大さじ 1
　にんにく（すりおろし）
　… 小さじ 1
グリーンアスパラガス … 2 本
パプリカ（赤・黄）… 各1/2個
B オリーブ油 … 大さじ1/2
　塩 … 少々
　こしょう … 少々

下ごしらえ

1 肉を包む

肉をペーパータオルで包む。できれば厚手で丈夫な天然パルプ素材のものを使うのがおすすめ。

2 みそ床を塗る

A をよく混ぜ、1 の全面に塗る。ゴムベラやスプーンを使うと塗りやすい。このみそ床は、にんにくの風味がおいしい。

3 ラップで包む

2 をラップでぴっちり包む。こうすることで、みそ床をしっかり肉に浸透させる効果がある。

4 袋に入れて一晩おく

保存袋に 3 を入れて密閉し、冷蔵庫に一晩おく。これで乾燥を防げるうえ、衛生的にも安心。このまま冷凍保存もできる。

5 肉を室温に戻す

冷蔵庫からとり出した 4 を、保存袋から出して室温に戻す。失敗なく焼くには、これも大事なポイント。

みそ床の塗り方のポイント

ペーパータオルの上から塗る

みそ床を肉に直接塗ると、焼く前にみそ床を拭う手間があり、拭いきれなかったみそ床によって焦げやすくなります。ペーパータオルを使う方法なら、そうしたわずらわしさを解消できるのです。

MEMO

みそ漬けによく合う食材は？

肉は、豚はもちろん鶏でもOKです。魚なら、さわら、鮭、たら、ぶりなどの白身魚がよく合います。また、ゆで卵や豆腐を漬ければ、乙なおつまみのでき上がり。さらに、アボカドやモッツァレラチーズを漬けてみるのもいいでしょう。

白身魚もみそと好相性
ゆで卵でもお試しあれ

おいしくなるコツ！

酵素で肉をやわらかく

みその原料である麹には、多くの酵素が含まれています。なかでもプロテアーゼという、タンパク質分解酵素の働きによって、肉のタンパク質も分解されてやわらかくなるのです。

下ごしらえ

6 包みをはがす

5が室温になったら、ラップとペーパータオルをはがす。このあとは、そのまま焼けばいいから手間なしで簡単。

7 野菜の準備をする

つけ合わせにするアスパラとパプリカは、食べやすい大きさに切り、Bをまぶして下味をつける。

おいしくなるコツ！

彩り野菜は好みで

肉も野菜も一緒に焼くので時短に。レシピの野菜に限らず、かぼちゃ、れんこん、なすなど、焼くのに適したものを自由に選んでみて。

本調理

8 焼く

焼き網の中央に6を、そのまわりに7を並べ、グリルで5分ほど中火で焼く。片面焼きの場合は、途中で裏返す。

9 そのままおく

焼き上がったら、グリルの中でそのまま5分ほどおき、余熱で中まで火を通す。野菜は先にとり出してもOK。

焼き方のコツ！

最後は余熱で火を通す

牛肉のタンパク質は65℃以上になるとかたくなりやすいので、加熱しすぎはNG。しっとり仕上げたい場合は、まず5分ほど焼き、あとは余熱を利用してゆっくり火を通しましょう。

10 肉を切る

肉の両端を押さえ、繊維を断つようにそぎ切りにする。ボリュームが出てやわらかい食感に。器に野菜と盛り合わせる。

MEMO

みそ漬けした食材は何日保存できる?

食材にみそ床を塗ったら、1～2日は冷蔵庫で保存ができます。それ以上保存したい場合は、冷凍庫に入れておくのがよいでしょう。これなら3週間はおいしく食べられます。

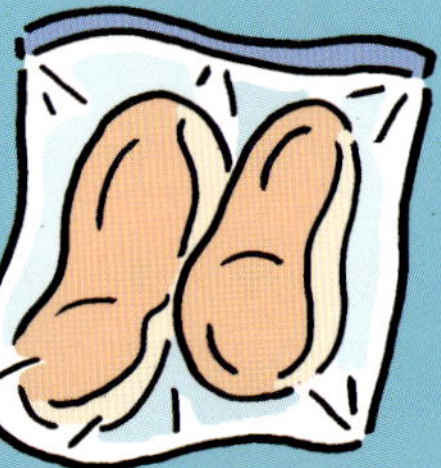

ミートローフ

BEEF & PORK

合びき肉

食感・旨み・香り◎

レーズンとくるみがごろごろ入った、ごちそうミートローフ！　ベーコンで包んで焼くタイプなので、旨みがぎゅっと詰まっています。刻んで加えたセロリによって、香りも◎。合いびき肉を使うことで、ふんわりジューシーに焼き上がります。

材料（9×14×6.5cmの型1台分）

A 合びき肉…250g
　セロリ（茎と葉）…1/4本分
　玉ねぎ…1/6個
　卵…1個
　パン粉…1/2カップ
　コンソメスープの素（顆粒）
　　…小さじ1
レーズン…大さじ3
くるみ（刻む）…大さじ3
ベーコン…8～10枚
B トマトケチャップ…大さじ2
　赤ワイン…大さじ2
　中濃ソース…大さじ1
　水…大さじ1
　粒マスタード…小さじ1
　塩・粗びき黒こしょう…各適量
粗びき黒こしょう…小さじ1/2
サラダ油…適量
クレソン…適量

下ごしらえ

1 具材を用意する

Aのセロリ、玉ねぎはみじん切りにする。それ以外のAの材料、レーズン、くるみ、ベーコンも用意しておく。

2 混ぜる

ボウルにAを入れ、よく混ぜる。手でしっかりともみ込むようにして、全体に材料をなじませていく。

3 こねる

粘りが出て、写真くらい白っぽくなるまで、しっかりとこねる。これで、弾力のある肉だねになる。

4 さらに具材を加える

3にレーズン、くるみを加えて混ぜる。甘酸っぱいレーズンと食感のいいくるみが、ミートローフのアクセントに。

5 型の準備をする

型にサラダ油を塗ってオーブンシートを敷き、ベーコンを少しずつ重ねながら型に合わせて敷き詰める。

型の準備のポイント

オーブンシートは大きめ&端を仮どめ

オーブンシートは、型をぐるっと1周以上包めるくらい大きめに切ったものを使います。ベーコンを敷くときは、シートの端を型の外側にテープでとめておくと作業しやすくなります。

6 肉だねを詰める

5に4を、空気を抜くように詰める。スプーンやゴムベラで肉だねを型に入れてから、握った手で押しながら詰めると◎。

7 ベーコンを折る

肉だねを包むように、ベーコンの両端を内側へ折る。こうすると、形が安定するので型崩れを防げる。

8 裏返す

オーブンシートごと持ち上げて7を型からとり出して上下を返し、シートの中央に置く。

おいしくなるコツ！

香り、食感、旨みをプラスする食材を使用

肉だねには、香味野菜のセロリを加えて香りよく。また、レーズンとくるみで食感と味の深みを加え、さらにベーコンによって旨みもプラスしています。

本調理

9 型に戻し入れる

オーブンシートの両側を持ち上げ、8をオーブンシートごと型に戻し入れる。こうすると、手が汚れず形も崩れない。

10 こしょうをふる

9の表面にこしょうをふる。味や香りをプラスするだけでなく、見た目にアクセントをつける効果もある。

11 ホイルをかぶせる

型をおおうように、アルミホイルをぴっちりかぶせる。肉の表面を焦がすことなく、中にじっくりと火を通せるように。

12 焼く

天板に11をのせ、180℃に予熱したオーブンで20分ほど焼く。

13 ホイルをはずし焼く

12のアルミホイルをはずして15分ほど焼き、表面に焦げ目をつけてベーコンの旨みを引き出す。その後、粗熱をとる。

14 とり出す

オーブンシートごと持ち上げてとり出し、食べやすい大きさに切って器に盛る。焼き汁は大さじ3とっておく。

15 ソースを作る

鍋にB、14の焼き汁を入れ、中火で煮詰める。このソースを14のミートローフにかけ、クレソンを添える。

ソース作りのポイント

焼き汁をソースに加えておいしく利用

肉だねを焼いたあとの型に残っている汁は、濃厚な旨みのエキスです。これを無駄にしてはもったいないので、ソースに使ってミートローフをよりいっそうおいしく仕上げましょう。

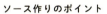

肉の種類別に
すべてがわかる！

食肉の品種と部位事典

3

普段食べている肉はどんな種類や銘柄で、どこの部位にあたるのか、ここで改めて確認してみましょう。初めて購入・調理する肉について知るのにも役立ちます。また、有名店の羊肉料理レシピも紹介しています。

監修　株式会社辻料理教育研究所　東浦宏俊　進藤貞俊　荻原雄太　正戸あゆみ
イラスト　上坂元 均／肉部位・山田博之

牛肉の基本

牛肉の種類は、贅沢な銘柄牛から手頃な価格の国産牛や輸入牛までいろいろ。個性を知れば、牛肉を食べる楽しみが増すでしょう。

牛肉の分類

「和牛」「国産牛」「輸入牛」の3つがある

日本で販売される牛肉は、輸入牛肉と国産牛肉に分けられ、国産牛肉は、和牛と、和牛以外の国産牛に分けられます。和牛は、黒毛和種、褐毛和種、無角和種、日本短角種と、和牛間の交雑種を指します。日本で生産された和牛以外の牛が国産牛で、アメリカやオーストラリアなどから輸入されたものが輸入牛です。それぞれに味、脂肪、肉質の個性があるので向いている料理が違い、さらに部位による肉質の違いも料理に影響します。これらを知れば、牛肉を賢く選ぶことができます。

ラベルにはこう表示されている！

原産地

和牛、国産牛、輸入牛のどの肉なのかをチェック。国産か外国産か、または都道府県名の表記が義務づけられている。

部位

部位を見て、味や肉質をチェック。ステーキ・すき焼き・焼き肉用などの用途表記も参考に。

国産牛ももスライス
（解凍品）
個体識別番号
1457891097
消費期限 19.5.20 （4℃以下で保存）
100gあたり（円） 650
正味量（g） 180
1170
お値段（円）
107080 910027
中央区築地0丁目00番00号
朝日畜産株式会社

個体識別番号など

国内で飼養される牛には、牛トレーサビリティの制度に基づいた番号があり、データベースにアクセスすると、品種や性別、生まれ育った場所がわかる。

MEMO

和牛統一マークのこと

日本国内での出生・飼養が牛トレーサビリティで確認できる和牛のみにつけられるマーク。国産和牛肉の輸出にあたり、日本産品であると識別しやすくし、品質やおいしさをアピールするため、2007年に制定されました。

画像提供：公益社団法人中央畜産会

和牛と国産牛って、どう違う？

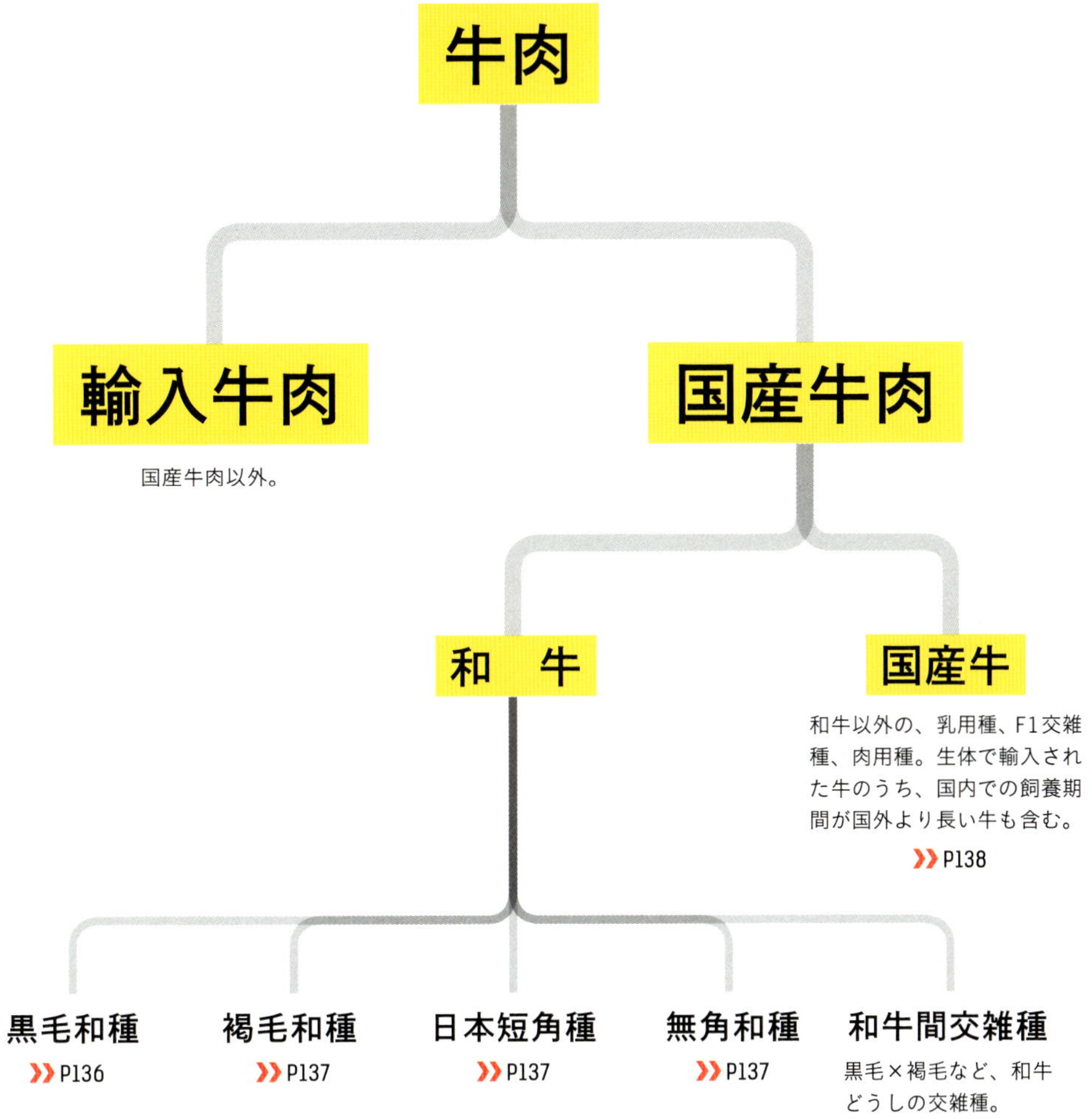

牛肉
輸入牛肉
国産牛肉以外。
国産牛肉
和　牛
国産牛
和牛以外の、乳用種、F1交雑種、肉用種。生体で輸入された牛のうち、国内での飼養期間が国外より長い牛も含む。
P138
黒毛和種
P136
褐毛和種
P137
日本短角種
P137
無角和種
P137
和牛間交雑種
黒毛×褐毛など、和牛どうしの交雑種。

和牛は肉専用牛、国産牛は乳牛やその交雑種

日本の牛肉は、明治時代から品種改良と飼育方法に工夫を重ね、世界に誇る品質となりました。その代表が、和牛の4品種です。ほとんどが黒毛和種で、そのほかの品種は生産量は少ないですが、味や肉質に個性があります。

国産牛は、おもに乳用牛とその交雑種を指します。また、海外の肉専用種を輸入して飼育したものなども、飼育条件により国産牛となります。

国内牛肉の生産量は、黒毛和種が約40％、ホルスタインが約30％を占め、残りは黒毛和種以外の和牛や交雑種などです。

日本では、世界でも珍しくトレーサビリティが確立されており、国内で飼養される牛には個体識別番号がつき、血統などが調べられます。

和牛の種別

4種の和牛 それぞれの特徴を知ろう

和牛の4品種は、明治以前に農耕用として飼育されていた在来種と、外国産のさまざまな品種を交配させ、品種改良を重ねて生産されてきました。例えば黒毛和種は、在来種と輸入されたシンメンタール種やブラウンスイス種などを交配させたもの。また、東北地方で肥育されている日本短角種は、南部牛にイギリスのショートホーン種を交配したものです。こうした品種改良と飼育方法の工夫によって、日本人の好みに合う味や肉質を実現してきたのです。

黒毛和種

産地 日本全国　**銘柄** 松阪牛、近江牛、但馬牛など

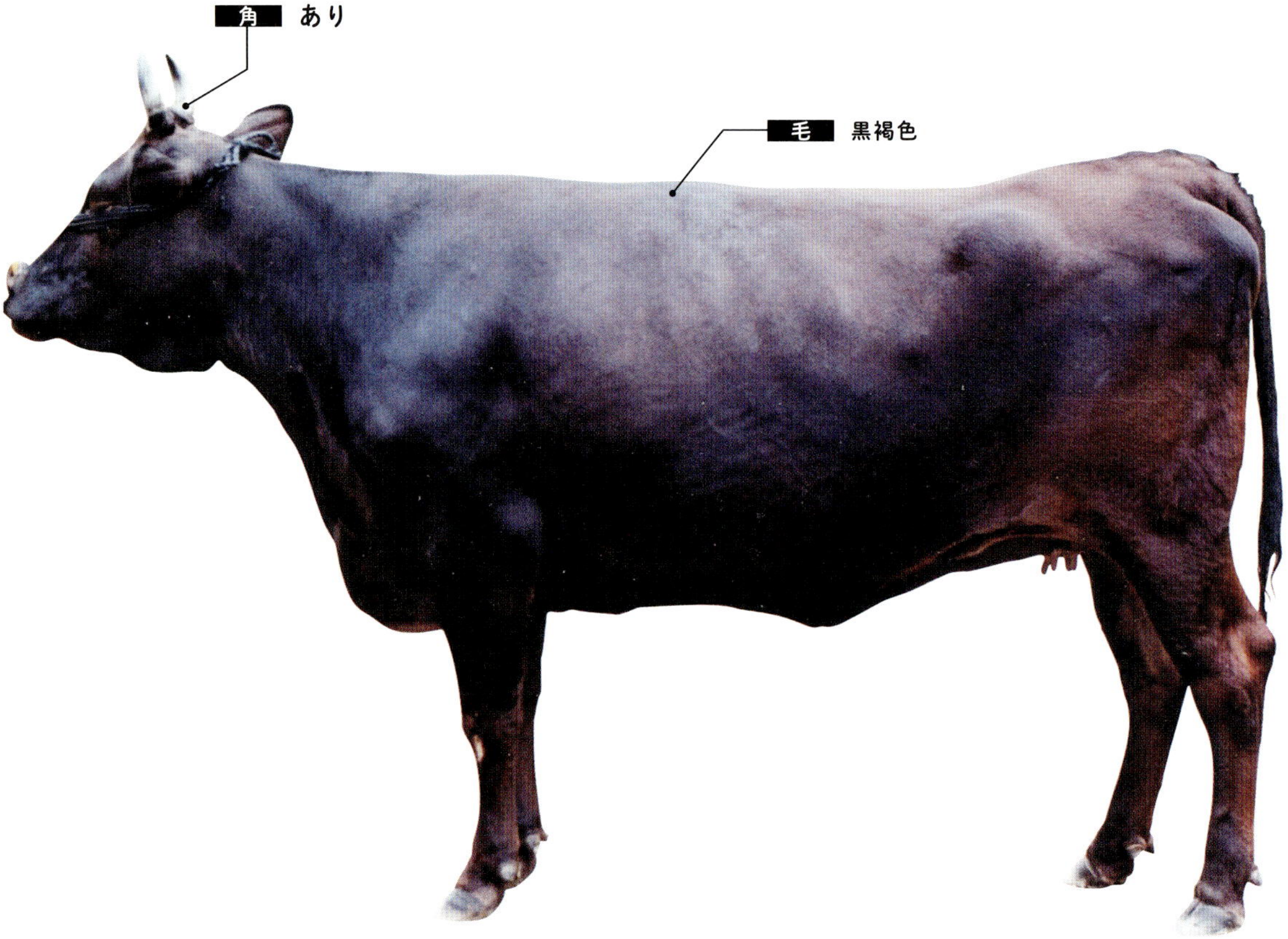

有名な銘柄牛のほとんどは黒毛和種で、松阪牛、近江牛、但馬牛、米沢牛など、全国各地で数多く生産されています。肉の最大の特徴は、赤身に細かい脂肪、いわゆるサシが入った、霜降りであること。そのため、やわらかく風味がよいのです。黒毛和種の脂肪には、乳用牛などと比べて不飽和脂肪酸が豊富に含まれており、これが低い温度で溶けるため、口の中でとろける食感が味わえます。また、水分保持力が高いのも特徴のひとつ。枝肉にしたあと、冷却中に水分が蒸発することが少なく、パサつかず、かたくなりにくい肉といえます。

褐毛和種

産地 熊本県、高知県など　**銘柄** くまもとあか牛、土佐あかうしなど

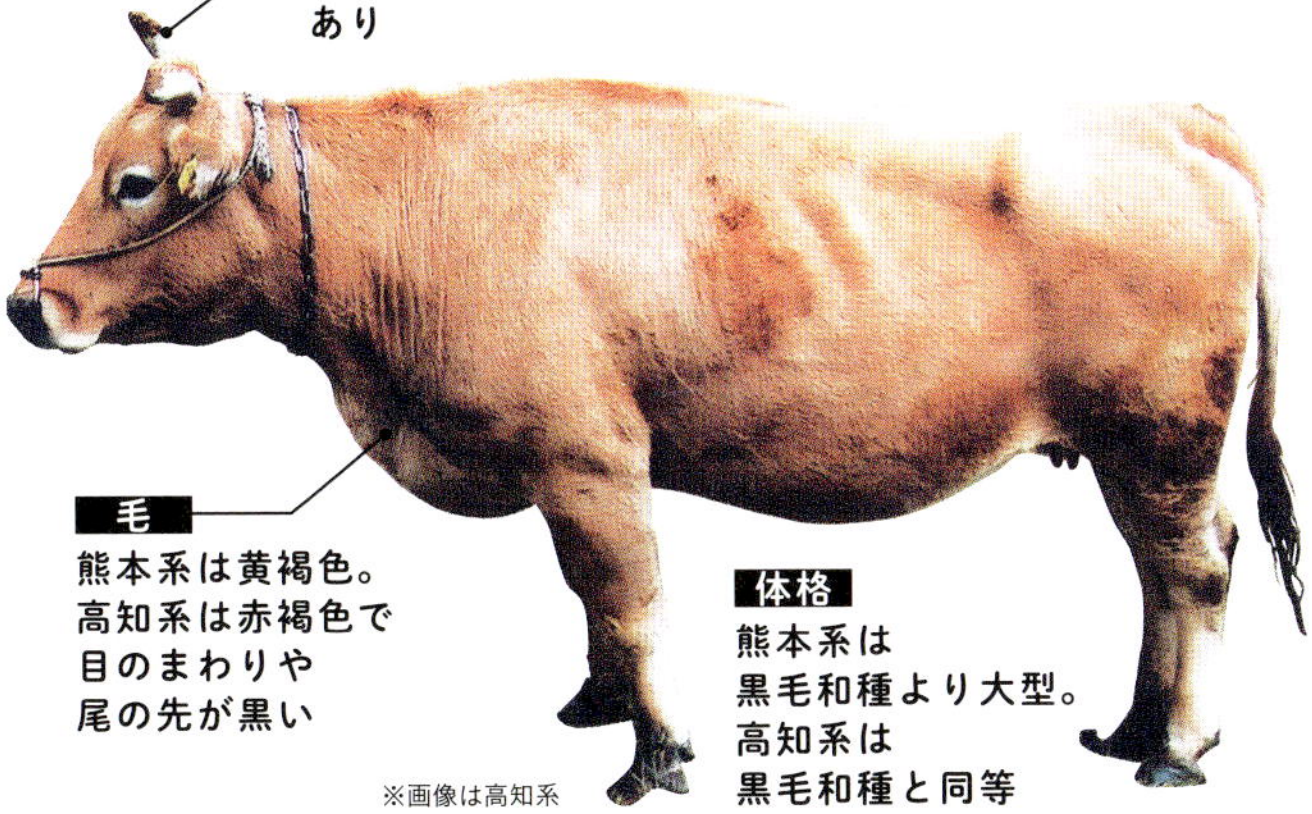
角
あり
毛
熊本系は黄褐色。
高知系は赤褐色で
目のまわりや
尾の先が黒い
体格
熊本系は
黒毛和種より大型。
高知系は
黒毛和種と同等
※画像は高知系

「あか牛」とも呼ばれ、その名の通り毛並みが褐色です。熊本系と高知系、それぞれで違った在来種に、シンメンタール種を交配しています。放牧飼育され、草（粗飼料）を食べて育つため赤身の割合が多く、霜降りの部分は少ないのが特徴。赤身にはアミノ酸が豊富で、甘みと旨みが強く、ヘルシーであっさりと食べられます。

日本短角種

産地 岩手県、青森県など　**銘柄** いわて短角和牛、八甲田牛など

東北地方の在来種である南部牛に、アメリカから輸入したショートホーン種などを交配した日本短角種は、岩手県がおもな産地。濃い褐色の毛並みで、和牛のなかでは大型とされます。寒さに強く、放牧で草を食べてよく育ち、手間がかからないのも特徴。肉は、赤身が多く、きめが細かすぎないので食べごたえがあります。

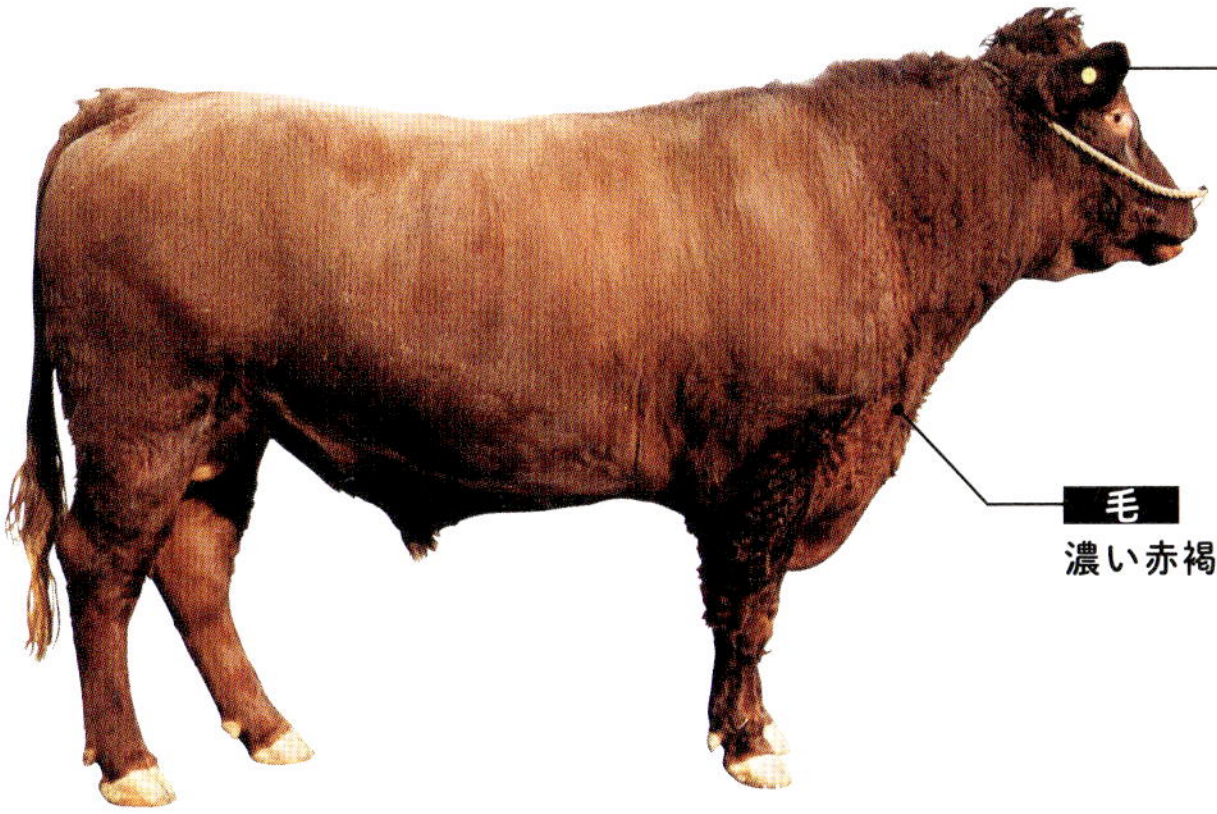
角
あり
毛
濃い赤褐色

無角和種

産地 山口県のみ　**銘柄** 山口県特産 無角和牛

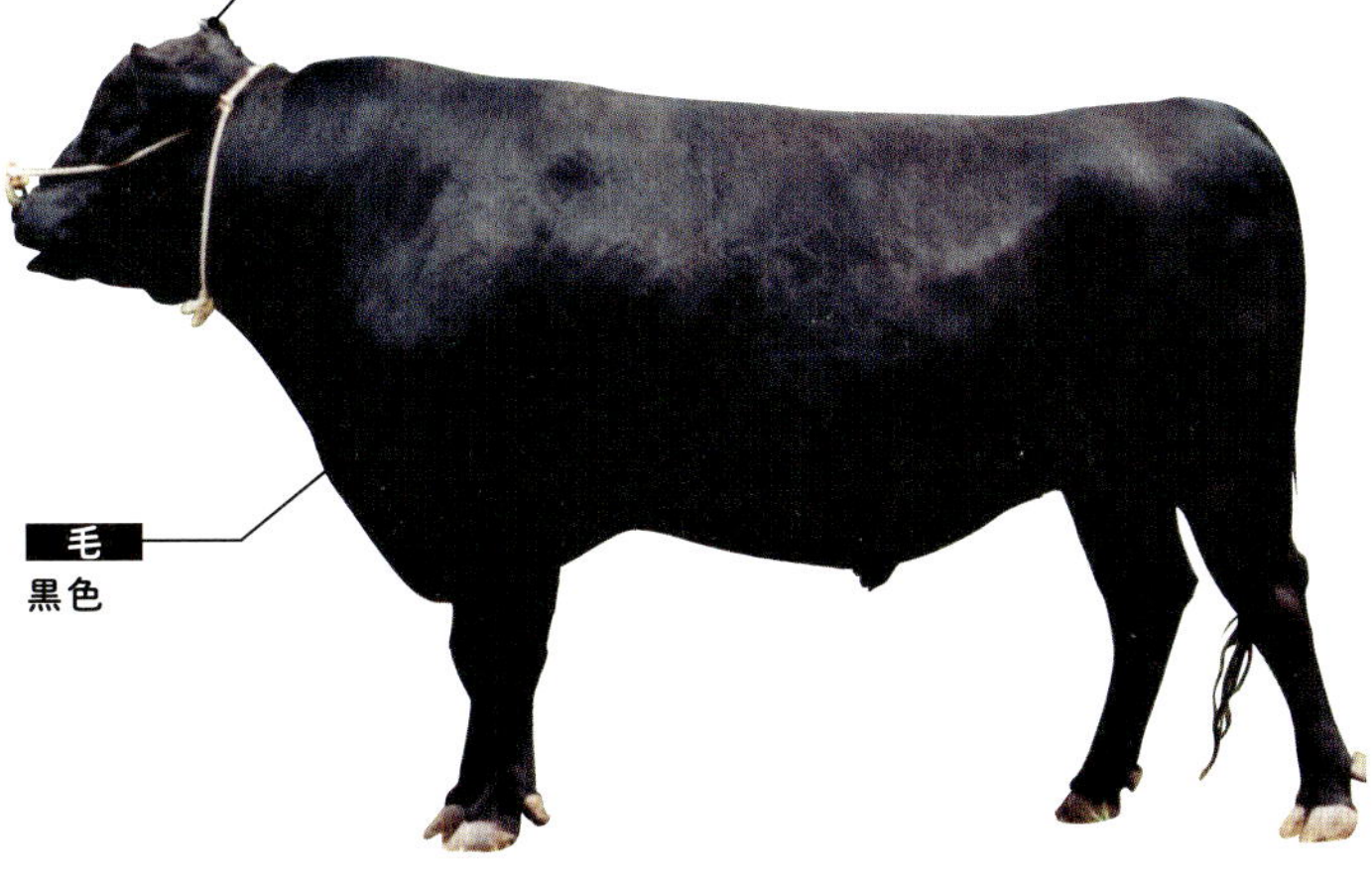
角
なし
毛
黒色

山口県の在来種に、アバディーン・アンガス種を交配して品種改良された、無角和種。毛並みは黒く、肉はおおむね黒毛和種に似ていますが、皮下脂肪がつきやすく、霜降りの部分は比較的少ないものの、やわらかくて旨みが濃いという特徴も。現在は生産量がかなり少なくなりましたが、希少な赤身肉として再注目されています。

画像提供：一般社団法人 全国肉用牛振興基金協会

国産牛の秘密

**ほとんどが
乳用種の肉や交雑種の肉**

国産牛と表示されるのは、和牛以外の日本で生まれ肥育された牛。乳用種とその交雑種のほか、外国産の肉専用牛、輸入された牛も、国内で肥育された期間が長ければ国産牛となります。乳用種はホルスタイン種、ジャージー種などですが、オスは肉用牛として飼育されて、メスは乳の出が悪くなると食用になります。また、交雑種は乳用種に和牛を交配させたものです。乳用種と交雑種の生産量は全体の約60%あり、手頃な価格の牛肉として売られるほか、加工食品用や業務用にも広く使用されています。

和牛以外はすべて国産牛！

乳用種の肉

ホルスタイン種は飼育数が多く、国産牛肉の大部分を担い、ブランド牛肉として人気を得ているものも。ジャージー種は飼育数が少なく、肉量も少ないですが、希少な牛肉として販売されています。

ホルスタイン種

オスは若い月齢で屠畜され、若牛と呼ばれる。脂肪の少ない赤身で、特有のクセがなく、あっさりしている。

ジャージー種

脂肪は少ないが、不飽和脂肪酸が多いので口どけがよい。まろやかで旨みが濃いともいわれる。

交雑種の肉

ほとんどが乳用牛のメスと和牛のオスを交配した牛で、F1種とも呼ばれます。病気に強く早く大きくなる乳用種の特徴と、霜降りになりやすくやわらかい和牛の特徴を受け継ぎ、手頃な価格で売れるため生産量が増えています。

黒毛和種 × ホルスタイン種

適度な霜降り肉で、手頃な価格が魅力。銘柄牛も多い。「黒毛牛」「黒牛」などと表記のある国産牛もこの交配。

画像提供：一般社団法人　全国肉用牛振興基金協会

MEMO

交雑種のブランド牛いろいろ

和牛に限らず、交雑種にも全国各地にブランド牛が存在します。例えば黒毛和牛×ホルスタイン種の場合、神奈川県の「やまゆり牛」、鳥取県の「鳥取F1牛」ほか、数多くの銘柄牛肉が生産されています。それぞれに独自のブランドの定義があり、肥育する地域や農場、飼料、出荷時の月齢や体重といった規格が定められています。

輸入牛の秘密

国産牛を上回るシェア率で安い！加工品にも利用

日本で食べられている牛肉の約60％が輸入物。その約50％がオーストラリア産、約40％がアメリカ産、残りはニュージーランド産やカナダ産などです。国産の牛肉と比べて価格が安いため、家庭はもちろん、外食産業や加工食品にも多く使われています。最近では、現地での飼育方法や飼料を日本向けに工夫することで、味わいや肉質を日本人好みにしたり、現地ならではの赤身肉の魅力を打ち出したりして輸入肉のイメージアップをはかっています。

おもに牧草肥育

オーストラリア産

オージービーフとも。かつては草食特有のにおいがあったが、最近は穀物飼料を与える飼育法で日本人好みの肉も生産されている。

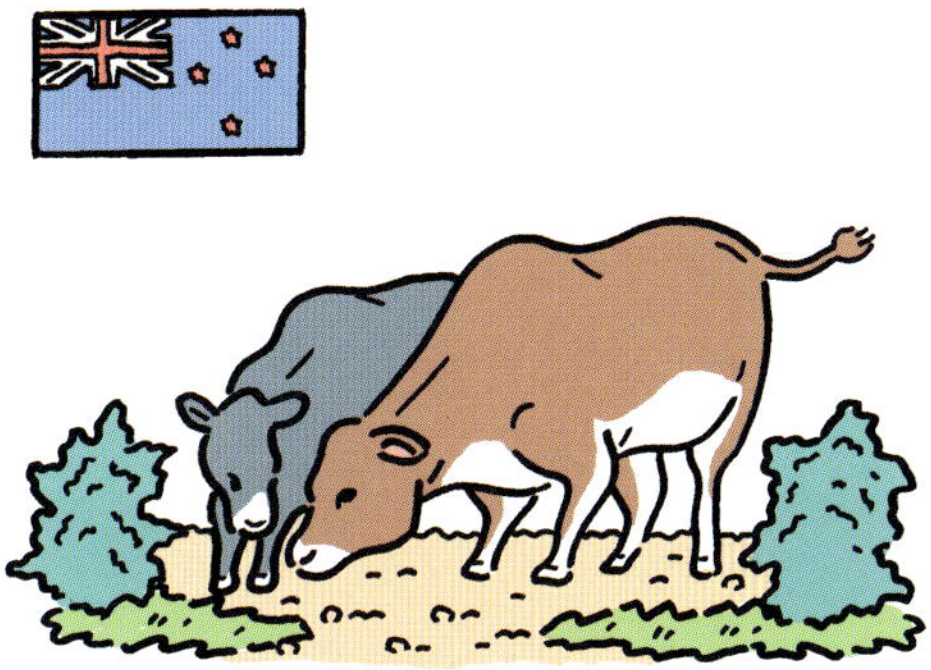

ニュージーランド産

一年中放牧ができる気候を生かし、牧草や干し草で飼育するグラスフェッドビーフとして注目されている。肉は旨みの強い赤身。

おもに穀物肥育

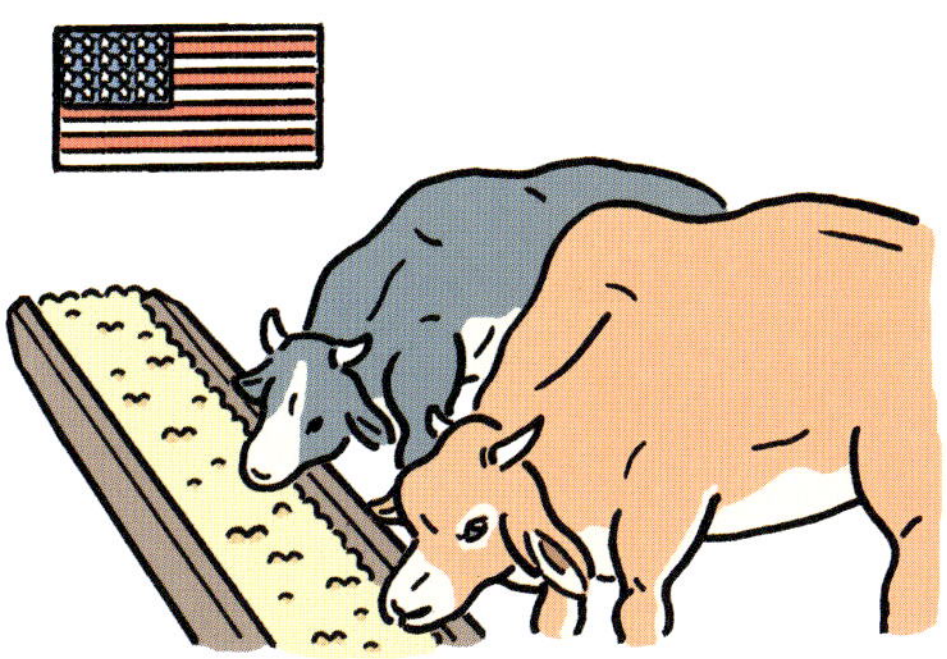

アメリカ産

穀物飼料で霜降りと赤身肉を作り分けている。一般に輸入されている肉は低脂肪なので、和牛に比べて低カロリーなのが特徴。

カナダ産

飼料に大麦、とうもろこしなど穀物を使うのでやわらかく甘みがあるが、和牛のような霜降りはなく、脂肪の少ない赤身肉が多い。

格付のしくみを知る

高級牛肉といえばＡ５ランクなどの表示を目にしますが、どんな意味なのでしょうか。判定方法について詳しく見てみましょう。

枝肉の質を評価してつけられる等級

動物をと畜して剥皮し、頭足部と内蔵をとり除いたものを枝肉といいます。牛肉の格付は、この枝肉が、品質に合った公正な価格で取引されるように考えられたものです。

Ａ、Ｂ、Ｃで表されるのは、歩留等級。枝肉からとれる肉の割合が大きいほど等級が高く、Ａが最上です。

５〜１の数字で表されるのは、肉質等級。霜降りの度合いを示す脂肪交雑のほか、肉の色沢、肉の締まりときめ、脂肪の色沢と質の４項目について評価されます。

\ 格付はこの2つで決まる！ /

A3

歩《ぶ》留《どまり》等《とう》級《きゅう》

歩留等級の区別は、下表の通りで、「Ａ」「Ｂ」「Ｃ」の３等級に決定されます。

等級	歩留基準値	歩留
A	72以上	部分肉歩留が標準よりよいもの
B	69以上 72未満	部分肉歩留の標準のもの
C	69未満	部分肉歩留が標準より劣るもの

枝肉から皮下脂肪や筋などを除いた、肉や脂肪の厚みから算出される数値で評価されます。とれる肉の割合が多いほど、高評価に。

肉《にく》質《しつ》等《とう》級《きゅう》

肉質等級は、脂肪交雑、肉の色沢、肉の締まりおよびきめ、脂肪の色沢と質の４項目がそれぞれ５段階で評価され、そのうち最も低い等級に決定されます。

肉質等級	3
脂肪交雑	4
肉の色沢	4
肉の締まりおよびきめ	3
脂肪の色沢と質	4

４、５等級がつくのは、ほとんどが和牛。乳用種のメスの多くは１、２等級で、加工用にされます。

肉質の判定基準

1 脂肪交雑の等級区分

B.M.S.（ビーフ・マーブリング・スタンダード／牛脂肪交雑基準）をもとに判定。

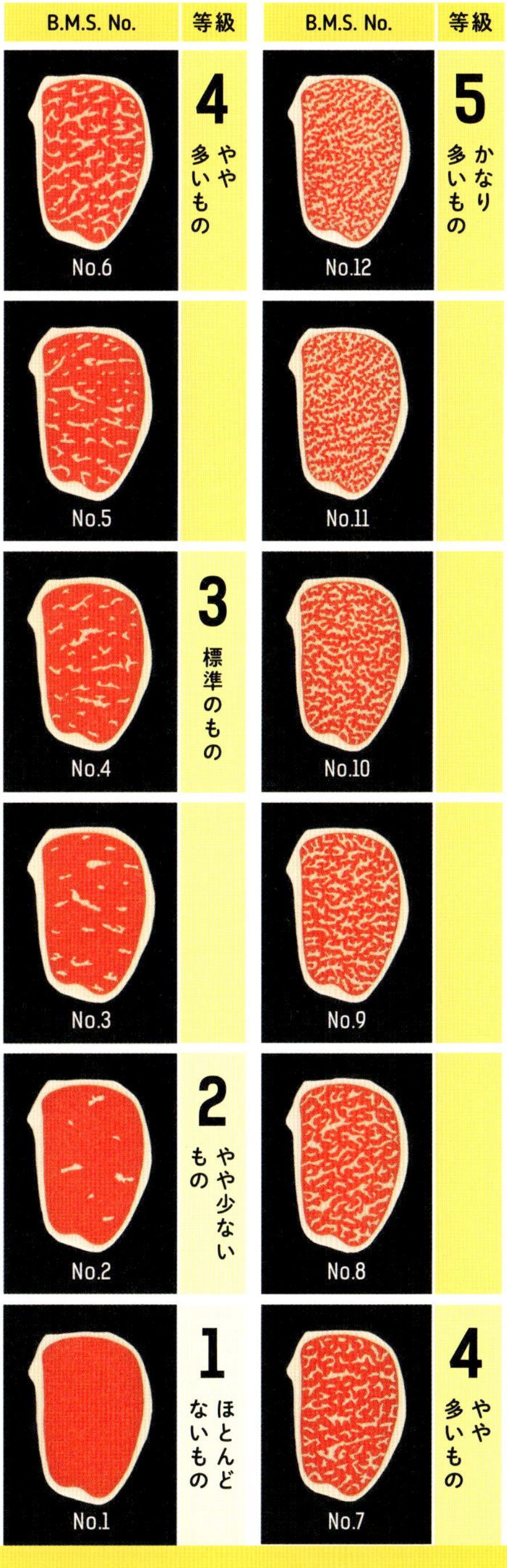
B.M.S. No.
等級
B.M.S. No.
等級
4
やや多いもの
No.6
5
かなり多いもの
No.12
No.5
No.11
3
標準のもの
No.4
No.10
No.3
No.9
2
やや少ないもの
No.2
No.8
1
ほとんどないもの
No.1
4
やや多いもの
No.7

2 肉色および光沢の等級区分

B.C.S.（ビーフ・カラー・スタンダード／牛肉色基準）をもとに判定。

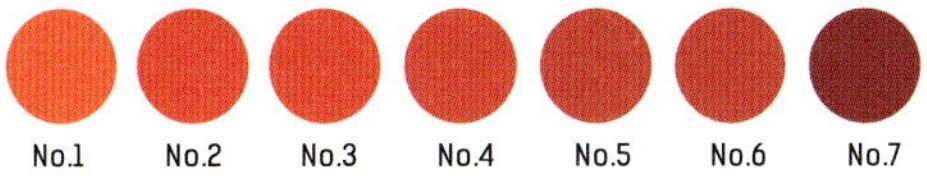
No.1
No.2
No.3
No.4
No.5
No.6
No.7

等級		肉の色（B.C.S.No.）	光沢
5	かなりよいもの	No.3～5	かなりよいもの
4	ややよいもの	No.2～6	ややよいもの
3	標準のもの	No.1～6	標準のもの
2	標準に準ずるもの	No.1～7	標準に準ずるもの
1	劣るもの	等級５～２以外のもの	

3 肉の締まりおよびきめの等級区分

ほかの項目のような見本となる基準は特になく、個々の状態を格付員が見て判定。

等級	締まり	きめ
5	かなりよいもの	かなり細かいもの
4	ややよいもの	やや細かいもの
3	標準のもの	標準のもの
2	標準に準ずるもの	標準に準ずるもの
1	劣るもの	粗いもの

4 脂肪の色沢と質の等級区分

B.F.S.（ビーフ・ファット・スタンダード／牛脂肪色基準）をもとに判定。

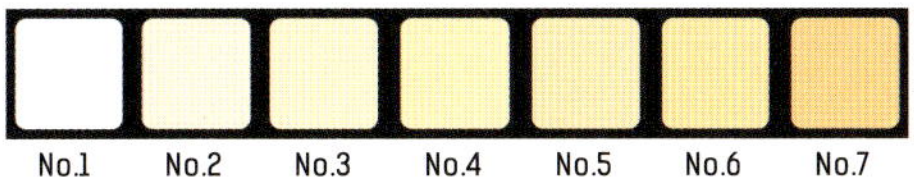
No.1
No.2
No.3
No.4
No.5
No.6
No.7

等級		脂肪色（B.F.S.No.）	光沢と質
5	かなりよいもの	No.1～4	かなりよいもの
4	ややよいもの	No.1～5	ややよいもの
3	標準のもの	No.1～6	標準のもの
2	標準に準ずるもの	No.1～7	標準に準ずるもの
1	劣るもの	等級５～２以外のもの	

出典：公益社団法人　日本食肉格付協会

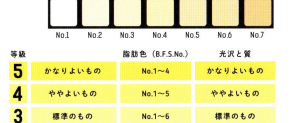

牛肉の部位を知る

例えばステーキで、味わいたいのが〝十分な歯ごたえ〟なのか、〝とろけるやわらかさ〟なのかでは、部位選びはまったく変わります。副生物を含め、それぞれの特徴を知り、最適な部位を選んでみましょう。

この肉って、どこの部位？
どんな食感？ どんな味？

イチボ

ランプ

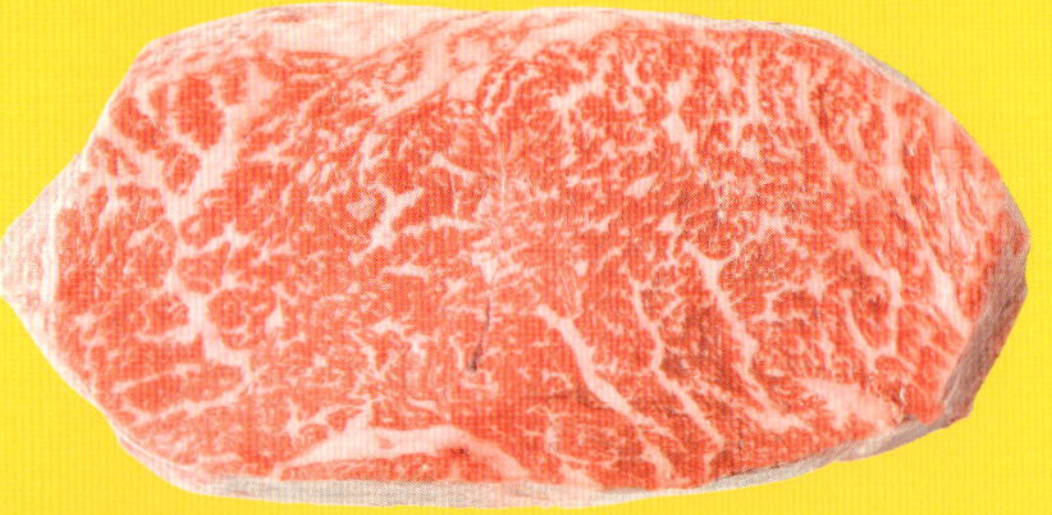

ともさんかく

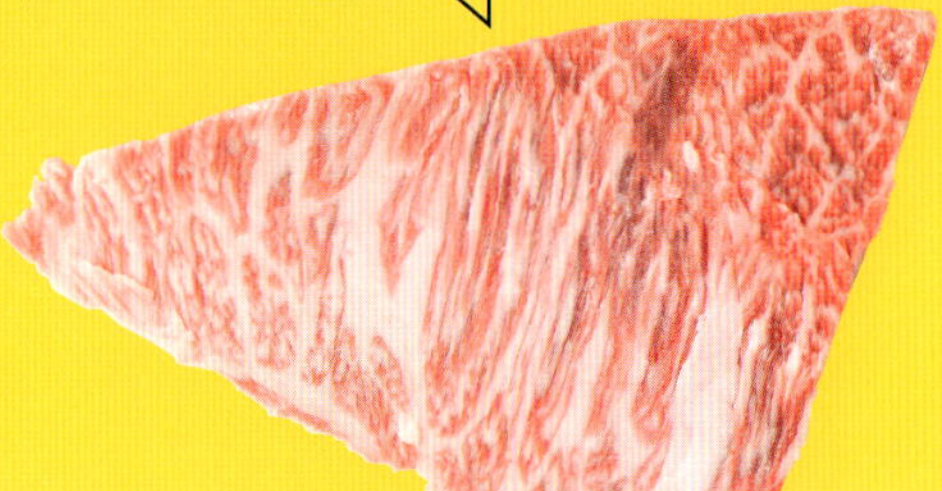

かいのみ

牛肉の部位図鑑（精肉）

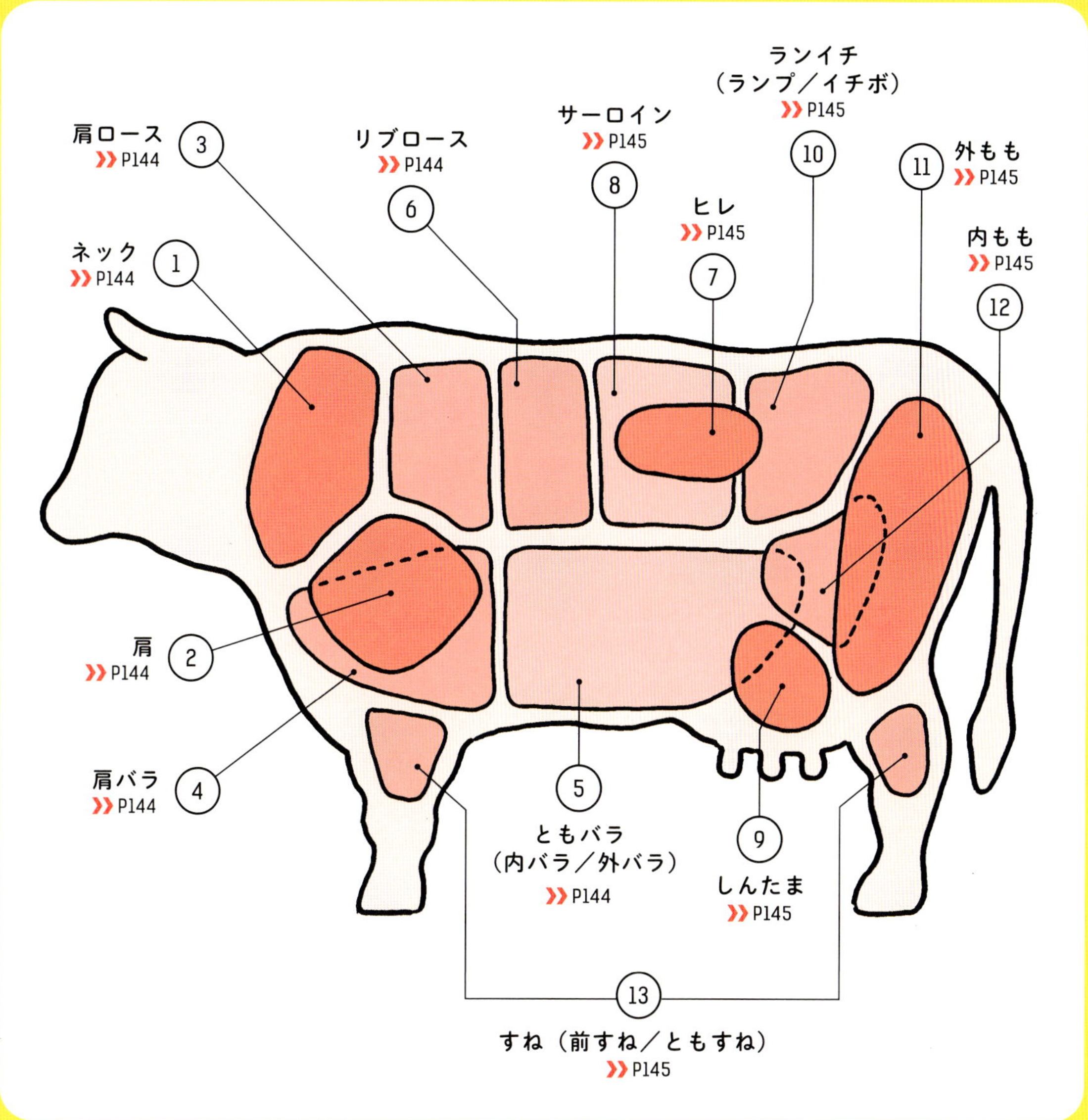

焼き肉やステーキの店でよく見かける牛肉の部位を知る

牛肉の部位といえば、ロース、もも、サーロイン、ヒレなどが一般的ですが、最近はミスジ、ランプといった新顔も登場しています。牛肉の部位はとても細かく分けられ、それぞれに特徴があります。というのも、牛の体重はおよそ700kgで、精肉にする前の枝肉にしても400kg以上。とても大きな家畜なので、鶏などと比べて部位の種類がかなり多いのです。

さらに、牛肉はひとつの部位が大きいということもポイント。例えば肩ロースは、首に近い部分はかためなので、スライスしてしゃぶしゃぶにするのが向いていて、背中に近づくにつれてやわらかくなり、焼き肉やステーキ向きになります。同じ部位でも、適した料理が変わるということを覚えておきましょう。

① ネック

かためなので調理法はあまり多くない

首まわりのよく運動する部分で、脂肪は少ない。筋が多くてきめが粗く、かため。味わいは深くて濃厚。頸椎の前方にある頸長筋の部分は、スライスして焼き肉用にされる。ネック本体は、ブロックまたはスライスを煮込み用にするほか、ひき肉にも使われる。

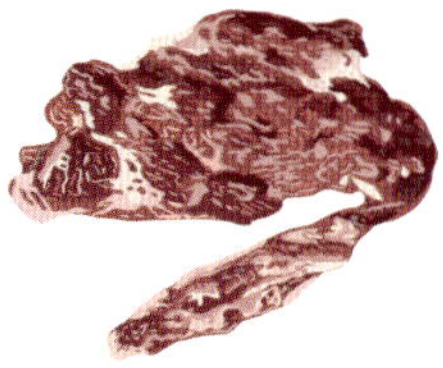

適した料理

BBQ・焼き肉　煮込み　すき焼き

② 肩

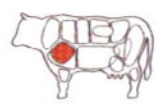

みすじなどが含まれている部位

色も味も濃い赤身。筋や筋膜が多いかための部分と、やわらかい部分が混在。かための部分は煮込むのがよい。焼き肉のメニューで見かける「うわみすじ」や「みすじ」は肩に含まれ、肉質がやわらかい。ステーキやしゃぶしゃぶにも◎。味わいのある「とうがらし」も肩の一部。

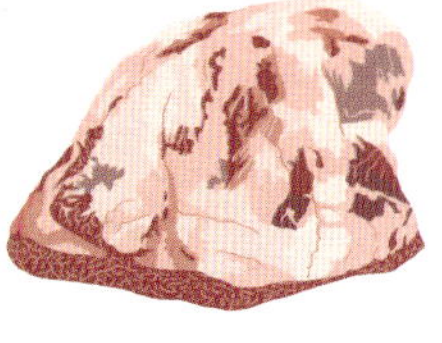

適した料理

BBQ・焼き肉　ステーキ　煮込み　すき焼き　しゃぶしゃぶ

③ 肩ロース

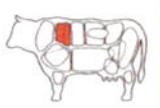

リブロースに近いほうがやわらかい

適度に脂肪があって霜降りになりやすく、やわらかで風味がある。ネック側はやや筋があってかためなので、煮込み用や、薄切りにしてすき焼きやしゃぶしゃぶ用にされることが多い。ネック側からは遠い中間部分やリブロースに近いほうは、ステーキや焼き肉用としても使われる。

適した料理

BBQ・焼き肉　ステーキ　煮込み　すき焼き　しゃぶしゃぶ

④ 肩バラ

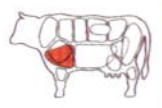

位置によりさまざまな肉質を味わえる

あばら骨のまわりのうち、肩に近い肉。なかでも「さんかくばら」は霜降りになりやすくて風味がいい。そのほか細かく分けていくと、脂肪が多めでかたいのでしゃぶしゃぶや煮込みに向いている部分や、赤身でやわらかいので焼き肉用にぴったりの部分などがある。

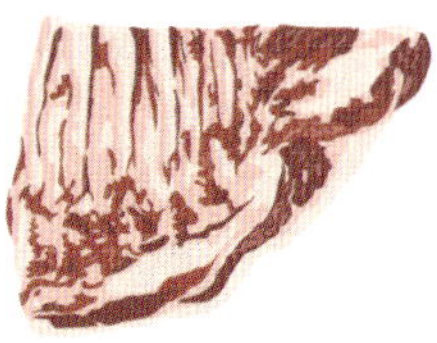

適した料理

BBQ・焼き肉　煮込み　すき焼き　しゃぶしゃぶ

⑤ ともバラ（内バラ／外バラ）

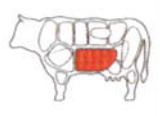

内バラと外バラともに濃厚な味わい

脂肪と赤身の層による濃厚な味わいがある部位で、きめは粗い。中央から上下に2つに切り分けたとき、その上側が内バラで、赤身が多いながらも脂がのっている「かいのみ」が含まれる。下側が外バラで、赤身と脂肪のバランスがいい「フランク」がある。

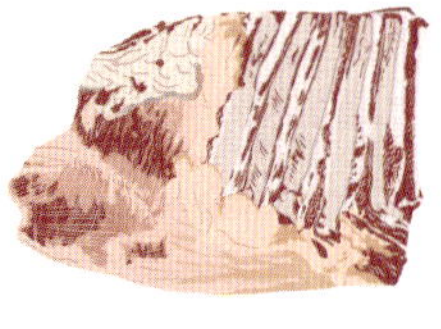

適した料理

BBQ・焼き肉　煮込み　すき焼き

⑥ リブロース

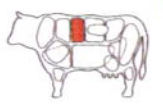

肉本来の味を堪能できる良質な部位

最も霜降りになりやすい。きめ細かくやわらかで、濃厚で豊かな味わい。そのままスライスして大判のすき焼きやしゃぶしゃぶ用にされるほか、外側の「リブロースかぶり」をBBQや焼き肉用に、残りのリブロース本体はステーキ用にされることが多い。ローストビーフにも向く。

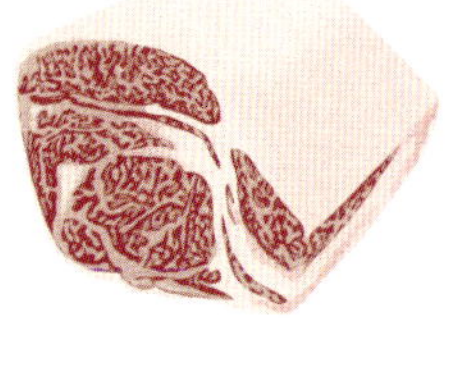

適した料理

BBQ・焼き肉　ステーキ　ローストビーフ　すき焼き　しゃぶしゃぶ

⑧ サーロイン

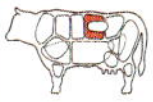

良質で、形の揃ったステーキなどに

霜降りになっていて、脂肪が適度についている。香りや風味がよく、きめが細かくてやわらかい高級部位。そのうえ形もよく、塊を切り身にすると大きさが揃うため、ステーキ用にされるのが一般的。また、薄切りにしてすき焼きやしゃぶしゃぶ用にも使われる。

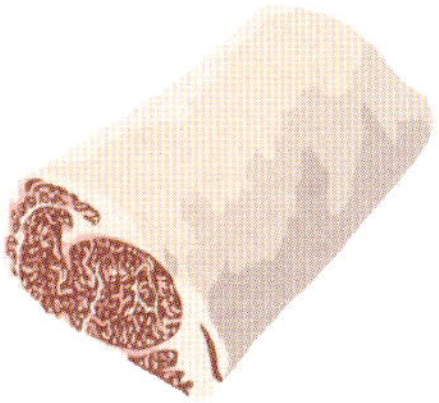

適した料理

BBQ・焼き肉　ステーキ　ローストビーフ　すき焼き　しゃぶしゃぶ

⑦ ヒレ

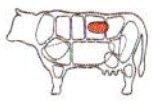

シャトーブリアンを含む貴重な部位

背骨の内側に位置する、脂肪が少ない赤身肉。きめが細かくてやわらかい。淡白な味わいで、風味がいい。ヒレ肉は「フィレミニヨン」「シャトーブリアン」「バット」に分けられ、すべてステーキ用にするのが最適。中心の「シャトーブリアン」は特に商品価値が高い。

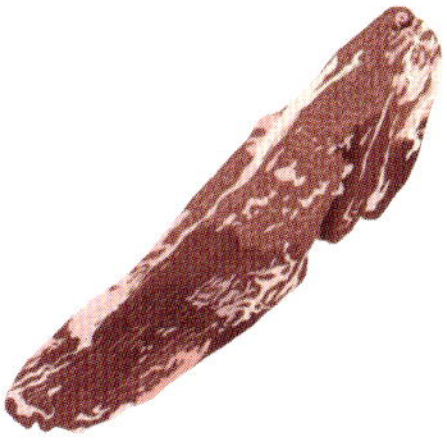

適した料理

BBQ・焼き肉　ステーキ　ローストビーフ

⑩ ランイチ（ランプ／イチボ）

やわらかく、特にステーキに最適

サーロインの後ろ側の「ランプ」と、外ももの上側の「イチボ」からなる部位。「ランプ」は、適度な脂肪があるやわらかな赤身肉で、ほとんどの調理法でおいしく食べられる。「イチボ」は、色が濃くて味がある。これらを2つを合わせて「ランイチ」と表示するのが一般的。

適した料理

BBQ・焼き肉　ステーキ　ローストビーフ　すき焼き　しゃぶしゃぶ

⑨ しんたま

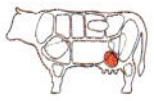

球状で、4つに分けられるのが特徴

もも部分の肉で、球状をしている。細分化すると、色が濃くてやわらかい「まるかわ」、筋があるもののきめが細かくてやわらかく風味のある「しんしん」、色が濃くてかための「かめのこ」、見た目は霜降りだがそれほどやわらかくはない「ともさんかく」がある。

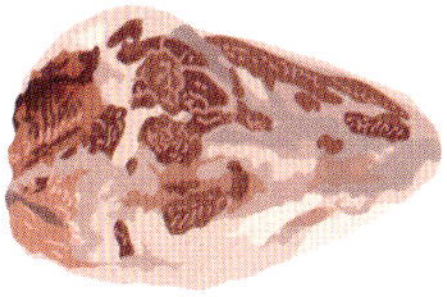

適した料理

BBQ・焼き肉　ステーキ　ローストビーフ　すき焼き　しゃぶしゃぶ

⑬ すね（前すね／ともすね）

適した料理

BBQ・焼き肉

煮込み

煮込み以外にも使われる

筋がとても多く、濃厚な味わいの赤身。前肢が前すねで、後肢がともすね。どちらも塊が煮込み用にされるほか、ひき肉にもされる。前すね内には、焼き肉に適した「こまくら」がある。

⑫ 内もも

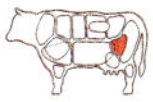

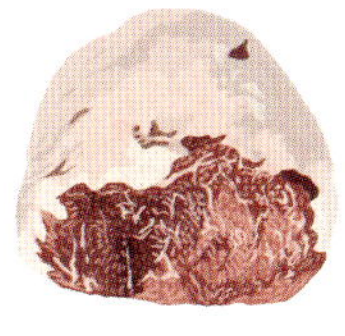

適した料理

ステーキ

BBQ・焼き肉
ローストビーフ
煮込み
しゃぶしゃぶ

場所によって肉質が違う

大きな塊肉。表面に脂肪がついている一方、内側はほとんど赤身。スライスして、しゃぶしゃぶ用などにする。外もも側は霜降りになりやすいものの、きめが粗くかため。逆に、しんたま側はやわらかい。

⑪ 外もも

適した料理

すき焼き

BBQ・焼き肉
ローストビーフ
煮込み
しゃぶしゃぶ

きめが粗くてかたい赤身

よく運動する部分で、赤身が多い。きめが粗く、かため。淡色で弾力のある「しきんぼ」、大きな塊の「なかにく」、そして、筋の多い「せんぼんすじ」と比較的やわらかい「はばき」に分けられる。

牛肉の部位図鑑（副生物）

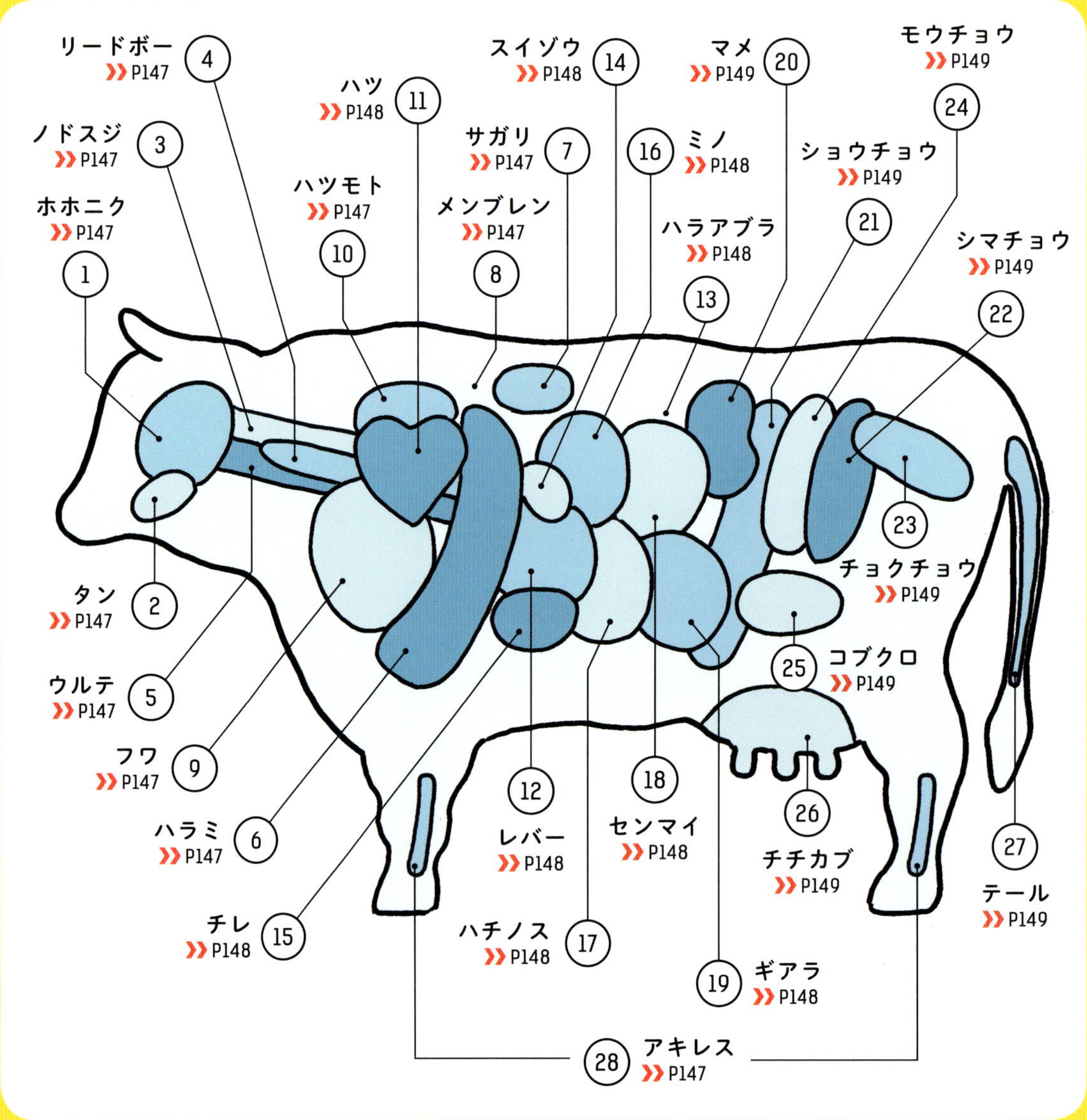

牛の副生物にこそ、思った以上のおいしさがある

副生物とは、家畜から枝肉を生産する際に出る、レバーやハツなどの内臓類、舌、テールといったさまざまな部位の総称です。牛の副生物は実にバラエティーに富んでおり、精肉とは違ったそれぞれの味と食感を生かした料理を楽しむことができます。日本では昔からホルモンやモツといった内臓類が親しまれ、フランス料理などでは頬の肉や胸腺が好まれています。

味わいと食感が魅力とされる副生物は栄養学的にも優れており、例えばレバーにはビタミンAと鉄が、テールにはコラーゲンが豊富です。

副生物を家庭で食べる際は、信頼できる店で選び、購入後はすぐに、しっかり加熱して食べるように注意しましょう。

① ホホニク

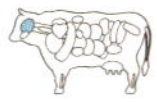

最もおいしい頭部の肉

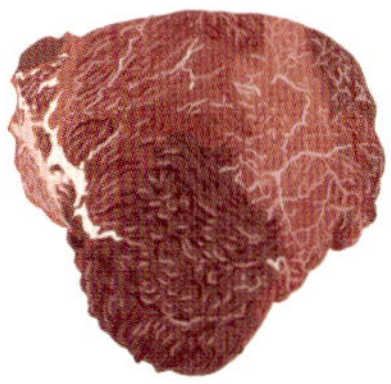

頬の肉。頭部の肉のなかでは、BSEの影響がなく、人気がある。コラーゲンや脂肪が多く、旨みがある。「ツラミ」とも呼ばれる。ポトフなどの煮込み料理向き。

② タン

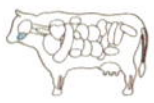

皮をむいてから調理を

舌の肉。食べられない皮をむいた状態で市販されているものも多い。脂肪が多くかたい。ブロックのまま煮込むと、やわらかくなる。薄切りにすれば、焼き肉にも。

③ ノドスジ

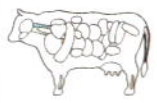

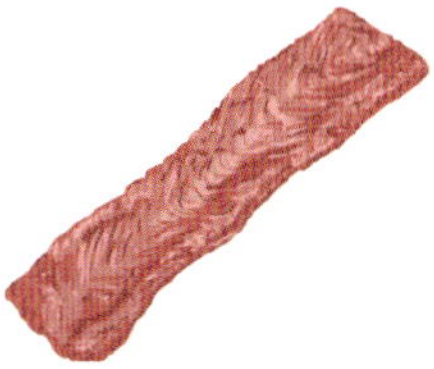

味わいが赤身肉に近い

食道のこと。「ショクドウ」とも呼ばれる。脂肪がほとんどない筋。かたいので煮込みに。また焼き肉などにも。

④ リードボー

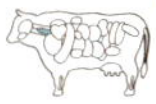

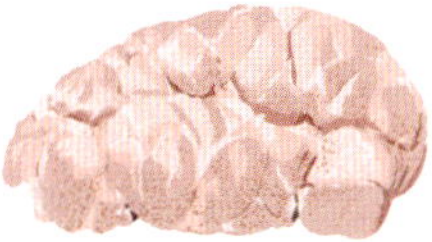

子牛からしかとれない

子牛の胸腺のこと。「ノドシビレ」とも呼ばれる。クセがなく、やわらかい。成長した牛の胸腺は退化していく。

⑤ ウルテ

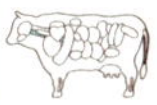

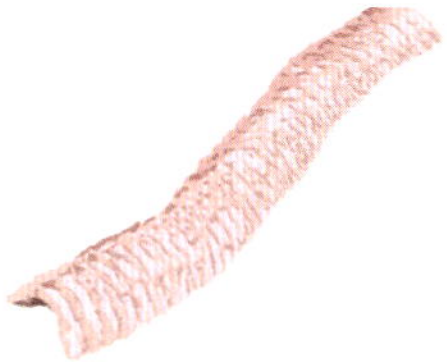

コリコリした気管の軟骨

気管のこと。「フエガラミ」とも呼ばれる。ほとんどが軟骨。あまり広くは出回っていない希少な部位。

⑥ ハラミ

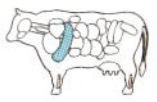

人気の副生物のひとつ

横隔膜のなかでも、あばら骨と腕骨部分の筋肉のあたりを指す。適度に脂肪があり、肉厚でやわらかく、ジューシーな味わいで人気がある。焼き肉や煮込みにするのが最適。

⑦ サガリ

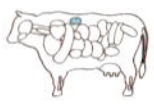

ハラミと区別した部位

横隔膜のなかの、腰椎部分の筋肉のこと。適度に脂肪があり、やわらかい。ハラミとサガリを合わせて、ハラミと呼ばれることもある。

⑧ メンブレン

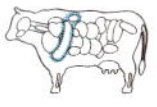

とろとろに煮込んで

横隔膜のなかの、筋肉以外の腱などの部分。かたいので、じっくり煮込んでとろとろにするのが一般的。

⑨ フワ

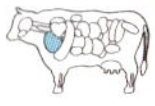

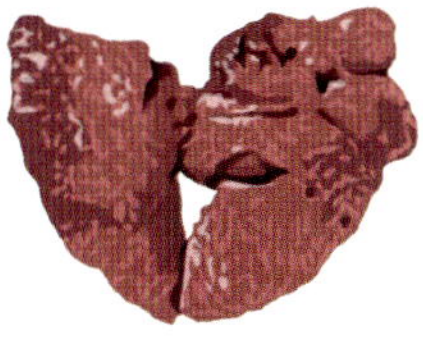

その名の通りの食感

肺のこと。「フク」とも呼ばれる。ふわふわな食感で、淡白な味わい。ソーセージの原料に使われることもある。

⑩ ハツモト

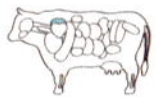

コリコリ食感の大動脈

心臓の先端にある、大動脈が弓状に曲がっている部分。下行大動脈のこと。細切りにして、煮込みや焼き肉に。

⑪ ハツ

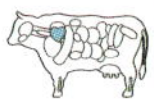

コリコリで あっさり味

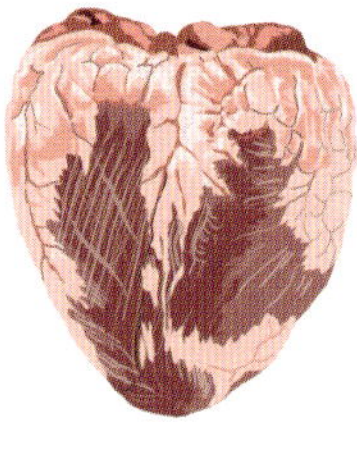

心臓のこと。筋繊維が細かくて、コリコリとした食感。臭みが少なく淡白な味わい。「ハート」とも呼ばれる。食べやすいので、焼き肉や煮込みをはじめいろいろな料理で楽しまれている。

⑫ レバー

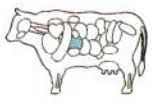

しっかり味つけすると◎

肝臓。重さが5〜6kgある大きな内臓。臭みが強いので、しっかり血抜きをするとよい。また、香味野菜や調味料で下味をつけると食べやすい。炒め物、揚げ物、パテなどに。

⑬ ハラアブラ

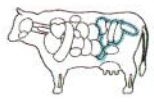

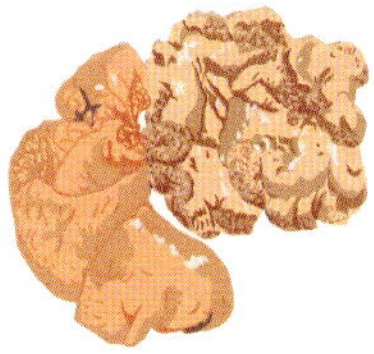

料理にコクをプラス

腎臓や胃腸のまわりの脂のこと。刻んで料理に加えると、コクが出る。腎臓の周囲の厚い脂は「ケンネ脂」と呼ばれる。

⑭ スイゾウ

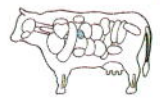

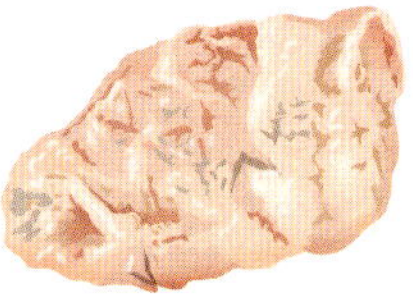

フォアグラ似の希少部位

膵臓。しつこくない濃厚な味わい。「牛のフォアグラ」といわれる希少部位で、ほとんど流通していない。

⑮ チレ

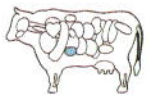

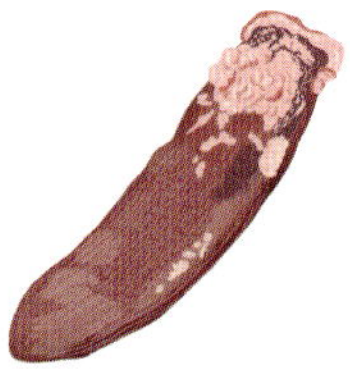

レバーに似た希少部位

脾臓のこと。「タチギモ」とも呼ばれる。希少部位。レバーよりやわらかく、きめが細かい。やや苦みがある。

⑯ ミノ

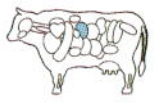

皮をむいて調理を

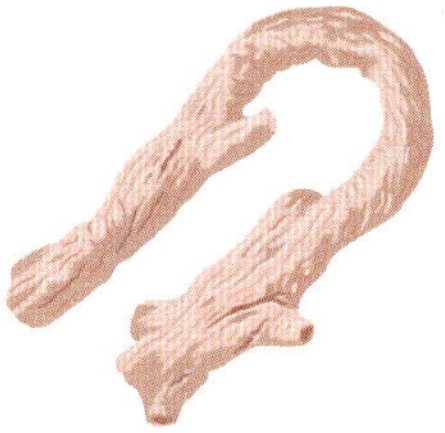

第１胃。繊毛が密生しているので、その皮をむいてから使う。あっさりとした味わい。４つの胃のなかで最も大きく、肉厚でかたい。特に厚い部分は、「上ミノ」と呼ばれている。

⑰ ハチノス

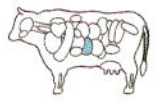

その名の通りの見た目

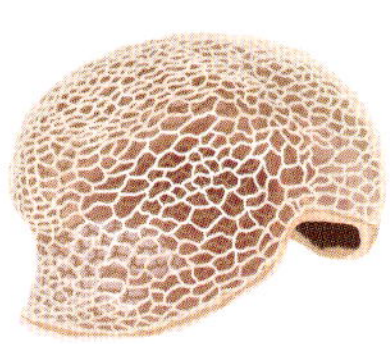

第２胃。内側が蜂の巣のようなひだ状になっていて、「蜂《はち》巣《のす》胃《い》」とも呼ばれる。コラーゲンが豊富。さっぱりとした味わいで、弾力がある。炒め物、和え物、煮込みに。

⑱ センマイ

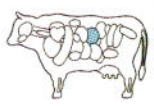

ひだの間をよく洗って

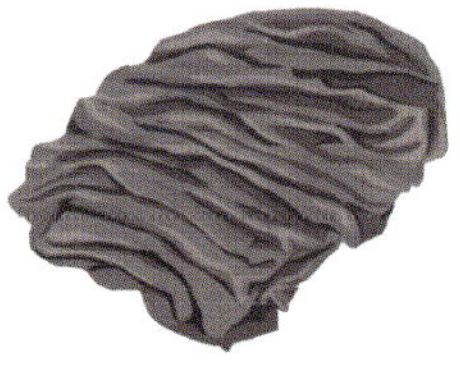

第３胃。ひだが1000枚あるような形状が、名前の由来。歯触りが特有で、脂肪が少ない。煮込みや和え物に向いている。下処理でゆでたり水にさらしたりして、よりおいしく。

⑲ ギアラ

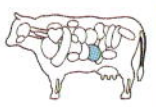

他の胃よりもなめらか

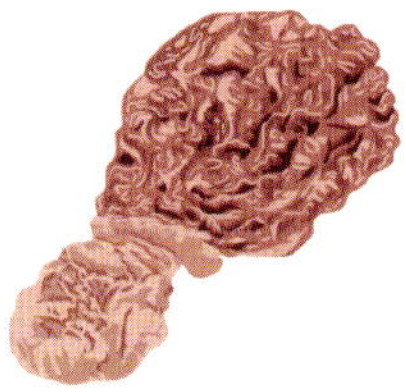

第４胃。他の胃と比べて表面がなめらかで、薄くてやわらかい。脂肪が多く、味わいは濃厚。煮込み料理や焼き肉として食べられることが多い。「アカセンマイ」とも呼ばれる。

20 マメ

クセがあるのが特徴的

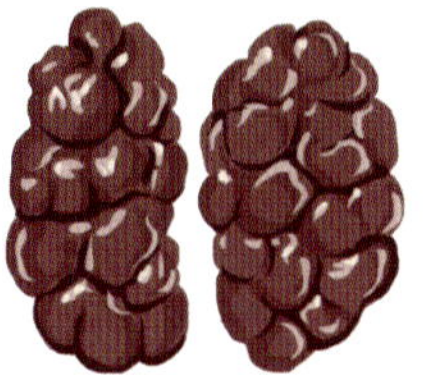

腎臓のこと。ぶどうの房のような見た目をしている。脂肪が少ない。においにクセがあるが、子牛のものは比較的クセが弱め。焼き肉としてよく食べられる。シコシコとした歯ごたえが特徴。

21 ショウチョウ

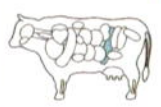

厚い脂肪で食べごたえ◎

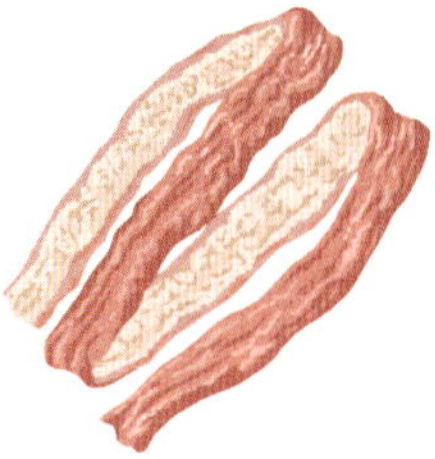

小腸。「ヒモ」とも呼ばれる。他の臓器よりもかたく、脂肪が厚くついている。プルプルとした食感。シマチョウとともに、「シロモツ」として市販されていることもある。

22 シマチョウ

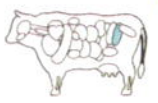

脂肪が少なく食べやすい

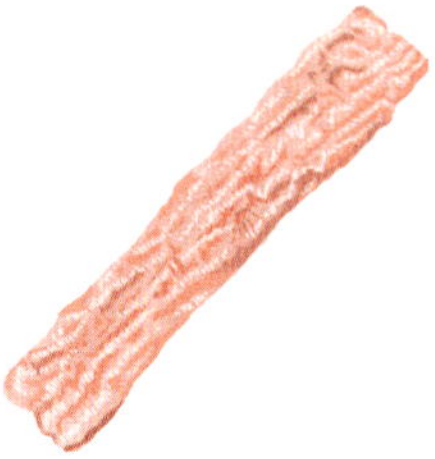

大腸のこと。表面のしま模様が名前の由来。「ダイチョウ」とも呼ばれる。小腸よりも厚くてかたいのでかみごたえがあり、少ない脂肪に甘みがある。煮込みや焼き肉に。

23 チョクチョウ

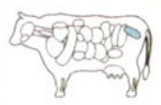

コリコリ食感で旨みも

直腸。腸の末端部分のこと。開いたときの形状から「テッポウ」とも呼ばれる。旨みが強く、コリコリとした食感。煮込み料理に最適で、ソーセージの表面の膜としても使われる。

24 モウチョウ

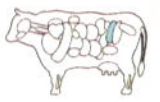

ほどよい脂肪が美味

盲腸。脂肪がほどよくついていて、かため。煮込みにするほか、子牛のものはソーセージの膜にも使われる。

25 コブクロ

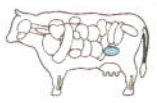

コリッとした歯ごたえ

子宮の筋層の部分。胃や腸と合わせて「シロモツ」と表示されることもある。モツ鍋やモツ焼きに。

26 チチカブ

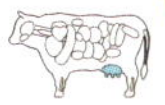

牛には4つある乳房

乳房のこと。牛の場合、1頭あたりの数は4。きれいに洗浄されて流通している。煮込みにするのに向く。

27 テール

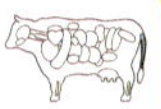

関節単位で切って調理を

尾。コラーゲンが多く、長時間加熱するとゼラチン化するので、テールスープなど煮込み料理に◎。関節が連なっているので、それぞれで切り分けてから調理する。

28 アキレス

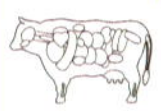

じっくり煮込んでスープなどに

後肢にあるアキレス腱。長時間加熱するとゼラチン状になる。煮込み料理に使うとコクのあるスープができる。

豚肉の基本

家庭で外食で、豚肉は最もポピュラーな肉。銘柄豚や輸入豚肉について知れば、味の違いをもっと楽しむことができるでしょう。

豚肉の分類

「国産豚」と「輸入豚」に大きく分けられる

日本で食べられている豚肉は、半分弱が国産で、残りが外国産の輸入物です。国産豚は全国で九百万頭強も飼育されており、最も多く生産しているのは鹿児島県です。一方で輸入豚肉は、アメリカ、EU、カナダ、メキシコなどから輸入されています。

豚はいろいろな品種を掛け合わせて飼育しますが、最近多いのが3つの品種を交配した三元豚（≫P157）。さらに四元豚もあります。味がよいとされる黒豚は、純粋品種です。

国内ではどのくらい飼育されている？

900万頭以上

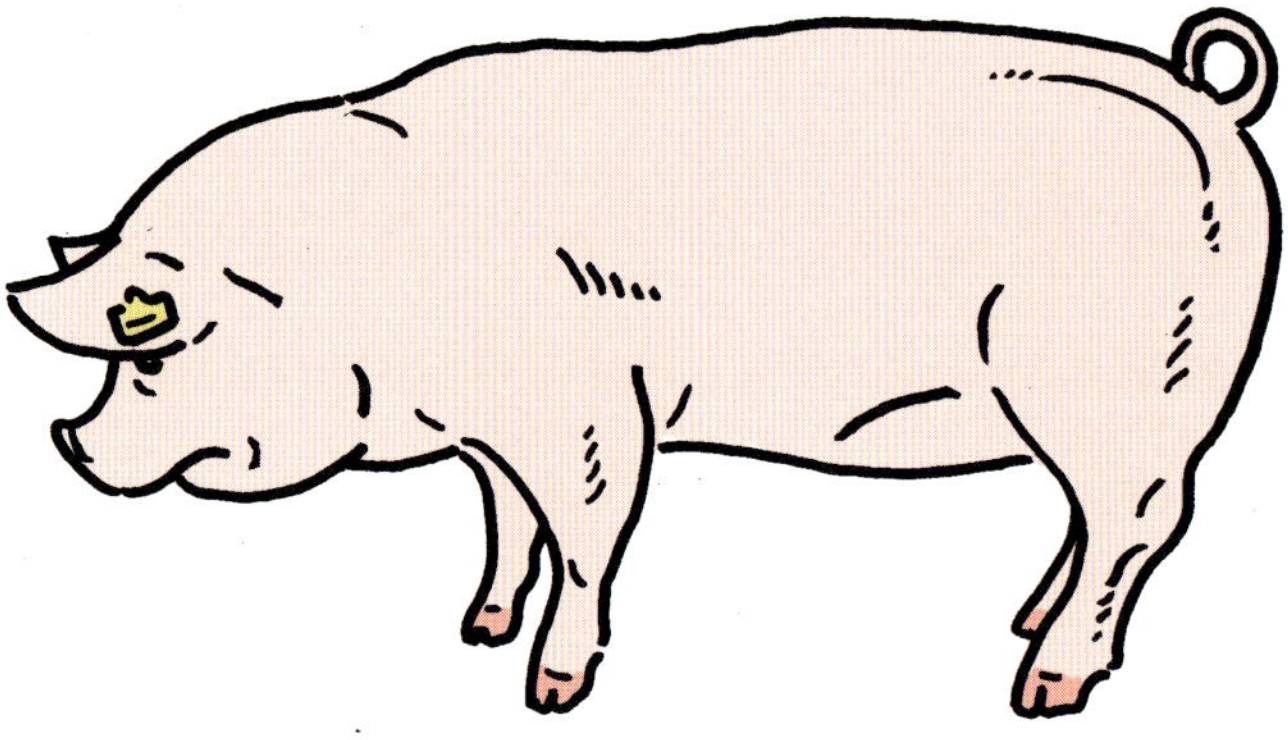

都道府県別 豚の飼養頭数ベスト5

	都道府県	頭数	戸数（参考）
1	鹿児島県	1,272,000	535
2	宮崎県	822,200	449
3	北海道	625,700	210
4	千葉県	614,400	288
5	群馬県	612,300	221
	全国合計	9,189,000	4,470

平成30年2月1日現在　農林水産省「畜産統計」より

MEMO

豚肉の加工品

豚は世界各国で古くから飼育され、肉を料理して食べるほか、ハムやソーセージなどに加工されてきました。一頭を余すことなく有効利用しようと、副生物も含めて栄養や味わいを生かしながら保存がきくように製造される加工品には、伝統的な製品も多くあります。

国産豚と輸入豚の量はどうなっている？

豚肉の供給量は？

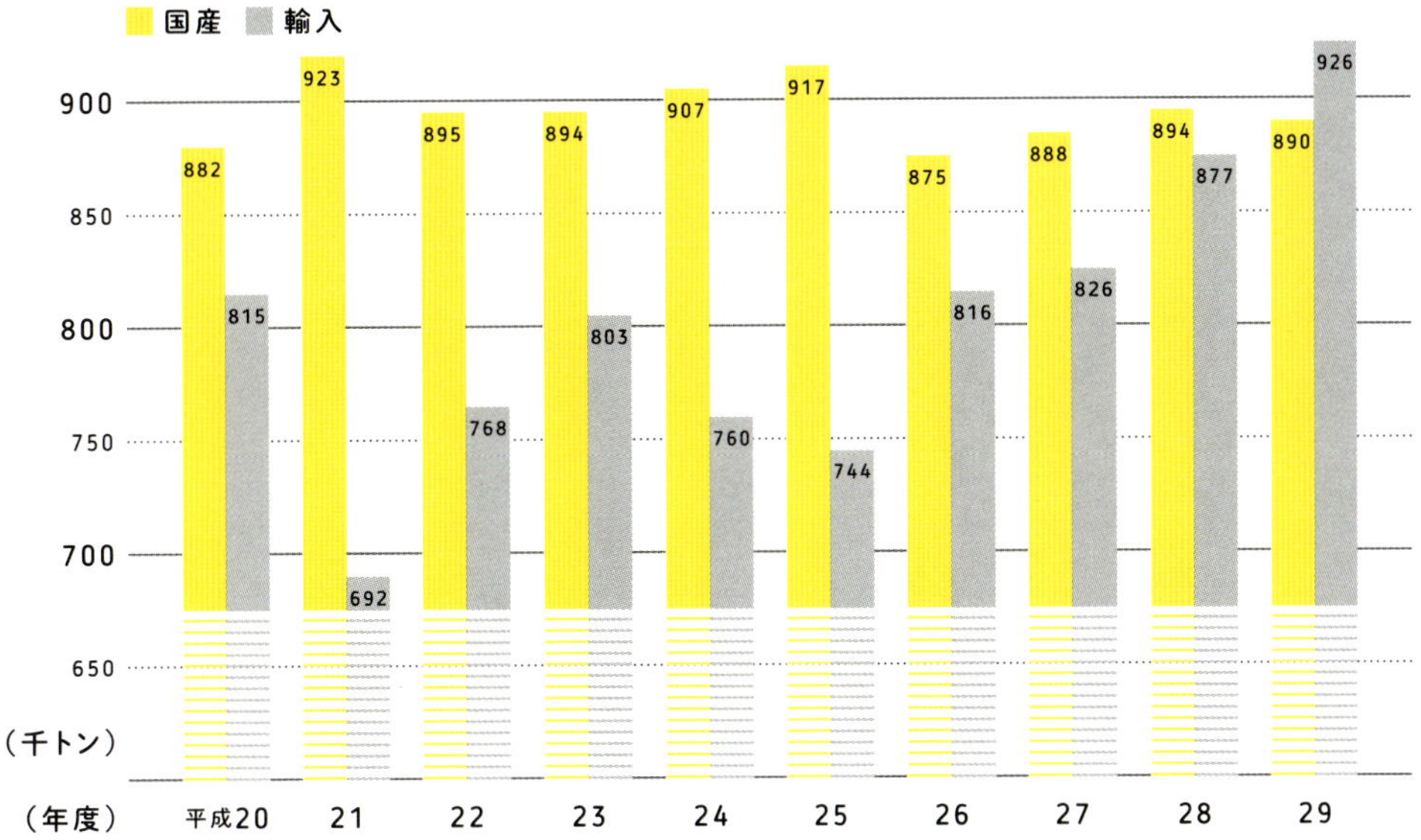
国産
輸入
900
850
800
750
700
650
（千トン）
（年度）
平成20
21
22
23
24
25
26
27
28
29
882
815
923
692
895
768
894
803
907
760
917
744
875
816
888
826
894
877
890
926

農林水産省「畜産物流通統計」、財務省「日本貿易統計」より／数値は四捨五入したもの

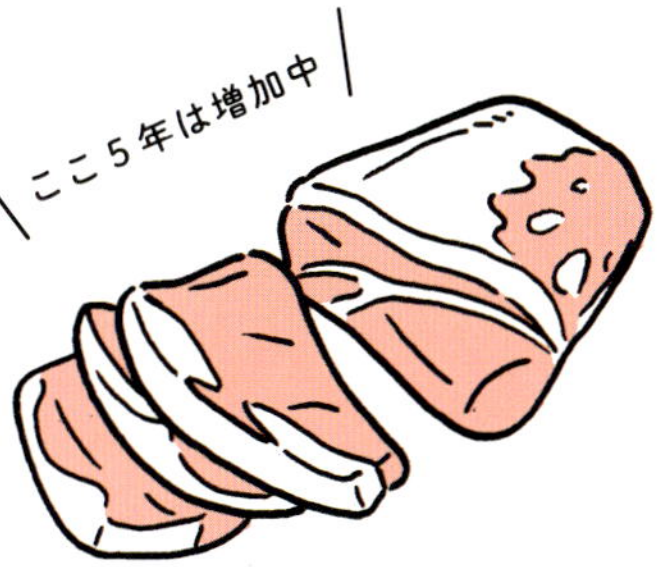
ここ5年は増加中

輸入豚

輸入豚肉の内訳は、冷蔵はアメリカ、カナダ産が多く、冷凍はデンマーク、スペイン、メキシコなどからも輸入されている。

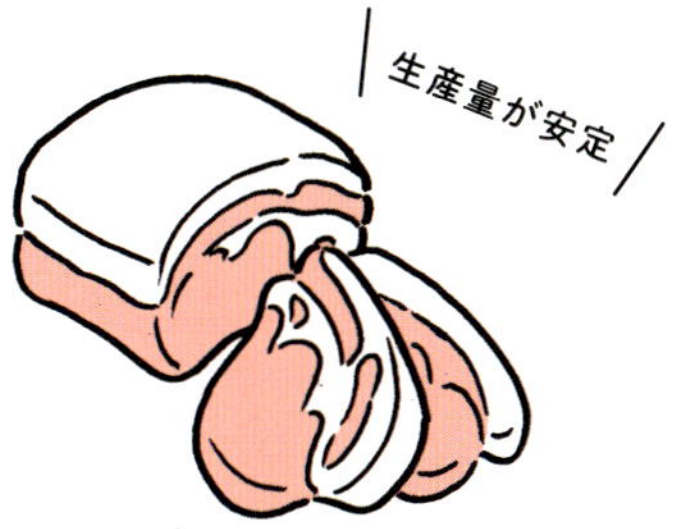
生産量が安定

国産豚

一般的なレギュラーポークにかわり、銘柄豚やSPF豚の精肉、これらが原料のハム、ソーセージ、ベーコンが注目されている。

国産量はほぼ横ばい。輸入量は近年右肩上がり

豚肉の輸入量は年々増えており、平成29年度の統計では国産豚肉を上回りました。相場や現地の需給量などさまざまな原因がありますが、牛肉と違ってごく一般的な国産品（レギュラーポーク）と輸入品の品質の差がわかりにくいこと、価格の差が牛肉ほど大きくないことなどもあげられています。さらに、輸入品のなかでも冷凍豚肉は、ハムやソーセージなどの原料にするため、これも需要の増加につながっています。

また、これから国産豚は黒豚などに代表される銘柄豚、特定の病原体をもたないSPF豚、さらにはそれらの加工品の品質競争になるとみられています。牛肉同様、産地、品種、飼育方法の特徴を細かく知れば、好みと料理に合った豚肉が選べるようになるでしょう。

豚肉の品種

肉用の種豚は
6品種が基本

豚は世界で300〜400種の品種があり、なかでも中国には60種もあります。日本の場合、おもな品種はランドレース種、大ヨークシャー種、ハンプシャー種、中ヨークシャー種、デュロック種、バークシャー種の6種。これらを掛け合わせて豚肉が生産されています。

品種を掛け合わせる理由は、肉質のよさ、子どもをたくさん産む、発育が早いなど、両親の優れた性質を受け継がせるためです。ただし、黒豚として知られるバークシャー種は、掛け合わせずに純粋種として飼育されます。

大ヨークシャー種

原産地 イギリス ヨークシャー州

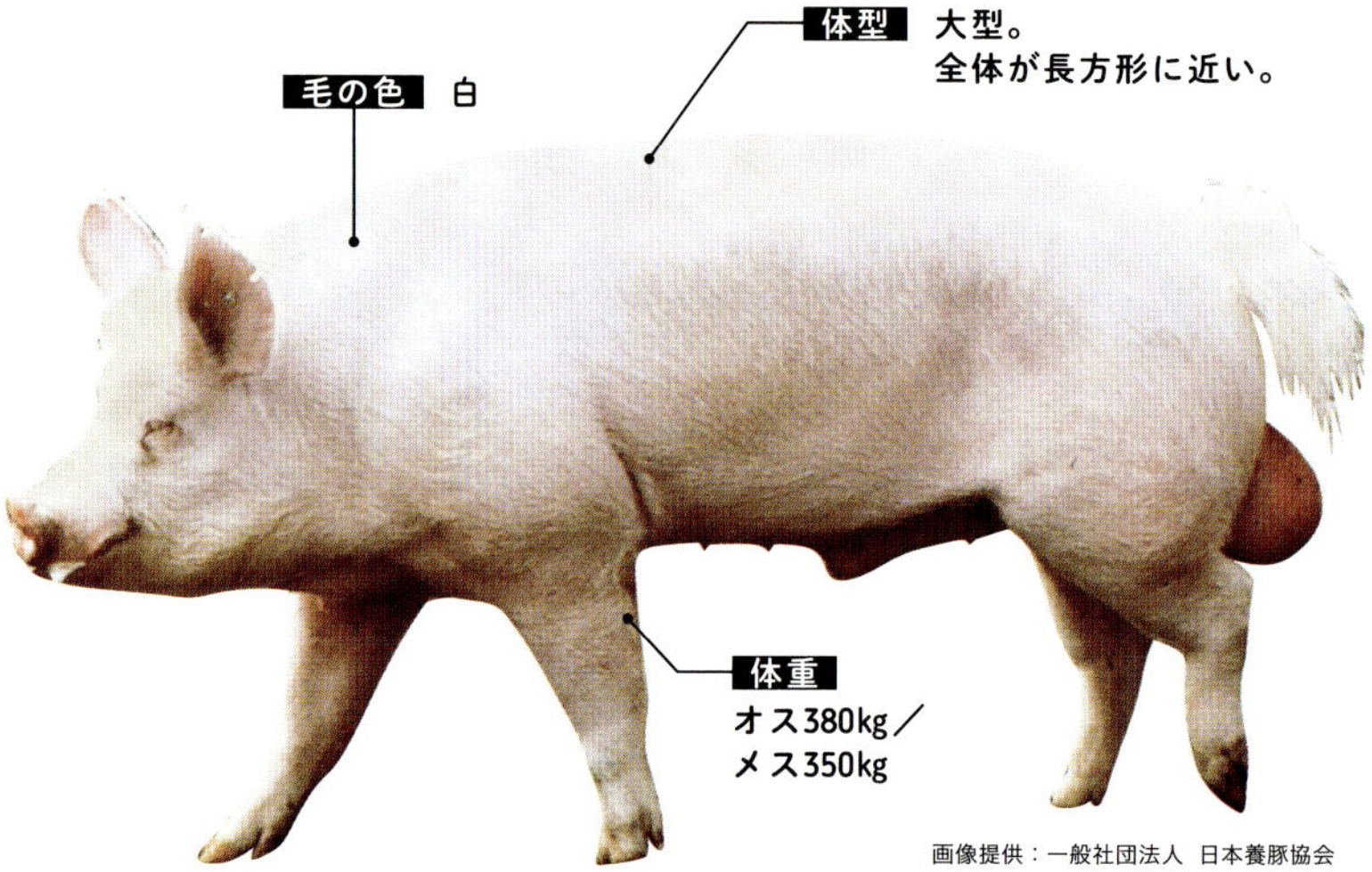
体型 大型。
全体が長方形に近い。
毛の色 白
体重
オス380kg／
メス350kg

画像提供：一般社団法人 日本養豚協会

イギリスのヨークシャーが原産地の、大型種。白色の毛並みをもち、ほぼ長方形の体形をしています。顔は長めで、わずかにしゃくれているのも特徴です。赤肉率が高いため、加工品の原料として高い評価を得ています。発育が早いことから、純粋種としてはランドレース種に次いで飼育数が多い品種です。

中ヨークシャー種

原産地 イギリス ヨークシャー州

大ヨークシャー種と同じ原産地の中型の豚。白色の毛並みで、顔がとてもしゃくれています。穏やかでおとなしい性格で肉がおいしいことから、戦前から昭和30年代までは、日本の豚の大多数を占めていました。肉の特徴はきめが細かくやわらかく、脂肪がおいしいことです。現在は大型種が主流になり、飼育数は激減しました。

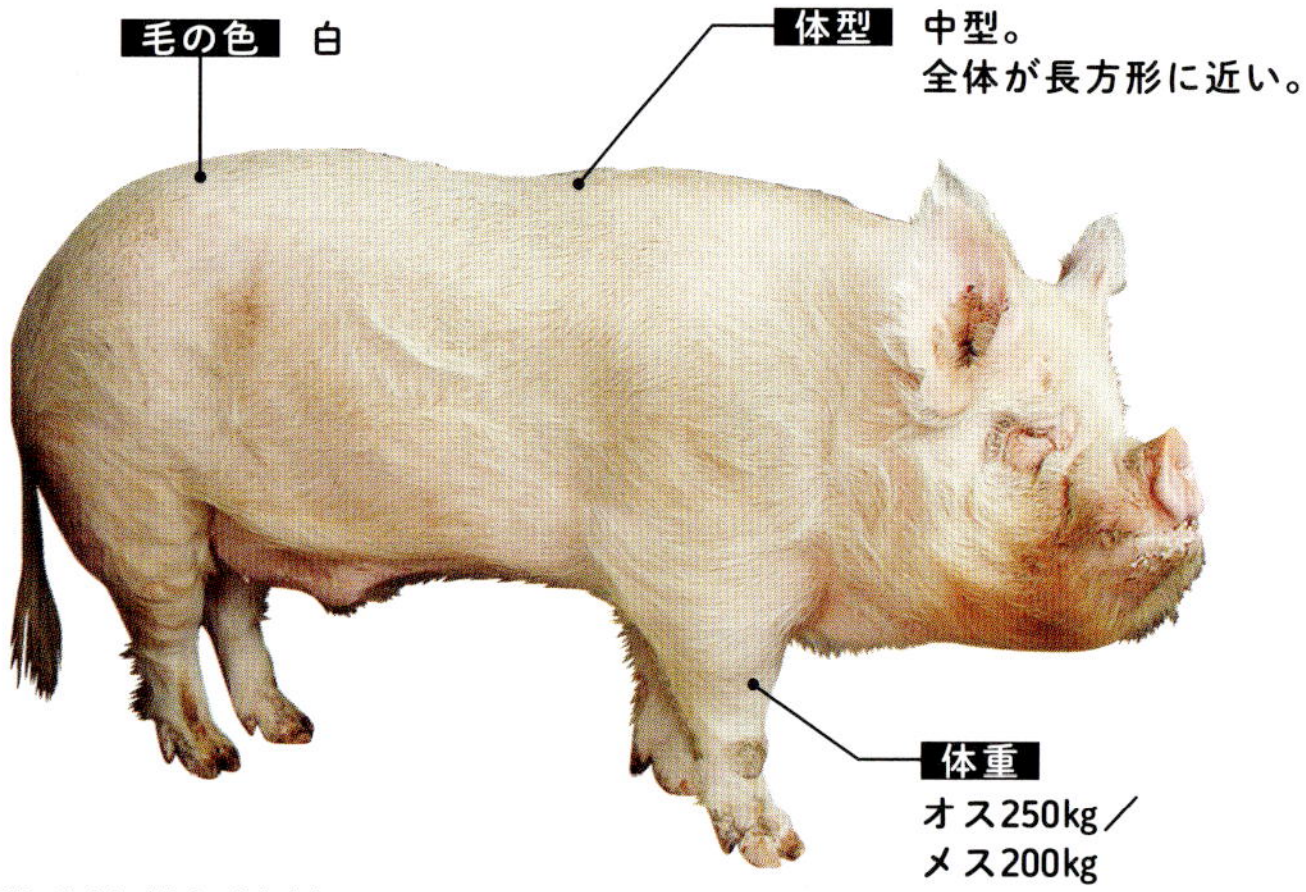
毛の色 白
体型 中型。
全体が長方形に近い。
体重
オス250kg／
メス200kg

画像提供：独立行政法人 家畜改良センター

バークシャー種

原産地　イギリス　バークシャー州

毛の色　全体は黒。
鼻、四肢、尾が白。
体型
中型。
全体が長方形に近い。
体重
オス250kg／
メス200kg

画像提供：一般社団法人　日本養豚協会

イギリスのバークシャーの在来種に、中国種などを交配して作られた中型種。全体に黒い毛並みですが、鼻の端、四肢の先、尾の先だけ白毛なのが特徴。肉質は、やや暗赤色できめが細かく、やわらか。アミノ酸が豊富で旨みが強いといわれます。日本で「黒豚」と表示できるのは、バークシャーの純粋種のみです。

ランドレース種

原産地　デンマーク

デンマークの在来種と、大ヨークシャー種を交配した大型種です。毛並みは白色で耳は垂れていて、体長が長く充実しています。肉質としては、背の脂肪が薄く、赤肉率が高いのが特徴。発育が極めて早いうえに、繁殖能力に優れていることから、日本で数多く飼育されています。日本に多いのは、アメリカンランドレース種です。

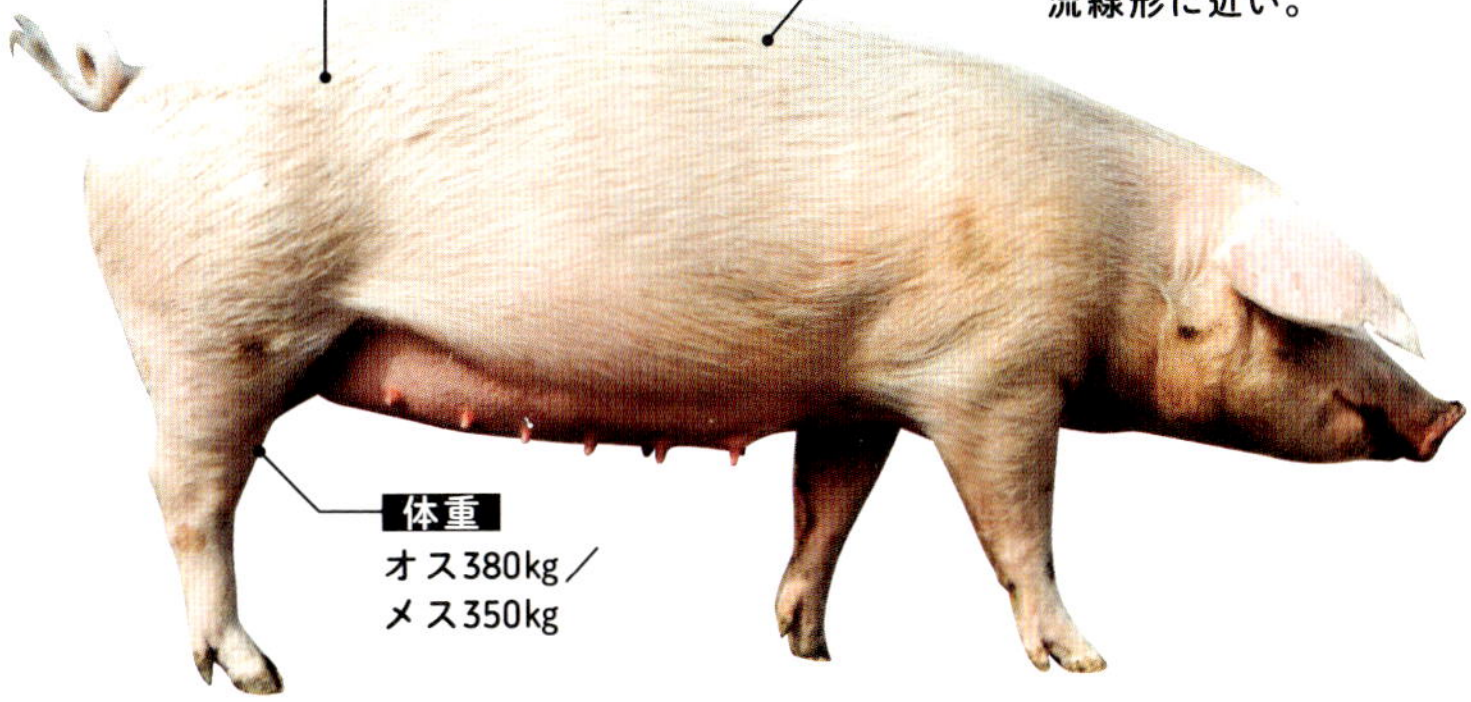
毛の色　白
体型　大型。胴長で全体が
流線形に近い。
体重
オス380kg／
メス350kg

画像提供：独立行政法人　家畜改良センター

ハンプシャー種

原産地　アメリカ

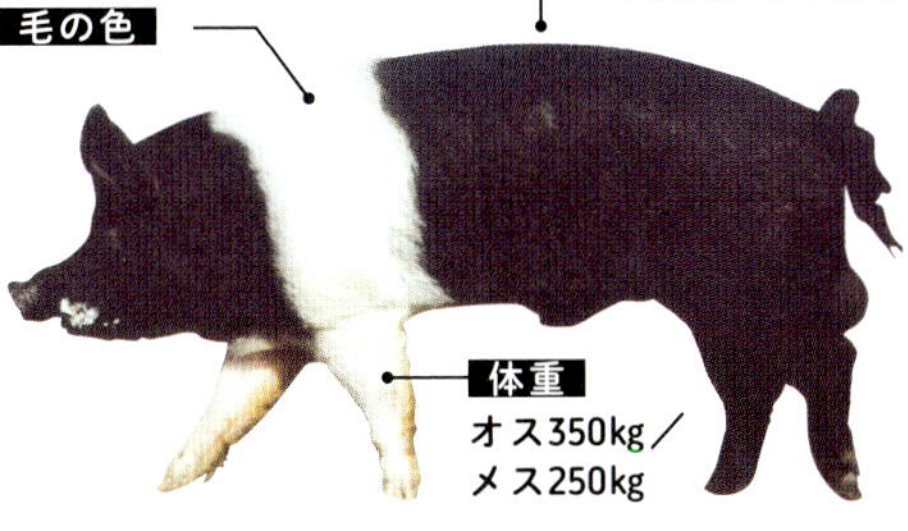
黒。肩から前肢、
胸が帯状に白い。
毛の色
体型　大型。
全体が弓のような形。
体重
オス350kg／
メス250kg

イギリス原産の品種をアメリカで改良した大型種。黒色と白色の毛並みをもち、放牧に適しているといわれます。肉質は脂肪が少ない赤肉です。

画像提供：一般社団法人　日本養豚協会

デュロック種

原産地　アメリカ

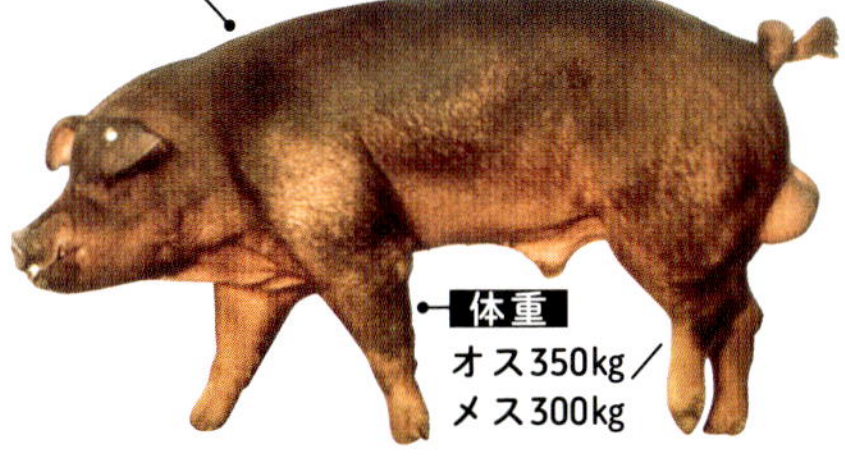
濃淡のある赤褐色
毛の色
体型　大型。
全体が弓のような形。
体重
オス350kg／
メス300kg

アメリカ原産の大型種。赤色の毛並みをもち、ロース部位が大きいのが特徴です。肉質は光沢のあるピンク色で、霜降りになりやすいため精肉にするのに適しています。

画像提供：一般社団法人　日本養豚協会

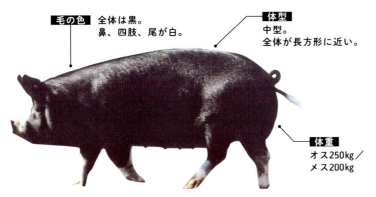

銘柄豚ってどのくらいある？

全国の銘柄豚は300種近くあるといわれています。それぞれの特徴を知り、好みの豚肉を探しましょう。

銘柄豚の個性は生産地の特産品が作り出している!?

銘柄豚は、各地方ごとに作られた協会のルールにしたがい、交配や血統、飼育方法、飼料、肉質など、さまざまな条件をクリアしています。そして各地の畜肉市場で審査され、銘柄豚として認証を受けたものが小売店に流通します。

各地で銘柄豚が数多く誕生したのは、生産地の特産品を飼料にしたことがルーツともいわれます。例えば、飼料に緑茶を混ぜたり、さつまいもを食べさせたりしたことで、結果的に豚肉に個性が出たというわけです。

最近の豚肉料理専門店では、複数の銘柄豚を扱うところが少なくありません。そうした店でいろいろ食べてみると、好みの銘柄豚を見つけることもできるでしょう。

鹿籠豚《かごぶた》 事実上、国内で初めての銘柄豚

画像引用：枕崎市観光協会HP「まく旅」より

現在はかごしま黒豚の一銘柄ですが、もともと黒豚のルーツといわれる鹿籠豚。その名は、生産地である枕崎近くの鹿籠駅から出荷されたことに由来します。肉の特色はきめが細かく、歯切れがよくてやわらかく、脂の味わいが濃いこと。飼料にさつまいもを一定量混ぜ、230〜370日という長い時間をかけて育てられます。

特徴的な飼料 さつまいも

和豚《わとん》もちぶた 養豚農家が連合した会社が作った豚

群馬県のグローバルピッグファームという企業が生産しています。育てた豚のなかから優秀な5%を選びぬき、種豚（祖父母、父となる豚）として管理し、と畜やパッキングなども一貫して行っています。肉は脂に甘みがあり、後味がさっぱりしていて、調理してもかたくなりにくいといった点が特徴です。

特徴的な飼料
とうもろこし、大豆ミール

画像提供：グローバルピッグファーム株式会社

アグー豚 沖縄の在来種で「粟《あ》国《ぐに》島《じま》」が由来とも

画像提供：沖縄県アグーブランド豚推進協議会

沖縄で島豚と呼ばれる黒豚で、ルーツは600年前に中国から入って来た豚とされます。一般的な豚より成長が遅く小型なため、大型で生育の早い豚に押され絶滅しかけたこともある希少な豚です。肉のきめが細かくてやわらかいうえ、霜降りが多くて融点が低いので脂が口中でとろけ、甘みや旨みが味わえます。

特徴的な飼料
とうもろこし、泡盛の酒かす、パイナップルなど（農場による）

イベリコ豚 スペインのイベリア半島の黒豚

スペイン産の品種で黒豚の一種。肉には甘みが、脂には独特の風味があります。イベリコ豚の血統が50％以上の豚にだけこの呼称が許され、なかでも自然の飼料だけを食べさせた豚は「ベジョータ」と呼ばれます。その場合、森にどんぐりがある秋冬しか放牧できないため、生産時期は1～3月に限られます。

特徴的な飼料 **どんぐり（ベショータのみ）**

画像引用： 兵庫通商株式会社HP「THE STORY」より

SPF豚 特定の病原体をもたない豚で、品種は無関係

日本SPF豚協会認定農場産 Japan SPF Swine Assoc.®

画像提供：一般社団法人 日本SPF豚協会

Specific（特定の） Pathogen（病原体を） Free（もたない） の略。無菌の帝王切開で出産させた子豚を、殺菌された特別な環境で飼育し、その豚を交配させ次世代のSPF豚を自然分娩で生産する。飼料に混ぜるワクチンや抗生物質を不使用もしくは使用したとしても微量。においが少なく味もよいが、生やレアでは食べられない。

特徴的な飼料
とうもろこし、麦、米など（農場による）

ホエー豚　乳清であるホエーを与えた豚のこと

日本では北海道などで飼育されており、飼料には、チーズの製造過程で大量にできる牛乳の成分のホエーを混ぜています。これはイタリアの伝統的な飼育法で、融点の低い不飽和脂肪酸が豊富になり保水力が高まるため、調理してもジューシーに仕上がるといわれます。品種は、肉がやわらかいケンボロー種など。

特徴的な飼料　**ホエー**

かごしま黒豚　最も知名度の高い銘柄黒豚

江戸時代に琉球からもたらされた豚がルーツ。明治時代になるとイギリスのバークシャー種を導入し、品種改良が進められました。白豚ブームで一時は存続が危ぶまれましたが、県の方針で存続しました。さつまいもを与えることで、肉質の締まりがよく、強い旨みと甘みがありつつもさっぱりした味わいの肉に。

特徴的な飼料　**さつまいも**

トウキョウX《エックス》　日本初の合成種で霜降り肉を実現

東京の畜産試験場において、脂肪の質がよい北京黒豚、肉のきめが細かいバークシャー種、霜降りになりやすいデュロック種を掛け合わせた三元豚を5世代にわたって繁殖、選別し、7年かけて作り上げられた銘柄豚。肉質は、なめらかな舌触りで、優れた風味、味わい、脂肪の質が特徴的です。

特徴的な飼料
米、大豆粕など

三元交配と四元交配のこと

ほとんどの国産豚肉は3品種を交配させたもの

国産豚のほとんどは、三元交配で生産された三元豚。三元交配とは、雑種第一代（違う品種を掛け合わせた子豚）が親より優れた性質を発現しやすいこと（雑種強勢）を利用し、3品種を掛け合わせる交配法です。三元豚はすべて肉用とし、繁殖はさせない一代限りの豚となります。

一方、海外に多い四元交配は、4品種を掛け合わせる方法。日本でもシルキーポークという銘柄豚が流通しており、アメリカで飼育・生産されたものを輸入しています。

一般的な三元豚（三元交配）

繁殖力・発育に優れたランドレース種と大ヨークシャー種を掛け、生まれたメス豚に肉質がよいデュロック種のオスを掛けて作られる。

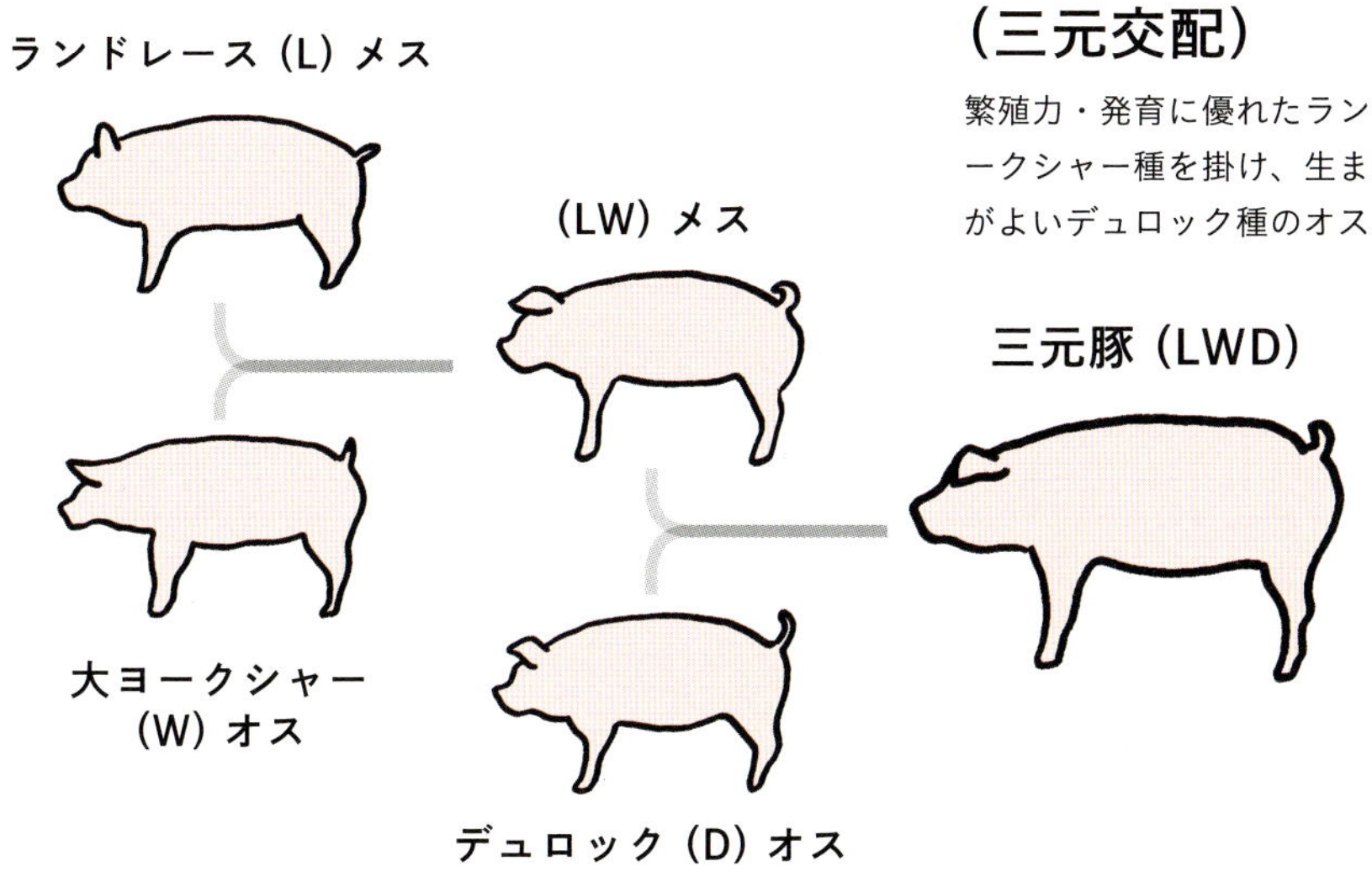

四元豚シルキーポーク（四元交配）

三元交配に、繁殖力がとても優れたチェスターホワイト種を加えて四元交配させる。輸入豚肉の品質向上のために作り出された。

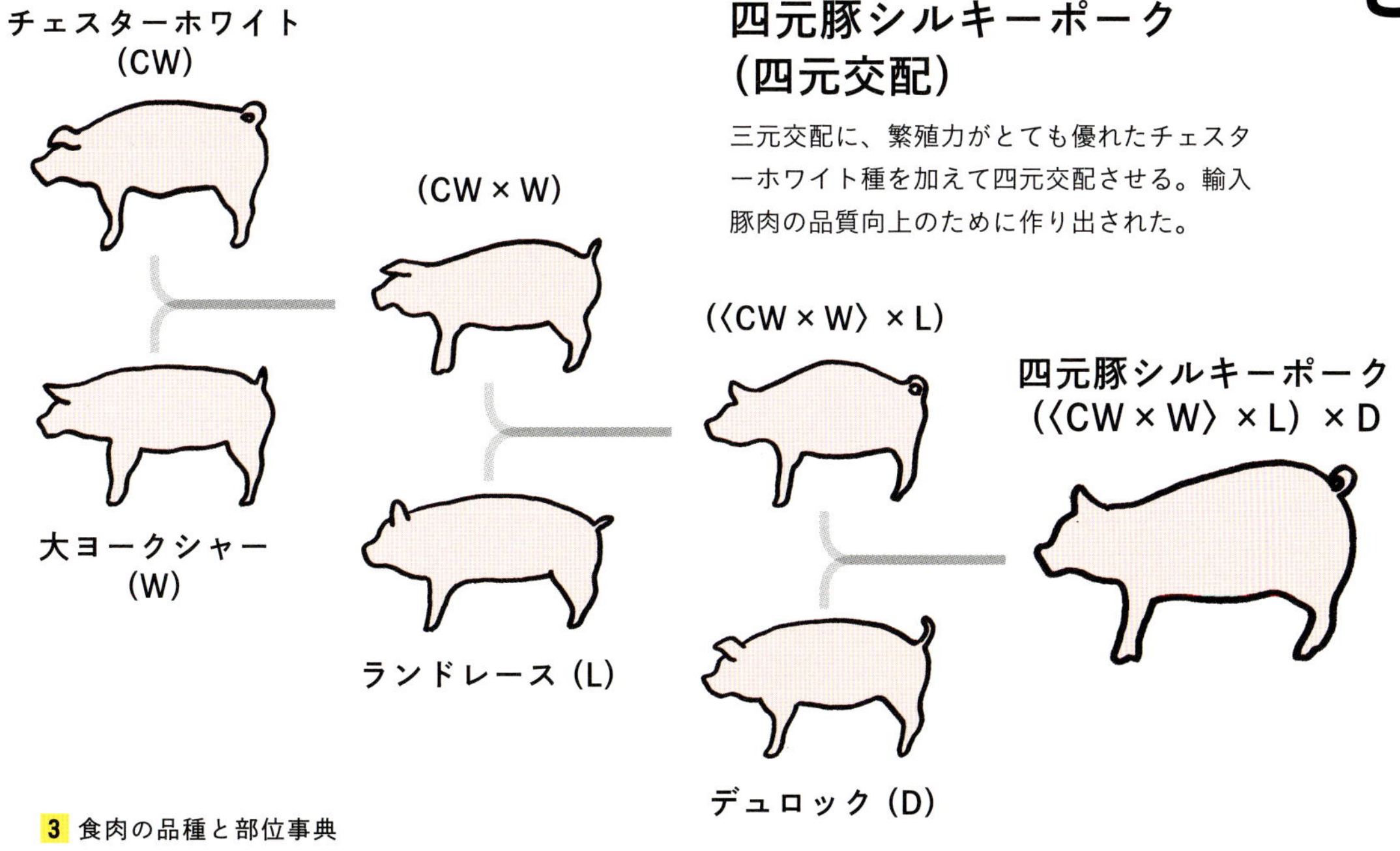

格付のしくみを知る

牛肉の格付はよく知られていますが、実は豚肉にも同様の取り引き規格が定められています。ここでは、その内容を紹介します。

牛肉だけではない！豚肉にも存在する格付

豚肉も牛肉と同様、定められた解体整形方法にのっとった枝肉の状態で、格付が行われます。

牛肉の場合はA5などのように、A・B・Cで表す歩留等級と5～1で表す肉質等級を組み合わせて格付されますが、豚肉は、極上、上、中、並、そして等外の5段階で評価されます。

その項目は、重量と背脂肪の厚さの範囲、外観（均称／肉づき／脂肪付着／仕上げ）、肉質（肉の締まりおよびきめ／肉の色沢／脂肪の色沢と質／脂肪の沈着）の3つ。このうち、いちばん低く評価された項目の等級が、その肉の等級として評価されます。

格付は5段階！

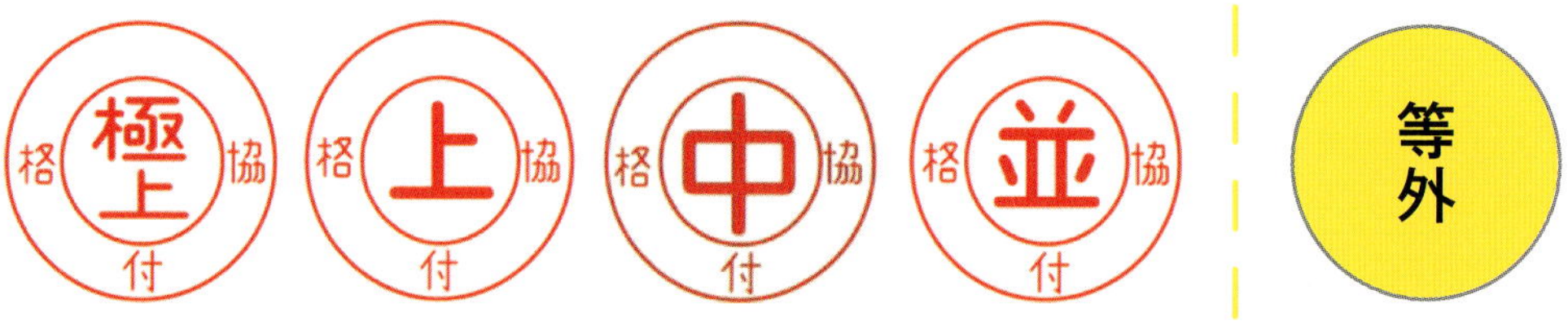

重量と背脂肪の厚さ、外観、肉質の３項目について評価。極上、上、中、並の等級に該当しないもの、外観または肉質の特に悪いもの、などの条件に該当したものは等外となる。

1 半丸重量と背脂肪の厚さの範囲

皮はぎ、湯はぎの冷却枝肉または温枝肉を対象とし、半丸重量と背脂肪の厚さによる等級の判定表によって該当する等級を判定。背脂肪の厚さは、第９～第13胸椎関節部直上における背脂肪の薄い部位の厚さ。

皮はぎ用

等級	重量（kg）	背脂肪（cm）
「極上」	以上 以下 35.0～39.0	以上 以下 1.5 ～ 2.1
「上」	以上 以下 32.5～40.0	以上 以下 1.3 ～ 2.4
「中」	以上 未満 30.0～39.0 以上 以下 39.0～42.5	以上 以下 0.9 ～ 2.7 以上 以下 1.0 ～ 3.0
「並」	未満 30.0 以上 未満 30.0～39.0 以上 以下 39.0～42.5 42.5 超過	未満 超過 0.9 2.7 未満 超過 1.0 3.0

湯はぎ用

等級	重量（kg）	背脂肪（cm）
「極上」	以上 以下 38.0～42.0	以上 以下 1.5 ～ 2.1
「上」	以上 以下 35.5～43.0	以上 以下 1.3 ～ 2.4
「中」	以上 未満 33.0～42.0 以上 以下 42.0～45.5	以上 以下 0.9 ～ 2.7 以上 以下 1.0 ～ 3.0
「並」	未満 33.0 以上 未満 33.0～42.0 以上 以下 42.0～45.5 45.5 超過	未満 超過 0.9 2.7 未満 超過 1.0 3.0

2 外観

均称、肉づき、脂肪付着、仕上げの4項目で評価。

均称

極上	長さ、広さが適当で厚く、もも、ロース、ばら、かたの各部がよく充実して、釣合の特によいもの
上	長さ、広さが適当で厚く、もも、ロース、ばら、かたの各部が充実して、釣合のよいもの
中	長さ、広さ、厚さ、全体の形、各部の釣合において、いずれにも優れたところがなく、また大きな欠点のないもの
並	全体の形、各部の釣合ともに欠点の多いもの

全体的な形の長さ、広さと厚さなどの充実具合とバランスを評価。

肉づき

極上	厚く、なめらかで肉づきが特によく、枝肉に対する赤肉の割合が脂肪と骨よりも多いもの
上	厚く、なめらかで肉づきがよく、枝肉に対する赤肉の割合が、おおむね脂肪と骨よりも多いもの
中	特に優れたところもなく、赤肉の発達も普通で、大きな欠点のないもの
並	薄く、付着状態が悪く、赤肉の割合が劣っているもの

厚さと肉づきのよさ、脂肪と骨に対する赤身の割合を評価。

脂肪付着

極上	背脂肪および腹部脂肪の付着が適度のもの
上	背脂肪および腹部脂肪の付着が適度のもの
中	背脂肪および腹部脂肪の付着に大きな欠点のないもの
並	背脂肪および腹部脂肪の付着に欠点の認められるもの

背脂肪と腹部脂肪のつき方が適度であるかどうかを評価。

仕上げ

極上	放血が十分で、疾病などによる損傷がなく、取り扱いの不適による汚染、損傷などの欠点のないもの
上	放血が十分で、疾病などによる損傷がなく、取り扱いの不適による汚染、損傷などの欠点のほとんどないもの
中	放血が普通で、疾病などによる損傷が少なく、取り扱いの不適による汚染、損傷などの大きな欠点のないもの
並	放血がやや不十分で、多少の損傷があり、取り扱いの不適による汚染などの欠点の認められるもの

放血（血抜き）が十分か、損傷がないかどうかで評価。

3 肉質

肉の締まりおよびきめ、肉の色と光沢、脂肪の色や沈着など計4項目で評価。

肉の締まりおよびきめ

極上	締まりは特によく、きめが細かいもの
上	締まりはよく、きめが細かいもの
中	締まり、きめともに大きな欠点のないもの
並	締まり、きめともに欠点のあるもの

肉の色沢

極上	肉色は、淡灰紅色で、鮮明であり、光沢のよいもの
上	肉色は、淡灰紅色でまたはそれに近く、鮮明で光沢のよいもの
中	肉色、光沢ともに特に大きな欠点のないもの
並	肉色は、かなり濃いかまたは過度に淡く、光沢のよくないもの

ポークカラー・スタンダード（胸最長筋における肉色判定）

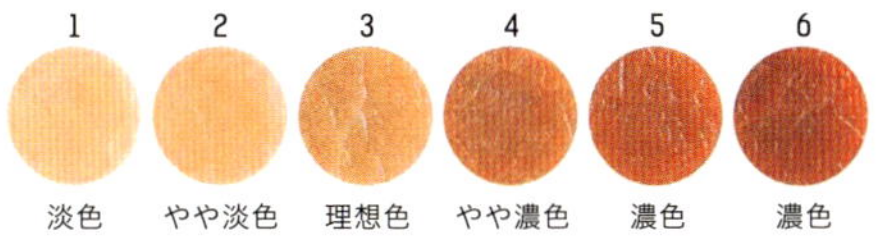

脂肪の色沢と質

極上	色白く、光沢があり、締まり、粘りともに特によいもの
上	色白く、光沢があり、締まり、粘りともによいもの
中	色沢が普通のもので、締まり、粘りともに大きな欠点のないもの
並	やや異色があり、光沢も不十分で、締まり粘りともに十分でないもの

ポークカラー・スタンダード（脂肪色判定）

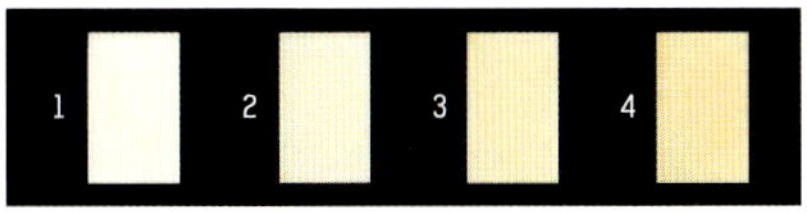

脂肪の沈着

極上	適度のもの
上	適度のもの
中	普通のもの
並	過少かまたは過多のもの

出典：公益社団法人 日本食肉格付協会

豚肉の部位を知る

豚肉の部位の特徴は、きめ、旨みの濃さ、脂肪の入り方の違いによるもの。同じしょうが焼きでも、肩ロースを使うかバラを使うかで、仕上がりはまったく異なります。副生物は、モツ料理などで楽しんで。

この肉って、どこの部位？
どんな食感？　どんな味？

肩

ヒレ

カシラニク

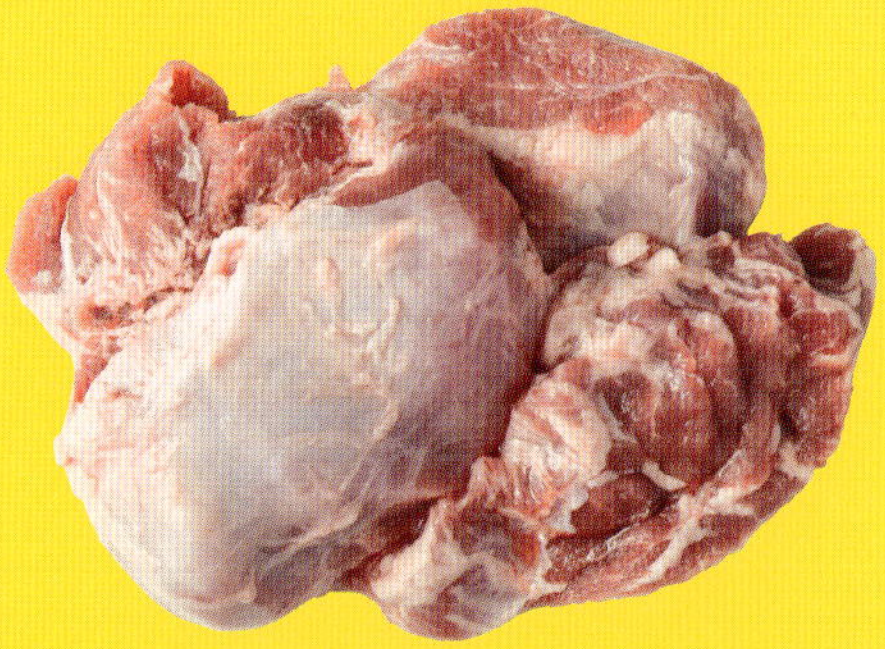

ミミ

豚肉の部位図鑑（精肉）

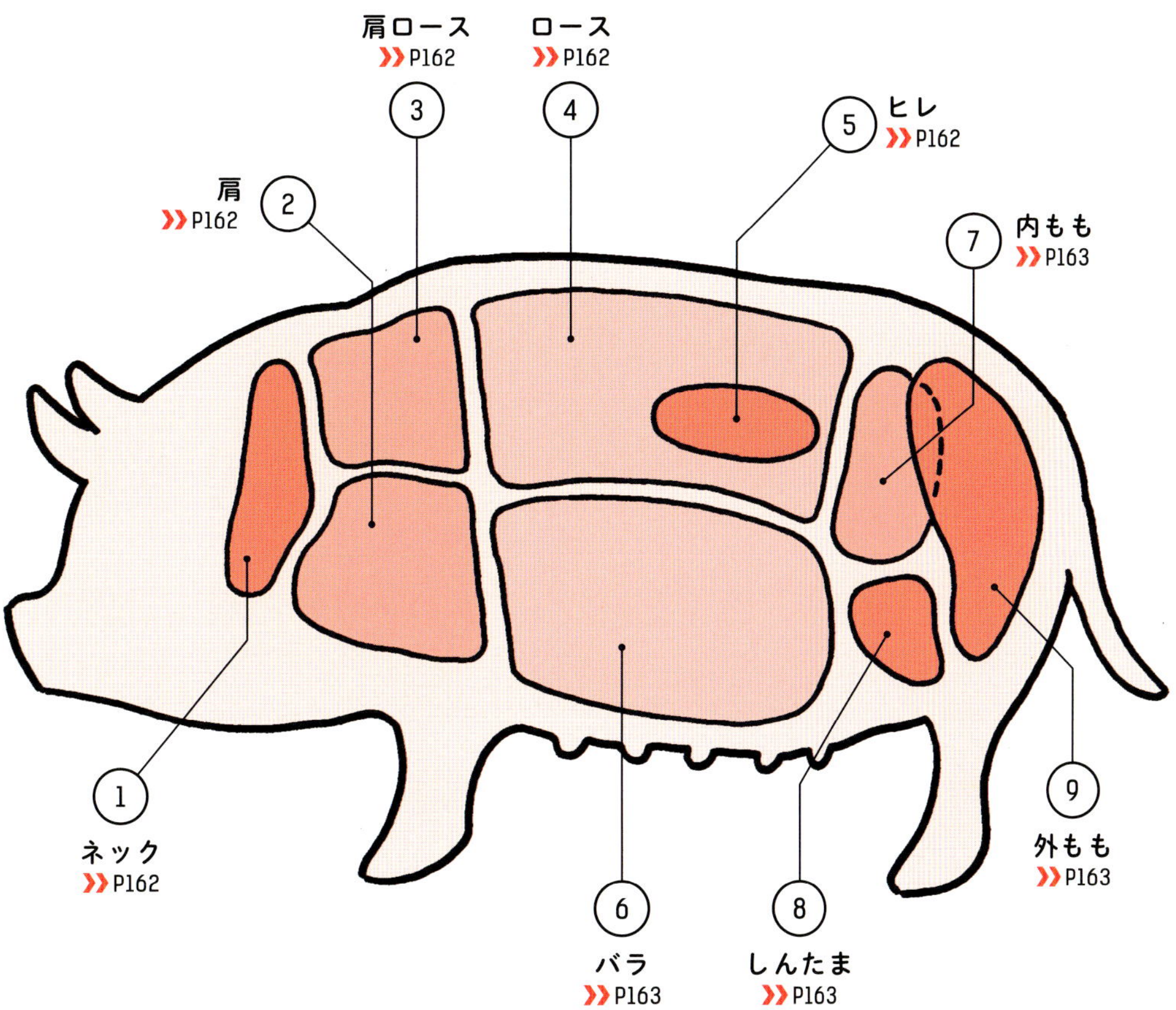

おなじみの部位を肉質や栄養に応じて使い分けて

豚はと畜後、牛と同様に副生物と分けられ精肉になりますが、1頭の体重がおよそ100kgと牛に比べて軽く、育成時間も短いため、部位はそれほど複雑にはなりません。部位の種類は、ロース、バラ、肩、肩ロース、もも、ヒレなどとなります。そのなかで、比較的大きな部位であるももは、外ももと内ももに分けられ、さらに専門店ではしんたま、らんいちなどと分ける場合もあります。

部位を使い分けるポイントは、やわらかさの基準となる肉のきめと、脂肪の入り方を見極めること。作りたい料理に合わせて選びましょう。また栄養学的には、脂肪が少ない部位に注目。疲労回復を助けるビタミンB_1は、ヒレだと肩ロースの2倍近くの割合で含まれています。

① ネック

ほとんどが脂肪ながら赤身も存在

首のまわりの肉。脂肪が多く、赤身がかたい。まぐろのトロのように脂がのっており、「トントロ」と呼ばれる。これは、副生物に分類される類の肉からもとれる。PorkのPをとって、「ピートロ」ともいう。

適した料理

焼き肉

② 肩

煮込むとコラーゲンが溶け出す

最もよく運動する部分なので、肉厚でかたく、きめがやや粗い。赤身で肉の色が濃いめなのも、運動量の多い筋肉の特徴。脂肪も多少あり、旨みが豊富。角切りにして煮込めば、ゼラチン質がたっぷりの味わいに。

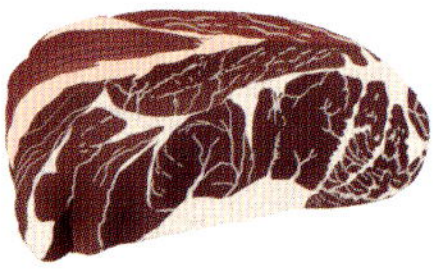

適した料理

ソテー・炒め物　煮込み

③ 肩ロース

豚肉らしさを味わうにはぴったり

赤身と脂肪がほどよく混ざっている。表面に脂肪があり、脂肪と赤身の間に筋がある。コクと旨みがあり、豚肉らしい部位。塊肉をローストポークや焼き豚にしたり、薄切り肉をしょうが焼きやしゃぶしゃぶにすると◎。

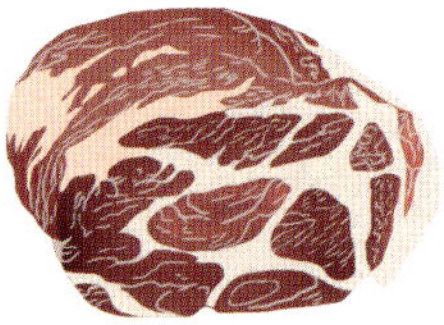

適した料理

ソテー・炒め物　ローストポーク・焼き豚　しゃぶしゃぶ

④ ロース

塊肉全体の肉質が同じで形もきれい

表面に適度についている脂肪に味わいがある。きめが細かく、やわらかい。全体の肉質に違いはなく、豚ロース肉を牛肉のように細分化して区別することはない。また、切り身にしたときに形がきれいに揃う。塊のままでも、スライスしてもよく、幅広い調理に使える。

適した料理

ソテー・炒め物　ローストポーク・焼き豚　トンカツ

⑤ ヒレ

あっさりしていてヘルシーな希少部位

ロースの内側に左右1本ずつある棒状の部位。1頭からとれる量はわずか。きめが細かく、豚肉のなかで最もやわらかい。脂肪はほとんどなく、淡白な味わいであることから、油を使う料理に最適。ステーキにするのもおすすめ。

適した料理

ソテー・炒め物　トンカツ

COLUMN

三枚肉って何？

バラ肉のことを、三枚肉とも呼びます。脂肪と赤身が交互に重なり三層になっている見た目が、その名の由来です。多くの場合は豚肉を指すことが多いですが、牛のバラ肉のことも三枚肉と呼びます。

⑦ 内もも

塊肉の大きさを生かした調理を

後肢のつけ根に近い部分。大きい赤身の塊で、脂肪が少ない。赤身の代表的な部位。きめが細かく、やわらかい。焼き豚やローストポーク、蒸し煮などで、塊の豚肉を味わう調理にも向いている。ボンレスハムの原料としても使われる。

適した料理

ローストポーク・焼き豚

⑥ バラ

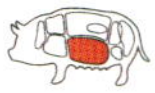

赤身と脂肪は同量くらいがおすすめ

あばら骨のまわりにある肉で、赤身と脂肪がバランスよく層になっていて、コクと風味がある。角切りにして煮込んだり、薄切りにしてソテーにするのがよい。あばら骨がついたままの厚切り肉は「スペアリブ」と呼ばれる。

適した料理

ソテー・炒め物

煮込み

⑨ 外もも

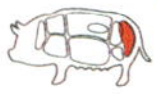

肉の色に応じて調理法を変えるのも◎

よく運動する部分であることから、脂肪が少なめで、きめがやや粗くかたい。そのため、スライスして炒め物などにするのがおすすめ。煮込みにするのもよい。

適した料理

ソテー・炒め物

煮込み

しゃぶしゃぶ

⑧ しんたま

内ももとまとめて表示されることも

内ももの下側にある赤身の塊。肉質は内ももとほとんど同じで、きめの細かい赤身肉。内ももとしんたまを合わせて、ももと表示されるのが一般的。切り落とし用や煮込み用にされることが多い。

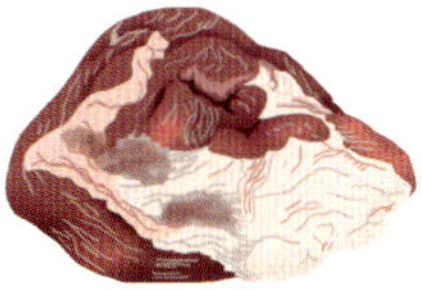

適した料理

ローストポーク・焼き豚

煮込み

COLUMN

こま切れ肉、切り落とし肉の違いは?

価格が安く、普段のおかずとして使い勝手がいいところが魅力の、こま切れ肉と切り落とし肉。これらの違いをおおまかに説明すると、こま切れ肉はあらゆる部位の切れ端が集められたもので、切り落とし肉はロースやバラをスライスする際に出る切り損ないを集めたものといってよいでしょう。ただし、店によって違いや差が大きく、こま切れといっても広げてみたらバラの切り落としだったり、切り落としが細かい切れ端ばかり、などということも多々あるものです。どちらを買うにしても、脂の具合、肉の赤みの色合いなどをチェックして選ぶことをおすすめします。

豚肉の部位図鑑（副生物）

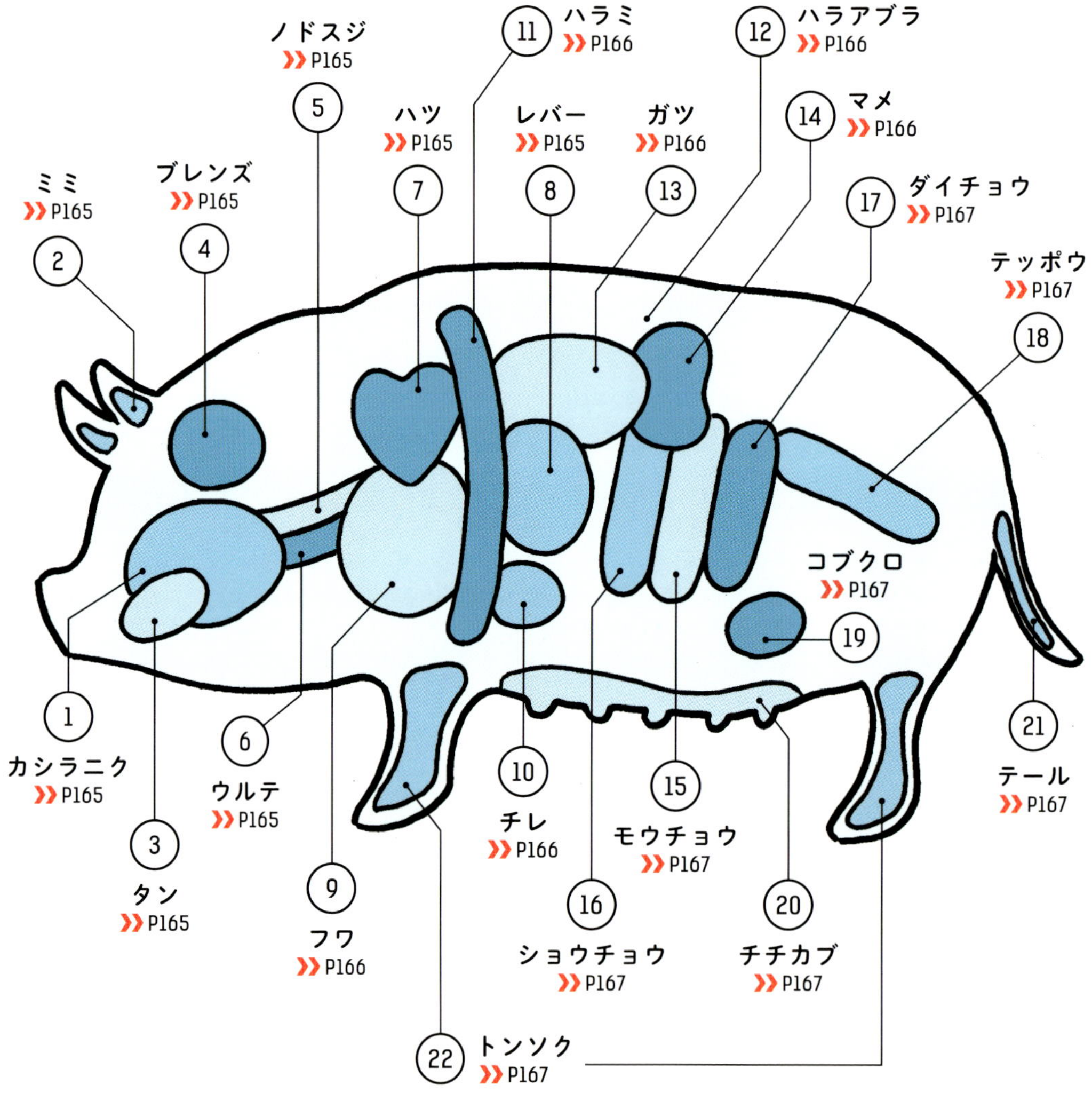

モツ焼きメニューでよく見かける豚の副生物を知る

豚の副生物といえば、居酒屋などのモツ焼きメニューで目にすることが多いでしょう。タン、レバー、ハツといったおなじみのものから、テッポウ、コブクロ、マメ、ガツなどの珍しいものまで、種類は実に豊富。こうした部位を知れば、モツ焼きやホルモン焼きがもっと楽しめるはずです。

豚の副生物も、牛と同じく鮮度が最も大事。と畜後すぐに専門業者に引き取られ、洗浄、殺菌、小分け、検査などをスピーディーに行い商品化されます。スーパーなどで見かけるモツ鍋用のパックは、加熱処理されているので生のものよりも日持ちがよくなっています。炒め物や煮物にしてもおいしいので、家庭でもモツ料理が作りやすいでしょう。

① カシラニク

「トントロ」も一部含んでいる頭の肉

こめかみ、頬といった頭部の肉。肉の色が濃く、食感はかため。薄切り肉やひき肉にされることが多い。頬肉には脂肪が多くあり、ここに「トントロ」の一部が含まれる。

② ミミ

皮と軟骨のコリコリ食感

耳。皮と軟骨がほとんどで、コリコリとした食感。ゼラチン質が多い。ボイルと脱毛の処理が済んだものが流通している。炒め物や揚げ物にするほか、沖縄料理の「ミミガー」にも。

③ タン

牛タンと違って皮は食べてもOK

舌の肉。あっさりとした味わい。根元のほうは、脂肪が多くてやわらかい。気にならなければ、皮はとり除かなくてもよい。焼き肉、唐揚げ、煮込みに向いている。

④ ブレンズ

煮込みでやわらかさや風味を堪能

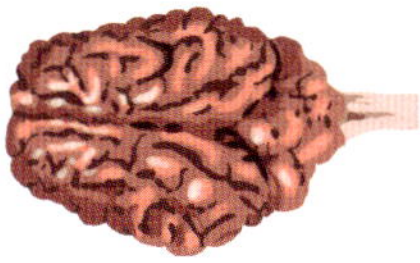

脳のこと。やわらかくて、風味が独特。煮込みやスープにする。牛の脳はBSEの特定危険部位であるため処分されているが、豚の脳ではその危険性はないとされている。

⑤ ノドスジ

赤身肉のような味わい

食道。赤身が多い。半分に切り開いて粘膜や脂肪がとり除かれたものが市販されている。煮込みや焼き肉に。

⑥ ウルテ

コリコリ食感で焼き肉に◎

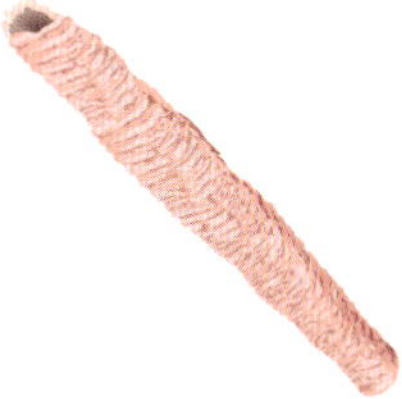

気管。「フエガラミ」とも呼ばれる。ほとんどが軟骨でコリコリとした食感。切り目を入れて、焼き肉などに。

⑦ ハツ

食感が独特でさっぱり食べられる

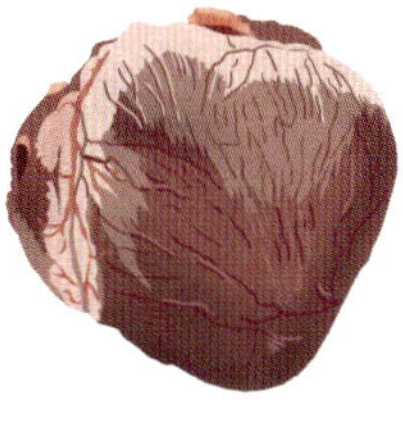

心臓。筋繊維が細かく、かためで独特の食感がある。脂肪が少なく、淡白な味わい。調理の際は、しっかりと血抜きをすること。焼き肉のほか、煮物にも向いている。

⑧ レバー

特有の形で独特な味わい

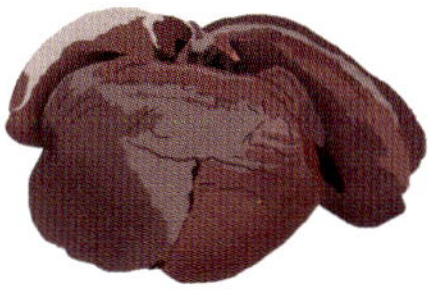

肝臓。平べったい形状が特徴的。クセが強いので、香味野菜や調味料、牛乳などに浸けて臭みをやわらげてから、ソテーや揚げ物にするとよい。また、ペーストにしても。

⑨ フワ

ふわふわとコリコリ 2つの食感

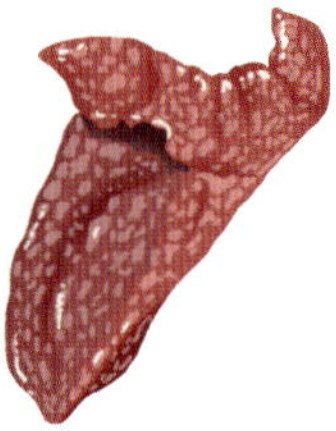

肺のこと。ふわふわとやわらかい食感。「フク」とも呼ばれる。しっかりと血抜きをしてから調理すること。中にある管をとり除かずそのままにしておけば、コリコリの食感も楽しめる。

⑩ チレ

臭みが出ないよう 鮮度に注意を

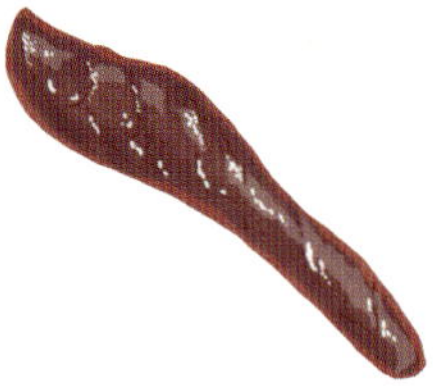

脾臓。味わいは淡白で、食感はやわらかい。「タチギモ」とも呼ばれる。臭みを気にせず食べられる新鮮なものを使うこと。焼き肉などに向いている。

⑪ ハラミ

牛のように細分化されない横隔膜

横隔膜筋。副生物ながら肉の食感に近くて食べやすく、調理も簡単。牛の横隔膜ほど大きくないので、サガリとの区別はしない。ひき肉にされることも多い部位。

⑫ ハラアブラ

食材を包んで 豪華な料理に

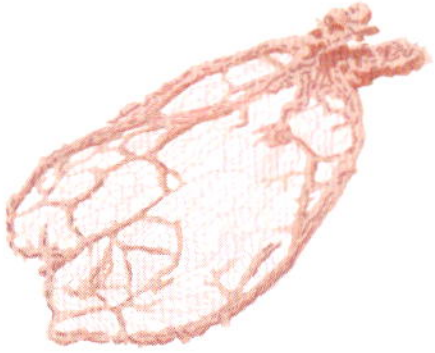

腎臓や胃腸のまわりの脂のこと。特に、大腸と小腸の間にあるものは、網状なので「アミアブラ」と呼ばれる。アミアブラは包み焼きや包み揚げに使われることが多い。

⑬ ガツ

副生物のなかでも 食べやすい味わい

胃のこと。副生物にしては臭みが少なく、食べやすい部位。ややかたくて弾力のある食感。調理の際には脂をとり除く。モツ焼き、煮込み、ポン酢和えに。

⑭ マメ

白い筋をとり除いて おいしく調理

腎臓。形がそら豆に似ている。脂肪が少ない部位。皮をむいて厚みを半分に切り、白い筋になっている尿管をとり除くことで、臭みを気にせず食べられる。ソテー、煮込み、和え物などに◎。

COLUMN

豚を余すことなく使う沖縄の郷土料理

沖縄では「鳴き声以外はすべて食べる」といわれている豚。この言葉通り、郷土料理で豚のあらゆる部位を味わうことができます。バラ肉の角煮である「ラフテー」、骨つきバラ肉を大根などと煮込んだ「ソーキ汁」といった精肉を使った料理はもちろん、耳皮（ミミガー）や面皮（チラガー）をゆでてピーナッツバターを合わせた酢みそで和えた「ミミガー刺身」、豚足の汁物「テビチ汁」、胃腸（中身）を吸い物にした「中身汁」、レバーなどを煮込んだスープ「チムシンジ」など、副生物をふんだんに使った料理も多くあります。このほか、脂や血を使った料理もあります。

⑮ モウチョウ

モツ煮込みにしておいしく

盲腸。かためなので、煮込むことで歯ごたえのあるおいしさを味わえる。ほかの胃腸とまとめて「シロモツ」と表示される場合もある。

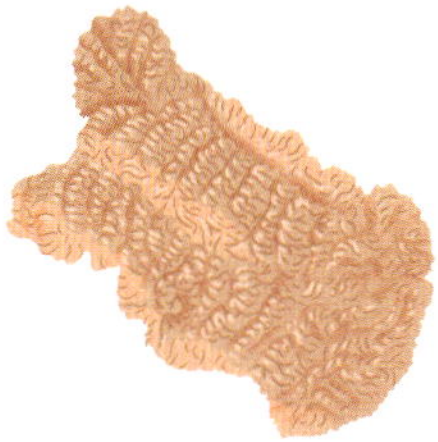

⑯ ショウチョウ

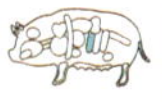

脂肪やアクを除いて調理して

小腸。「ヒモ」とも呼ばれ、細長くて薄い形状をしている。脂肪が多いが、市販品は脂肪がとり除いてある。調理の際はアク抜きを。ややかためなので、煮込みや焼き肉にするのがよい。

⑰ ダイチョウ

脂肪が多くてコシがある

大腸。全面に細かいひだがついていて、脂肪が多い。ショウチョウよりコシがある。煮込みやモツ焼きにするのがおすすめ。

⑱ テッポウ

形が鉄砲にそっくり

直腸。腸の末端部分のこと。名前の由来は、開いたときの形状。歯ごたえがあり、煮込みにするのがよい。

⑲ コブクロ

焼いたりゆでたりして食感を楽しんで

子宮。若いメスのものが市販されている。脂肪がとても少ない淡白な味わいで、やわらかい。シコシコとした歯切れのよい食感を楽しむことができる。焼き肉や和え物に。

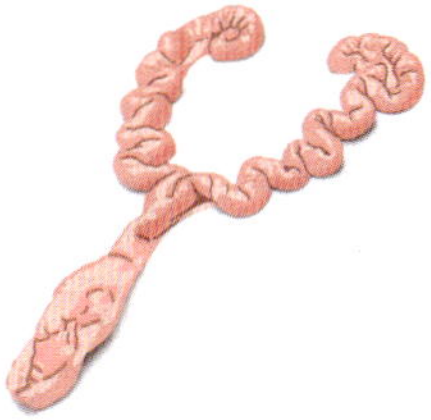

⑳ チチカブ

豚におおよそ14ある乳房

乳房のこと。豚の場合、1頭あたりの数はおおよそ14。下処理で乳汁を絞り出し、きれいに洗ってから、焼き肉などにする。ミルキーな味わい。

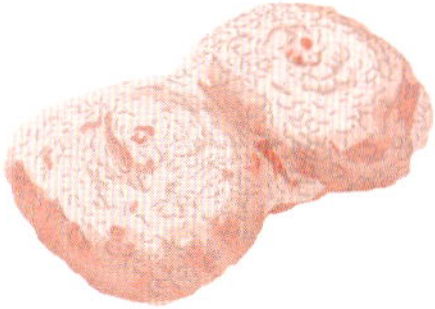

㉑ テール

じっくり煮込んでとろとろに

尾。牛テールと比べて関節が見つけにくいため、カット済みで市販されているものを使うと便利。流水できれいに洗ってから調理を。コラーゲンが多いので、煮込みにするのがよい。

㉒ トンソク

皮、肉、筋、軟骨が食べられる

足。コラーゲンが多く、長時間煮込むとやわらかくなる。かたい骨と爪以外は食べられる。市販品に毛が残っていたら、直火であぶるなどしてとり除くとよい。沖縄料理では「テビチ」に。

鶏肉の基本

ブロイラー、地鶏、銘柄鶏の違いは何でしょうか。近年は輸入の鶏肉も見かけます。それらの特色を知り、鶏肉選びに生かしましょう。

鶏肉の分類

肉用の鶏は大別すると「ブロイラー」「地鶏」「銘柄鶏」がある

食品生産用の鶏は、肉用種（ブロイラー）、卵用種（レイヤー）、卵肉兼用種に分けられます。食肉専用のブロイラーは品種名ではなく、短期間で出荷するために改良された肉用若鶏の総称。日本で多く生産されるブロイラーは、白色コーニッシュ種と白色プリマスロック種の交雑種です。

これとは別に、地鶏と銘柄鶏の分類があります。地鶏には厳密な規定がある一方、銘柄鶏にはそうした規定はありません。

このほか、輸入鶏肉も多く出回っています。

品種と輸入先は？

白色コーニッシュ種

成長が速くて胸の肉づきがよい

交配用の雄鶏としてアメリカで品種改良された。40〜50日でオス5.5kg、メス4kgくらいまで大きくなる。成長速度は鶏のなかで最も速い。

画像提供：独立行政法人 家畜改良センター

白色プリマスロック種

産卵数が多く交配用雌鶏にされる

アメリカで生まれた品種。卵肉兼用種で、ブロイラーの交配用雌鶏とされる。オス5kg、メス3.6kgくらいまで大きくなる。

画像提供：独立行政法人 家畜改良センター

（単位は千トン）／平成29年　財務省「貿易統計」より

輸入量はブラジル産が圧倒的。タイ産も増加中

鶏肉の輸入量は年々増加。輸入先はブラジルが圧倒的に多く、次いでタイ、アメリカとなっている。また国産ブロイラーの元となるメス鶏も輸入されており、イギリスからが多い。

どんな鶏が地鶏？銘柄鶏とどう違う？

地鶏

JASの規定をクリアした鶏

日本各地の在来種を改良した鶏。その条件は、JAS（日本農林規格）によって厳しく定められている。地鶏の生産量は、流通する鶏肉の1％程度。

銘柄鶏

地鶏ではない“おいしい鶏”

飼料や飼育期間を工夫し、おいしさを求めた鶏。条件などは定められていない。地鶏の血統だが、地鶏の規定からははずれる鶏、ブロイラーだが飼育法にこだわって生産した鶏などを指す。

日本の代表的な地鶏

地鶏は全国に60種以上もあるといわれるが、なかでも有名なのが以下の3種。

名古屋コーチン

名古屋種の純粋種。肉はよく締まっていて歯ごたえがあり、コクのある旨みが特徴とされる。卵も濃厚でおいしい。

画像提供：名古屋市農業センター

さつま地鶏

天然記念物である薩摩鶏を改良して作られた地鶏。肉のきめが細かく、旨みと甘みが濃い。たたきなどで食べることも。

画像提供：鹿児島県地鶏振興協議会

比内《ひない》地鶏

きりたんぽに欠かせない秋田の地鶏。JASの規定よりも厳しい条件をクリアし、濃厚な味わいと弾力のある食感の鶏肉を生産。

画像提供：秋田県比内地鶏ブランド認証推進協議会

在来種を時間をかけて大切に育てる地鶏

地鶏の条件は、おもに3つ。①在来種（明治時代までに国内で定着した品種。現在38種が認められている）の純系、もしくは在来種を片親か両親に持ち、出生の証明ができる。②飼育期間は75日以上。③ふ化から28日目以降は1㎡あたり10羽以下で平飼い（自由に運動できるように飼育）されている。

これらをクリアしなければ、地鶏とは呼べません。ブロイラーも平飼いされてはいますが、地鶏はそれよりも広いスペースでのびのび時間をかけて飼育されます。血統はもちろんですが、こうした手間のかかる飼育方法により、肉質が締まって味が濃厚になるわけです。また、飼料は生産地により、海藻、木酢液、牡蠣殻などを混ぜ、配合飼料や抗生物質などに頼らない工夫をしています。

銘柄鶏ってどんな鶏肉？

銘柄鶏は、精肉店やスーパーに並んでいるブランド鶏のこと。それぞれの特徴を知り、鶏肉選びに役立てましょう。

おいしさを求めて飼料や飼育期間を工夫した食用鶏

銘柄鶏は、地鶏のような厳しい基準や条件はありませんが、各生産者が工夫を凝らしておいしさを追求した鶏肉です。定義は「我が国で飼育し、地鶏に比べ増体に優れた肉用種といわれるもので、通常の飼育方法（飼料内容、出荷日令等）と異なり工夫を加えたもの」（日本食鳥協会HPより）とされています。

なかなか手に入らない地鶏と比べ、各地の銘柄鶏はスーパーなどでも買いやすいので、ノーブランドの鶏肉と食べ比べてみるのもよいでしょう。

画像提供：株式会社　大山どり

大山《だいせん》どり

鳥取県や島根県の山麓育ち

空気と水のよい環境において、比較的長期間の平飼いで飼育。生後28日以降は抗生物質の入っていない専用飼料を与え、腸内細菌を整えてバランスのよい脂肪がつくようにしている。肉のドリップが少なくなる処理方法を採用している。

森林どり

「森林のエキス」が育む健康体質な銘柄鶏

宮城県、岡山県、宮崎県の銘柄鶏。森林のエキス（木酢液、樹皮の炭）を加えた飼料によって、鶏の腸内細菌の活動を活発化。健康でおいしい鶏に育つ。肉はジューシーで旨みが強く、臭みが少ない。また、ビタミンEが豊富に含まれているのも特徴。

画像提供：株式会社　ウェルファムフーズ

南部どり

**ジューシーで脂肪の口どけがいい
岩手県産鶏**

フランスから導入した赤どりを祖父母とするレッドコーニッシュ種とホワイトロック種の掛け合わせ。抗生物質などの代わりに納豆菌やハーブエキスを使用。口どけのよい脂肪を作るため、中鎖脂肪酸を多く含むココナッツオイルを飼料に加えている。

富士あさひどり

**健康に育てて安全性を高めた
静岡県の銘柄鶏**

静岡県だけでなく、山梨県、長野県、群馬県でも飼育。衛生的な環境のもと、モロコシという作物の一種であるマイロをベースにした飼料を与えている。肉は皮下脂肪が少なく、口当たりや風味がよい。脂肪が白いのも特徴。

伊勢赤どり

**フランス原産のひなを
三重県で飼育**

広葉樹の樹皮から作る木酢酸を炭に吸着させ、これを専用飼料に加えることで、鶏独特の臭みがなくて食べやすい鶏肉に仕上がる。一般のブロイラーよりも20日ほど長く飼育するので肉に締まりがあり、歯ごたえは弾力がある。

日《にち》南《なん》どり

**宮崎県と熊本県の開放鶏舎で飼育。
飼料にビタミンEと生菌剤を配合**

鶏の健康キープを考慮して、オリジナルの飼料には豊富なビタミンEと、生菌剤のカルスポリンを加えて飼育している。これによって脂肪が減少し、アミノ酸などの旨み成分が増えるといわれる。肉はプリッとしていてジューシー。

地養鳥

**全国各地で
生産されている銘柄鶏**

岩手県、千葉県、静岡県、徳島県の銘柄鶏。飼料に、混合飼料の地養素、樹液、海藻、ヨモギ粉末などを加えることで鶏臭さを除き、食べやすい鶏肉に仕上げている。甘みやコクが強い。脂肪とコレステロールは少なく、ヘルシーな鶏肉ともいわれる。

ハーブ赤鶏

**ハーブを食べて育つ
赤茶色をした長崎県の銘柄鶏**

レッドコーニッシュ種とロードアイランドレッド種の掛け合わせ。かぼちゃやオオバコの種、ベニバナやスイカズラの花などのハーブを飼料にプラス。フランスの飼育法にならって平飼いしている。肉は適度な弾力があり、肉汁が豊富。

鶏肉の部位を知る

鶏は小さな家畜なので肉自体の部位は多くないですが、副生物の種類は意外に多く、魅力がいっぱい。それぞれの部位を知れば、焼き鳥を注文するときの楽しみが増え、家庭料理のバリエーションも広がります。

この肉って、どこの部位？
どんな食感？ どんな味？

せせり

ぼんじり

ヤゲン軟骨

砂肝

部位ごとの味と食感を焼き鳥店で発見してみて

今や豚肉を抜き、食肉の年間消費量1位となった鶏肉。1人あたりでは、昭和35年は1kgに満たなかったのが平成28年には13kgと、13倍強まで増えました。詳しく調べると、豚肉に比べて外食での消費量が多く、焼き鳥、フライドチキン、から揚げなど鶏肉の代表的な料理は、外食するだけでなくテイクアウトが多いのも特徴です。

鶏肉の部位には、もも、むね、ささみ、手羽などが、副生物には内臓、軟骨などがあります。肉、副生物ともに部位ごとの旨み、食感、脂肪の量が違い、個性が楽しめます。また、肉は皮があるのとないのとで味わいが変わり、皮だけを使った料理があるのも特徴です。肉、皮、副生物それぞれの味を生かして料理しましょう。

鶏肉の部位図鑑

精肉

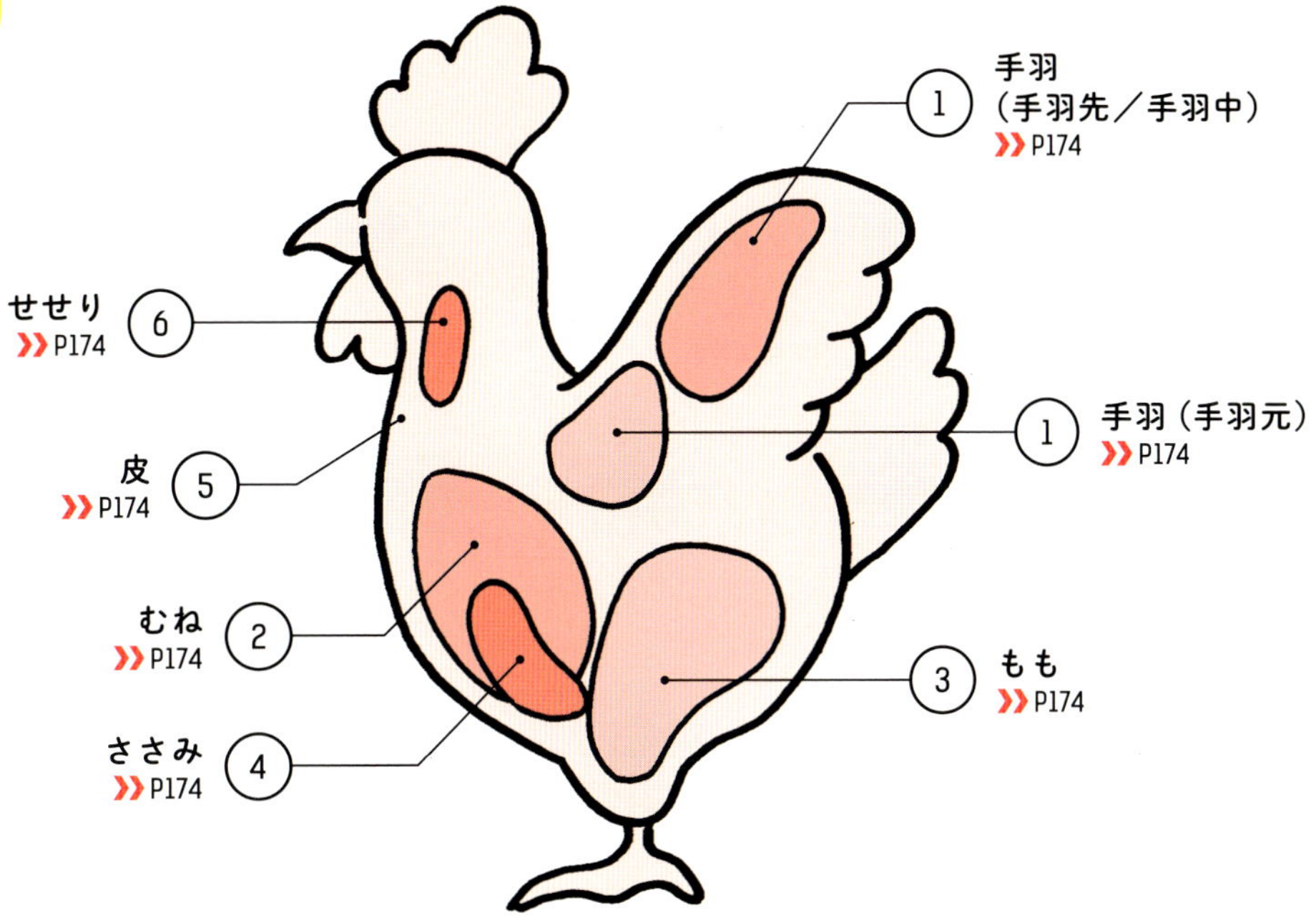

副生物

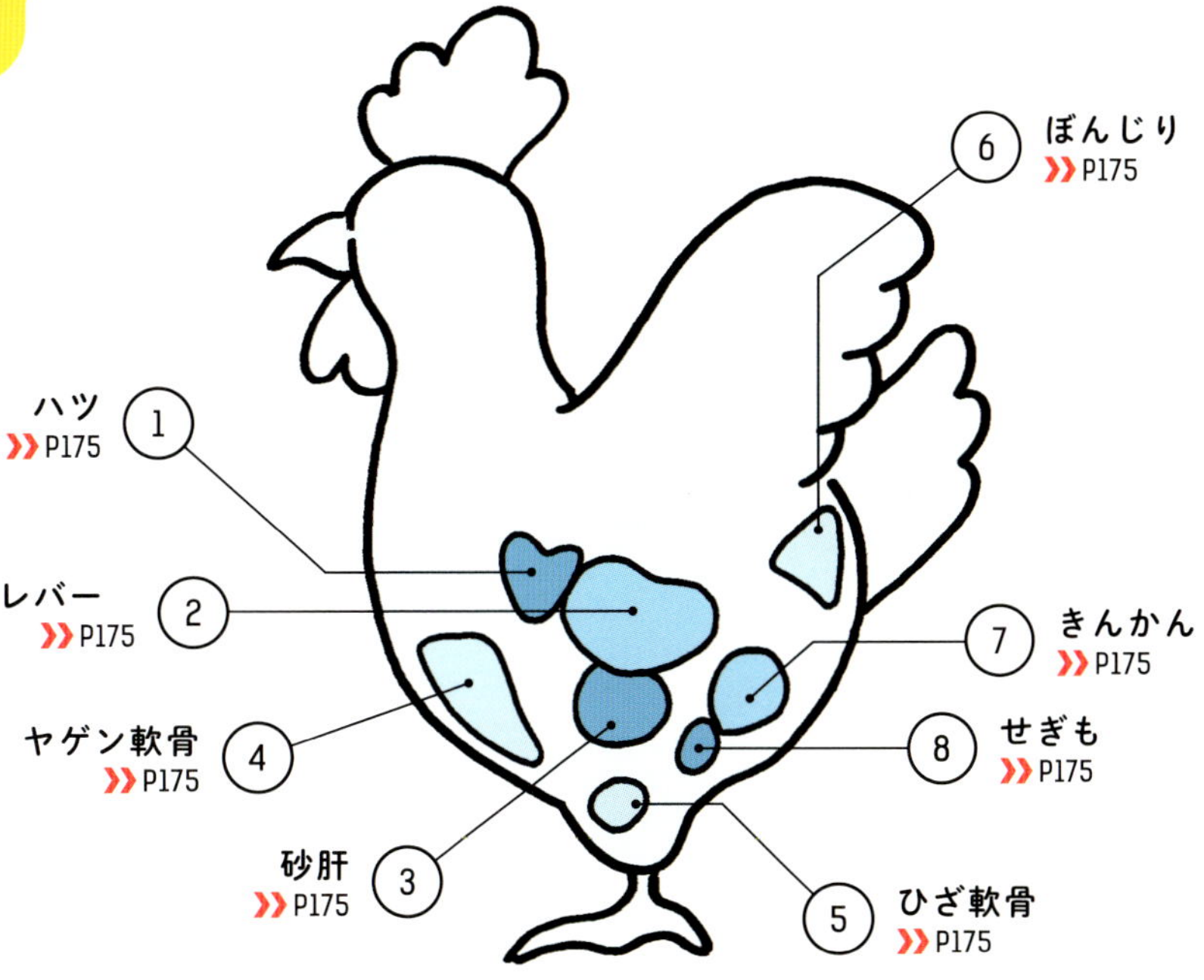

① 手羽

適した料理

煮込み

から揚げ・フライ

手羽元

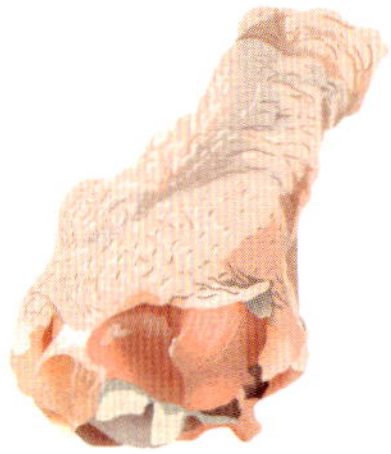

肉が多くてあっさり味

翼のつけ根に近い部分。脂肪が少なく、手羽先より淡白な味わいでやわらかい。手羽のなかで最も肉が多い。

手羽中

手羽先の一部に含まれる

手羽先の先端部分を切り落としたもの。骨が1本ずつになるように半割りにしたものも売られている。

手羽先

翼の先で旨みたっぷり

翼についている肉のうち、先のほうを指す。先端はほとんどが骨と皮。ゼラチン質と脂肪が多く、旨みがある。

② むね

あっさりしていて食べやすい

脂肪が少ない。臭みがほとんどなく、あっさりとした味わいでやわらかな食感。手軽に食べられるサラダチキンでもおなじみの部位。ブロイラーの場合、煮込みすぎるとかたくなるので注意を。地鶏は、多少煮込んでもかたくなりにくいのが特徴。

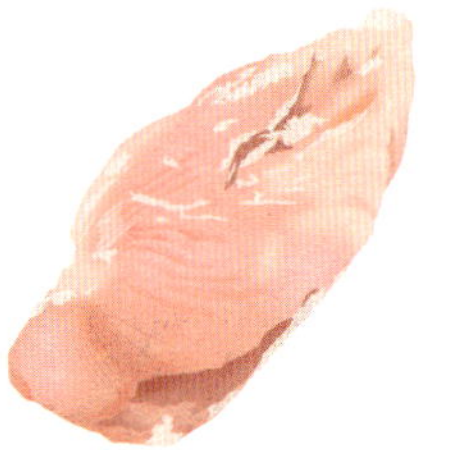

適した料理

ソテー・炒め物　から揚げ・フライ　蒸し物

③ もも

コクを味わえる肉らしい部位

脂肪が多く、コクのある濃厚な味わい。ほかの部位よりも筋肉質で、筋が多く、かため。ひざから上は「サイ」、ひざから下は「ドラムスティック」と呼ばれる。骨つきのものは、ローストチキンやソテー、フライドチキンに◎。

適した料理

ソテー・炒め物　煮込み　から揚げ・フライ

④ ささみ

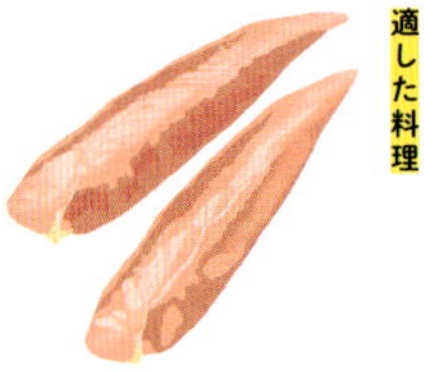

適した料理

から揚げ・フライ　蒸し物

おなじみのヘルシー食材

鶏肉で最も脂肪が少ない部位。しっとりしていてやわらかく、淡白な味わい。消化がよくて高タンパク。ふっくら仕上げるには、加熱しすぎないようにする。形が笹の葉に似ているため、この名前になった。

⑤ 皮

適した料理

ソテー・炒め物　焼き鳥　煮込み

焼き加減で食感に変化が

皮膚のこと。脂肪がとても多く、濃厚で旨みが強い。よく焼くとパリパリになる。焼き鳥で使うのは、おもに首の部分。

⑥ せせり

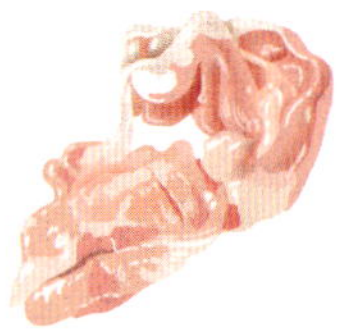

適した料理

焼き鳥

筋肉も脂肪もたっぷり

首にある筋肉のこと。よく運動している部分なので身が締まっていて、弾力がある。脂肪も多く、旨みが強くてやわらかい。焼き鳥にぴったりな部位といわれている。１羽からとれる量は少ない。

副生物

① ハツ

レバーと合わせ「きも」とも

心臓。弾力のある食感。しっかりと血抜きをしてから調理を。肝臓と合わせて「きも」と呼ばれ、一緒に売られる。

② レバー

使いやすいポピュラーな部位

肝臓。クセが少なめ。冷水か牛乳で血抜きをすれば臭みはとれる。炒め物、焼き鳥、煮込み、ペーストなどに。

③ 砂肝

歯がない鳥類特有の臓器

筋胃。鶏が食べたものをすりつぶすために砂を蓄えてある部分。砂ずりとも呼ばれる。コリコリとした食感。

④ ヤゲン軟骨

やわらかめのコリコリ食感

胸骨の先端にある軟骨で、コリコリとした食感。漢方薬などを作るときに生薬をすりつぶす道具の薬研《やげん》が、名前の由来。

⑤ ひざ軟骨

かためで味わいのある軟骨

ヤゲン軟骨よりも歯ごたえがあり、コリコリとした食感。コラーゲンや脂肪の味わいもある。「ゲンコツ」とも呼ばれる。

⑥ ぼんじり

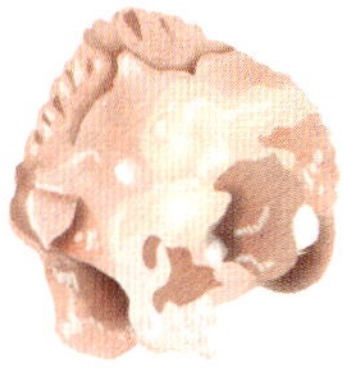

1羽からとれるのはわずか

尾骨のまわりについている肉。希少部位。脂肪が多く、適度な弾力があってジューシー。焼き鳥やから揚げに。

⑦ きんかん

殻と白身ができる前の卵

鶏の卵巣。数珠状につながっている成長途中の卵。果物のきんかんに似た形。煮込みや焼き鳥に向いている。

⑧ せぎも

一度は食べたい珍味

腎臓のこと。希少部位。脂がのっていて旨みが強く、甘さもある。ふんわりとした食感。焼き鳥や炒め物に。

MEMO

鶏を丸ごとさばく店では、希少部位に出会えることも

卸業者直営店や精肉店など、自治体から食鳥処理の許可を受け、鶏を1羽丸ごとさばいて提供する店では、手羽元の根元の「ふりそで」、気管の「さえずり」、ももの一部「ソリレス」などに出会えます。

羊肉の基本

ラムとマトン、国産と輸入など、羊肉には知らないことが多いものです。おいしい羊肉を食べるために基礎知識を学びましょう。

羊肉の区別

「ラム」「マトン」など成長段階によって呼び名が異なる

羊肉といえばラムとマトンですが、これは種類の違いではなく成長段階の違い。日本では、4段階に分けることができます。また、枝肉の重さ、皮下脂肪の量、肉と脂肪のきめや色つやで等級が決められており、皮下脂肪が厚いものが高ランクです。

日本で食べられる羊肉のほとんどは、オーストラリアやニュージーランドから輸入されたもので、国産はわずか0・4%。最近では、国産の新鮮なラムが高い評価を受けており、需要が増えるとみられています。

\ 羊肉の呼び方はこう変わる！/

生後

3か月

スプリングラム

スプリングラム

ラムのうち、生まれて3～5か月の、母乳だけで育った子羊の肉。生後4～6週間だとミルクフェッドラム、生後6～8週間だとヤングラムと呼ぶこともある。

5か月

ラム

ラム

生後1年未満の子羊の肉。永久歯が生えていない子羊の肉を指す場合もある。また、3カ月ほど母乳で育てたあとに牧草で育てた子羊の肉を、グラスフェッドラムと呼ぶこともある。

1年

ホゲット

ホゲット

マトンのうち、生後2年未満の羊の肉。国によっては、永久歯が1～2本生えた羊の肉を指す。ラムともマトンとも分類できない成長段階の羊を指し、味わいもマトンとラムの中間といわれる。

2年

マトン

マトン

生後1年以上の成羊の肉。永久歯が1本以上生えた羊の肉を指す場合もある。ラムよりはかたくなるが別の味わいがあり、冷凍技術の進化でにおいは減ってきている。

国内で流通する羊肉の産地は？

羊肉の輸入先は？

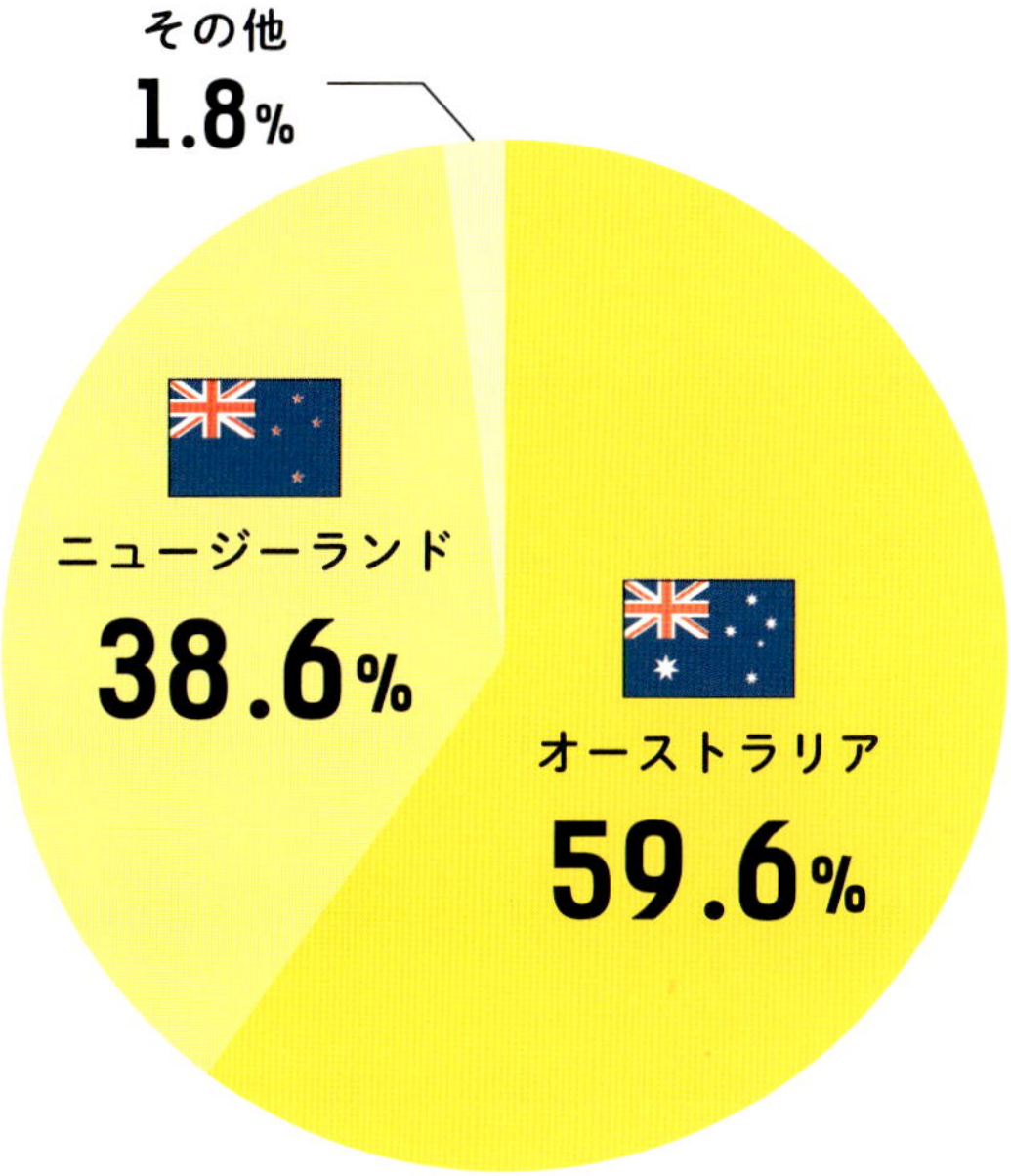
その他
1.8%
ニュージーランド
38.6%
オーストラリア
59.6%

平成29年　財務省「貿易統計」より

MEMO

北海道のジンギスカンの肉もほとんどが輸入物

国産羊肉の一大産地である北海道の店でも、メインで扱うのは輸入物。国産は全国の料理店から注文があるためです。ただ牧場直営のジンギスカン店などでは、肉はもちろん内臓が食べられるところも。

都道府県別 羊の飼育頭数ベスト5

	都道府県	頭数	戸数（参考）
1	北海道	8,630	210
2	長野県	1,014	67
3	栃木県	651	22
4	岩手県	621	48
5	千葉県	611	17
	全国合計	17,513	965

平成28年めん羊統計／公益社団法人畜産技術協会より

オーストラリアがダントツ、次いでニュージーランド。国内産は北海道がトップ

日本で食べられている羊肉は、ほとんどが輸入品で国産はごくごくわずか。羊肉の輸入量自体は年々減少していますが、これは加工品向けの冷凍マトンが減ったためで、ジンギスカンなどで食べるチルド羊肉は急激に増加しています。また、マトンは独特のにおいがあるといわれていましたが、冷凍技術の進化とチルド肉の輸入に伴い、クセの少ないおいしい羊肉が味わえるようになりました。

輸入先はオーストラリアとニュージーランドが占め、疫病の問題で輸入をストップしていたヨーロッパやアメリカは、やっと再開した状況です。国産羊肉は出荷量が少ないため希少な肉とされ、専門店でしか味わえません。生産の規模が小さいので、牧場ごとに個性があるといわれます。

羊肉の品種

肉用はおもに4品種。毛肉兼用種もある

羊肉の品種は3000種以上もあるといわれ、羊肉用以外にも羊乳用、羊毛用など種類はさまざまです。また、羊肉羊毛兼用の品種もあります。食用のおもな品種は、サフォーク種、ロムニー種、メリノ種、ドーセット種など。それぞれに個性のある味わいですが、国産羊肉の生産量は少なくなっているので、入手はそう簡単ではありません。品種の違いを感じるには、フランス料理やジンギスカンの店、羊肉専門店の通販などを利用して食べ比べてみるとよいでしょう。

サフォーク種

原産地 イギリス　サフォーク州

肉用種

イギリスのサフォーク州原産。在来種のノーフォーク・ホーン種にサウスダウン種を交配して作られた大型の肉用種で、頭と足が黒い短毛でおおわれている。成長が早く、良質なラム肉を生産する。世界各国で肉生産用の交配種として広く飼育され、日本では主要な肉用種となっている。肉は霜降りになっていて適度にやわらかい。

ロムニー種

原産地 イギリス　ケント州　ロムニー

毛肉兼用種

原産地は、イングランド南東部に位置し、ドーバー海峡に面している。在来種であるオールドロムニーマーシュ種をベースにして、18世紀末から改良されている。毛足が長く、顔と四肢が白い。サフォーク種などほかの種との交雑によってラム肉を生産するために用いられているほか、羊毛も利用されている。ニュージーランドの代表的な品種。

メリノ種

原産地　スペイン

毛用種・毛肉兼用種

アメリカ、ドイツ、フランス、オーストラリア、南アフリカなど世界各地で飼育されているが、そのどれもがスペインのメリノ種をベースに各地で改良されたもの。あらゆる羊のなかで、最も白くて繊細なとても質のよい毛を持っていることから、羊毛を生産するための代表的な種となっているが、食用にもされる。

ドーセット種

原産地　イギリス　ドーセット州

毛肉兼用種

温和な気候と、穀類や牧草に恵まれた土地で生まれた品種。一般的に羊の出産時期は春先だが、ドーセット種は交配シーズンが長いため、通年出産する多産種。肉の生産に適していて、オーストラリアで生産されているラムのほとんどは、ドーセット種との交雑種。

MEMO

フレンチラック+ショートロイン =ロングロイン

フレンチラックは背中の、あばら骨あたりの肉です。ショートロインは、あばら骨以降の部分で、腰あたりの肉。ヒレ肉も含まれており、Tボーンステーキもできます。この2つを合わせたものを、ロングロインと呼びます。

羊肉の部位を知る

ジンギスカンのおかげで一気におなじみになった羊肉。フランス料理やバーベキューでは、骨つきのラムチョップも人気です。羊肉の魅力をもっと知るために、部位ごとの特徴や副生物の味わいを覚えましょう。

ラムチョップのもとの形はこんな感じ！

ラック

背中のあばら骨あたりの肉。骨つき肉のグリルなら、骨まわりの肉のおいしさを味わうことができる。

MEMO

あばら骨を生かした料理

ラックを使う料理には、あばら骨を生かしたものも多くあります。骨に沿って切り分けたシンプルなラムチョップ焼きなどのほか、骨10本分程度の肉を王冠に見立てた形に整えて焼くラムクラウンは、豪華な見た目のごちそうです。

羊肉の部位図鑑（精肉）

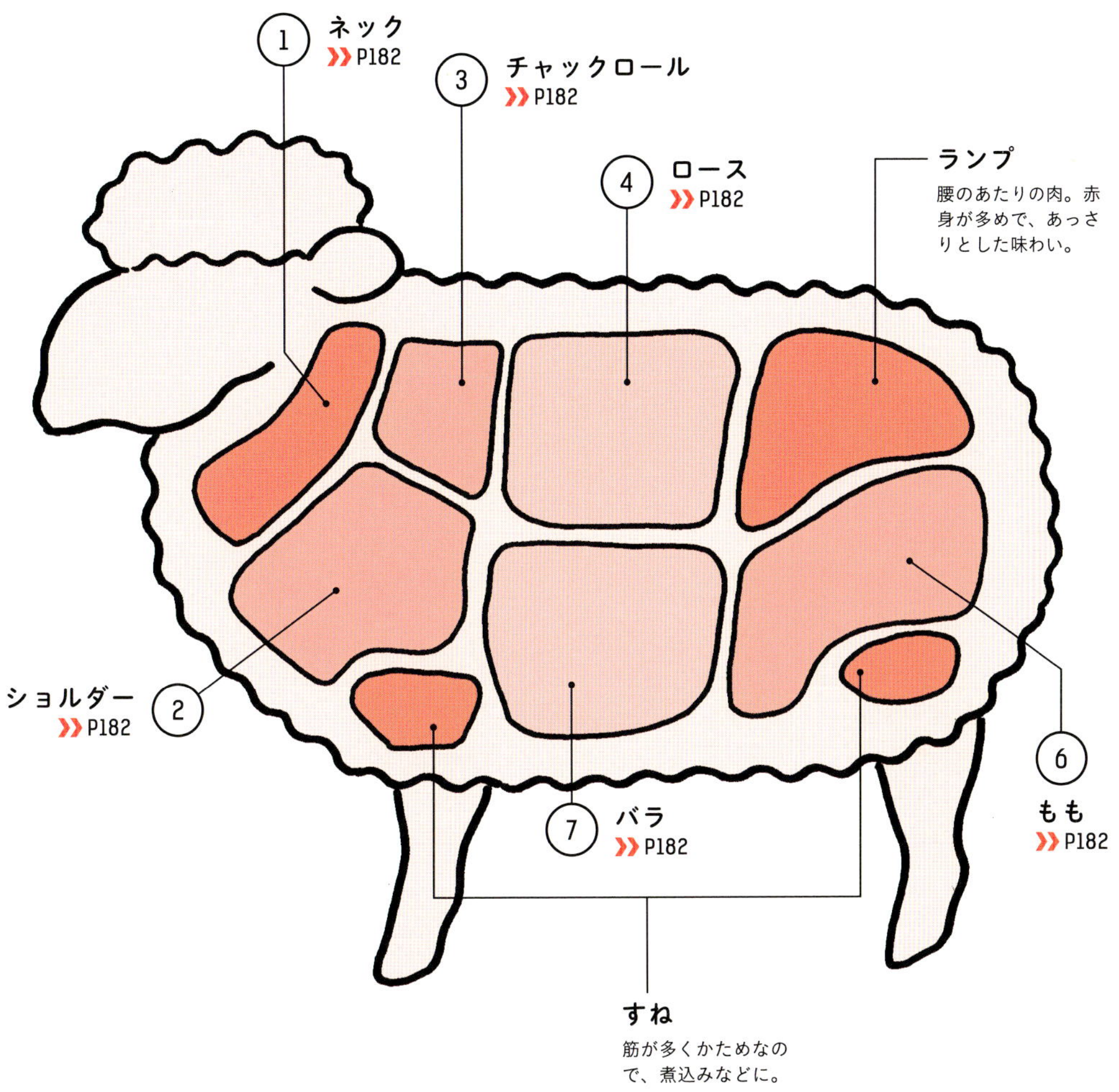

1 ネック
P182
3 チャックロール
P182
4 ロース
P182
ランプ
腰のあたりの肉。赤身が多めで、あっさりとした味わい。
2 ショルダー
P182
7 バラ
P182
6 もも
P182
すね
筋が多くかためなので、煮込みなどに。

羊肉も部位を選んで、味、食感、においの違いを楽しもう

一般的に、ジンギスカン店で肉の部位は選べないことが多いもの。ところが本場・北海道では、ロース、ヒレ、バラなど部位別に注文できる店があり、内臓メニューも豊富。こうした店は全国に登場し始めており、今後は部位を選んで注文することも増えそうです。

羊肉の部位の違いは、肉質のきめとやわらかさ、脂肪の入り方だけではなく、においの強弱もあることが特徴です。栄養学的には、L-カルニチンが豊富に含まれており、脂肪をエネルギーに変える働きをします。また、さまざまな栄養素の代謝に関与するビタミンB群のほか、鉄と亜鉛も豊富。羊肉は、美容と健康維持に役立つ肉のひとつといえるでしょう。

⑥ もも

後肢のすねより上の部分

ほかの部位と比べて脂肪が最も少ない赤身肉で、あっさりとした味わい。ローストをはじめ、調理法が幅広い。

内もも

もも肉のなかで最も大きい。ステーキやたたきにして赤身を味わうのがおすすめ。

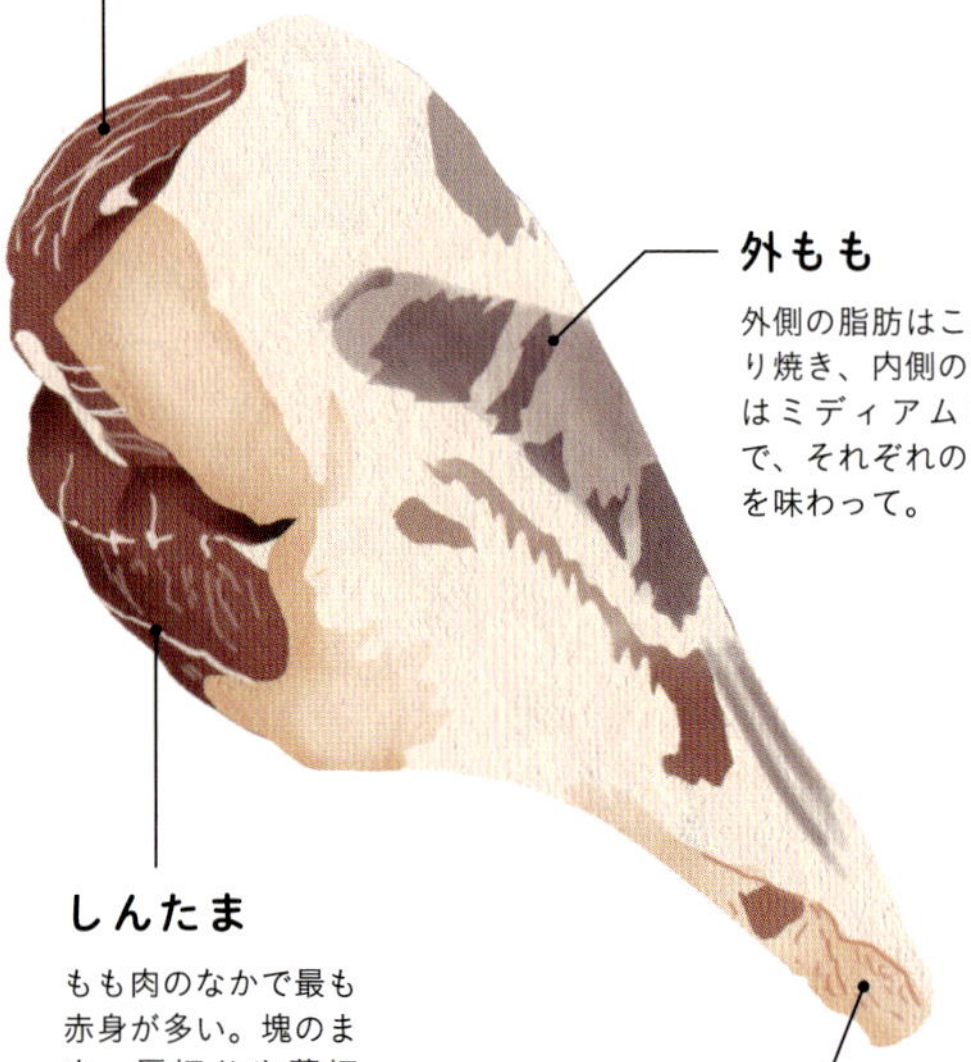

外もも

外側の脂肪はこんがり焼き、内側の赤身はミディアムレアで、それぞれの旨みを味わって。

しんたま

もも肉のなかで最も赤身が多い。塊のまま、厚切りや薄切り、ひき肉など使い方いろいろ。

シャンク

すねの先端で、普通、煮込みかソーセージなどの加工用にされる。

⑦ バラ

胸部と腹部の肉

胸側の「ブレスト」、腹側の「フラップ」を合わせたバラ肉。脂肪に甘みが、骨のまわりに旨みがある。流通量は少ないが、羊好きな人からの支持は高い。

memo 煮込みにするのが一般的。

① ネック

首まわりの肉でやわらかい

脂肪が少なく、やわらかい。ショルダーに含まれてひとくくりにされる場合もある。

memo

安価な部位なので、欧米ではスライスしたものを煮込みにすることが多い。

② ショルダー

すねより上の前肢でジンギスカンに

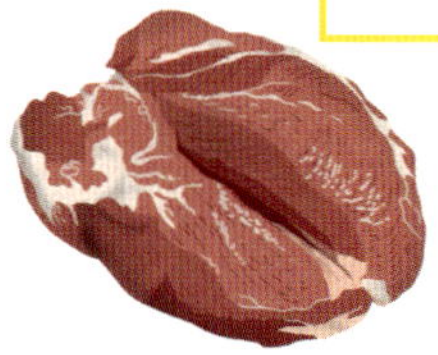

赤身と脂肪がバランスよく含まれている。かためで、筋が多い。羊肉特有のにおいがある。

memo

羊らしさを味わえるのでジンギスカンに最も使われる。煮込みにも。

③ チャックロール

ショルダー側のロースで旨みが強い

適度に霜降りになっていて、やわらかい。旨みが強く、においは少ないので食べやすい。

memo

ジンギスカンはもちろん、厚切りのステーキや焼き肉にもぴったり。

④ ロース

質が高いとされる背中の肉

とてもやわらかい赤身肉で、羊肉のなかでも上質な部位。背骨とあばら骨のついた骨つきロース肉を「ロングロイン」という。

memo ステーキやローストにするのが向いている。

羊肉の部位図鑑（副生物）

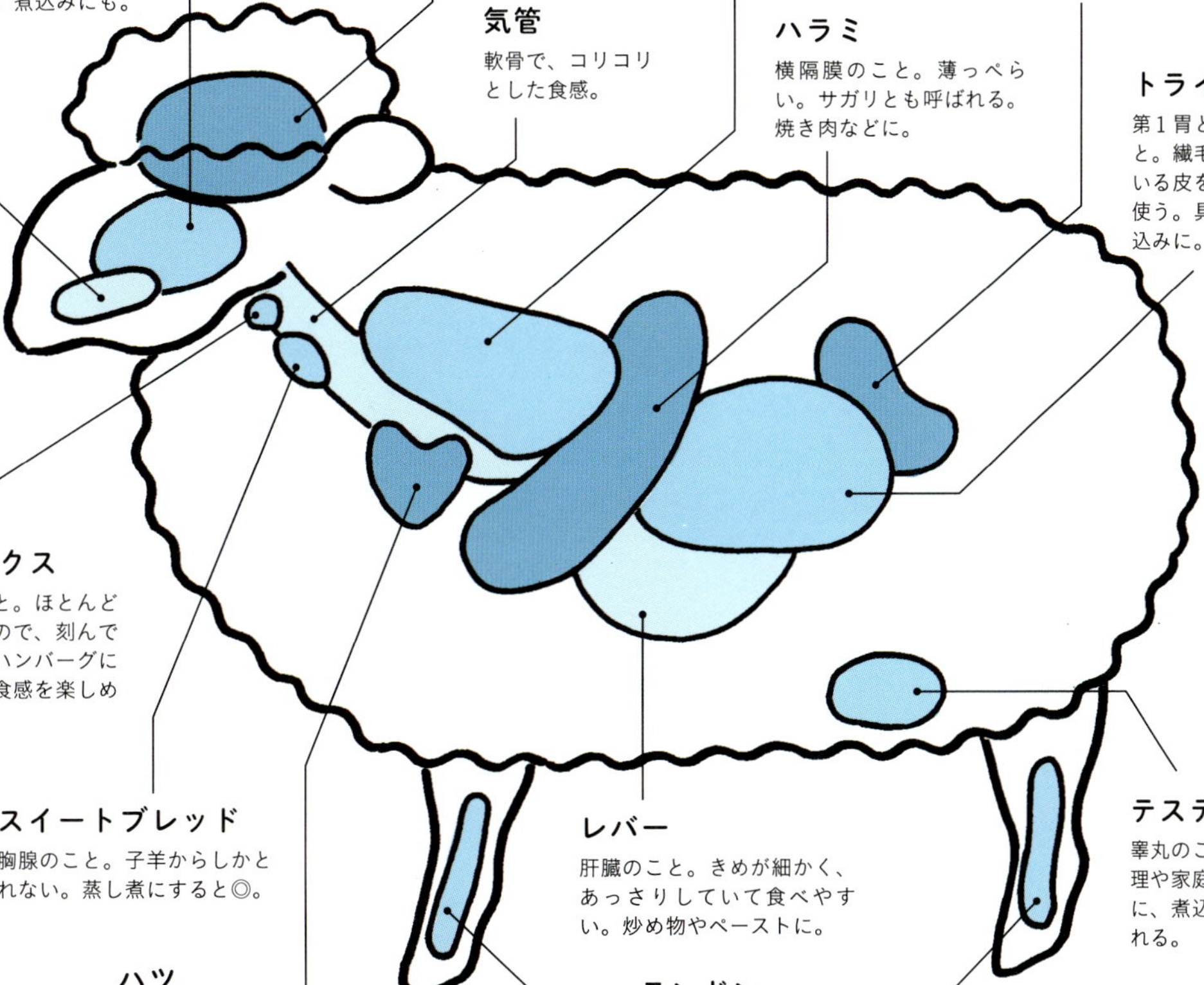
タン
舌の肉。牛タンよりやわらかい。好みの切り方で焼き肉にするのがおすすめ。煮込みにも。
ホホ
ローストにしたり、煮込んだりする。
ブレイン
脳。とてもやわらかく繊細。フライやソテー、煮込みに。
気管
軟骨で、コリコリとした食感。
フワ
肺のこと。ふわっとした食感。煮込んでも炒めてもよい。
ハラミ
横隔膜のこと。薄っぺらい。サガリとも呼ばれる。焼き肉などに。
キドニー
腎臓のこと。そら豆に似た形。子羊のものは香りがよくやわらかいが、成長すると苦味が加わりかたくなる。筋を除いて焼いたり炒めたりする。
トライプ
第1胃と第2胃のこと。繊毛が密生している皮をむいてから使う。具を詰めて煮込みに。
レリンクス
咽頭のこと。ほとんどが軟骨なので、刻んでつくねやハンバーグに入れると食感を楽しめる。
スイートブレッド
胸腺のこと。子羊からしかとれない。蒸し煮にすると◎。
ハツ
心臓のこと。適度な歯ごたえがあり、クセがなく食べやすい。好みの味つけで、焼き肉や煮込みに。
レバー
肝臓のこと。きめが細かく、あっさりしていて食べやすい。炒め物やペーストに。
テンドン
アキレス腱のこと。煮込み料理に加えることで、羊のコラーゲンをプラスできる。
テスティクル
睾丸のこと。郷土料理や家庭料理でまれに、煮込みなどにされる。

ジンギスカン店では珍しい副生物にもトライしてみたい！

羊の副生物は、肝臓、胸腺、心臓、舌、胃袋など、種類が豊富。クセが少なくてきめが細かい部位がほとんどで、牛や豚より食べやすいともいわれます。ジンギスカン店などでは、オーストラリア産や国産の内臓料理を提供しているところもあり、これから人気が高まるかもしれません。個人で冷凍品をネットショップから購入して、料理することもできます。

そもそも、羊は世界的に古くから食べられてきた家畜。中国では、北方の草原地帯で欠かせない食材で、レバーには補血の働きがあると考えられています。スコットランドでは、胃袋に内臓などを詰めてゆでたハギスという料理がポピュラーです。

ふじやに教わる

ラム肉のさばき方&切り方

ラムといえばやっぱりジンギスカン！塊肉からどうさばく？

重さが2kg以上ある、ラム肩ブロック肉。ショルダーといわれる部位で脂肪や筋が多く、おいしく食べるにはきちんと下処理することが最大のコツです。中目黒の人気店「成吉思汗ふじや」店長の東藤さんに教えてもらう極上の包丁さばきで、実際にさばいてみましょう。最近は業務用だけでなく、会員制の大型スーパーなどで手に入ります。筋などかたい部分を丁寧に掃除して、大きな筋や繊維に沿って切り分けていくと、部位ごとに分けることができます。

ラム肩ブロック肉

2114g

さばいて
食べられるのは
これだけ！

食べる部分

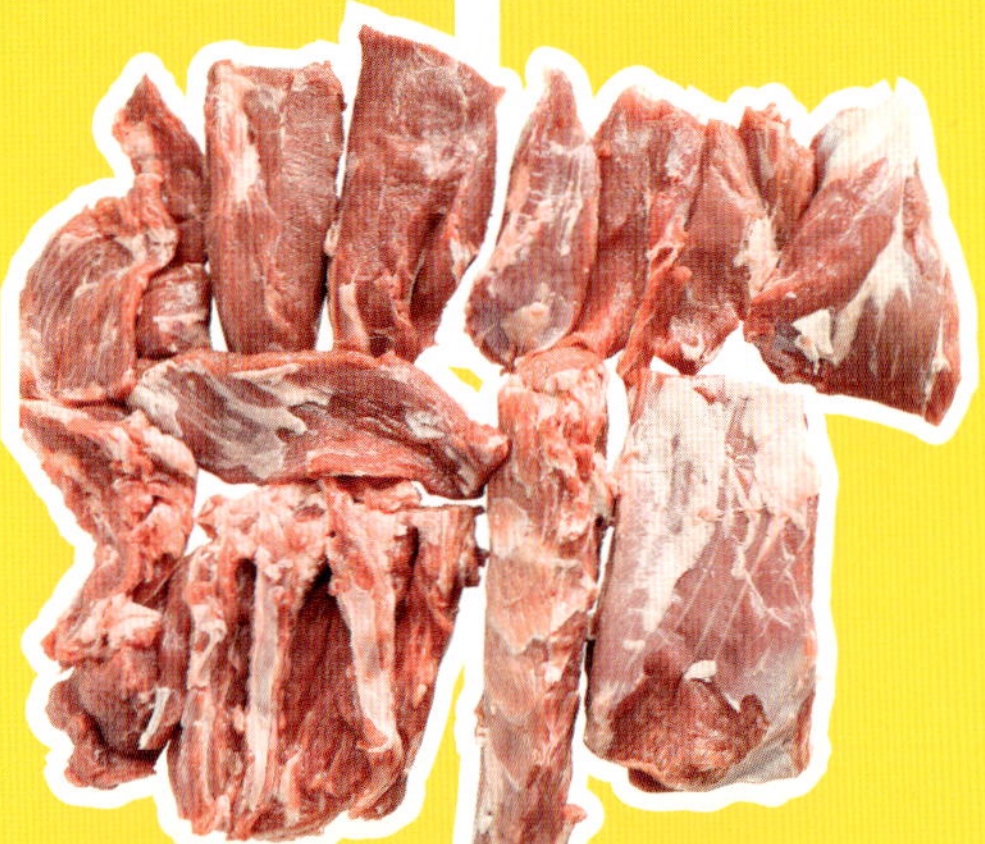

1214g

捨てる部分

900g

ラム肩ブロックをさばくHOW TO

1 ラム肩ブロック肉を広げ、筋に沿って3等分に切る。ここが、いちばんジンギスカンに使われる部位。

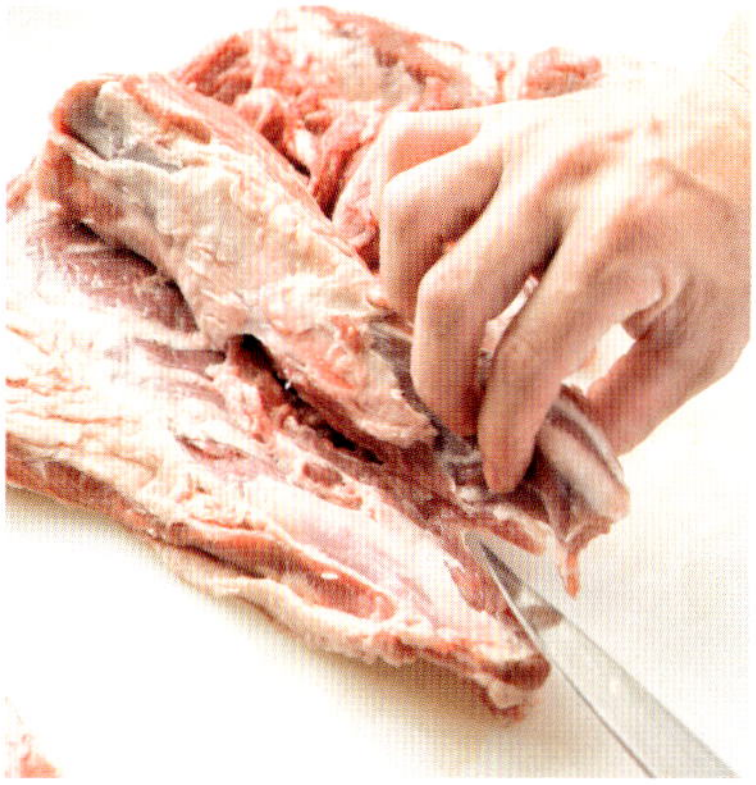

2 肩ロース部分の脇に包丁を入れながら、はがすようにさばいていく。

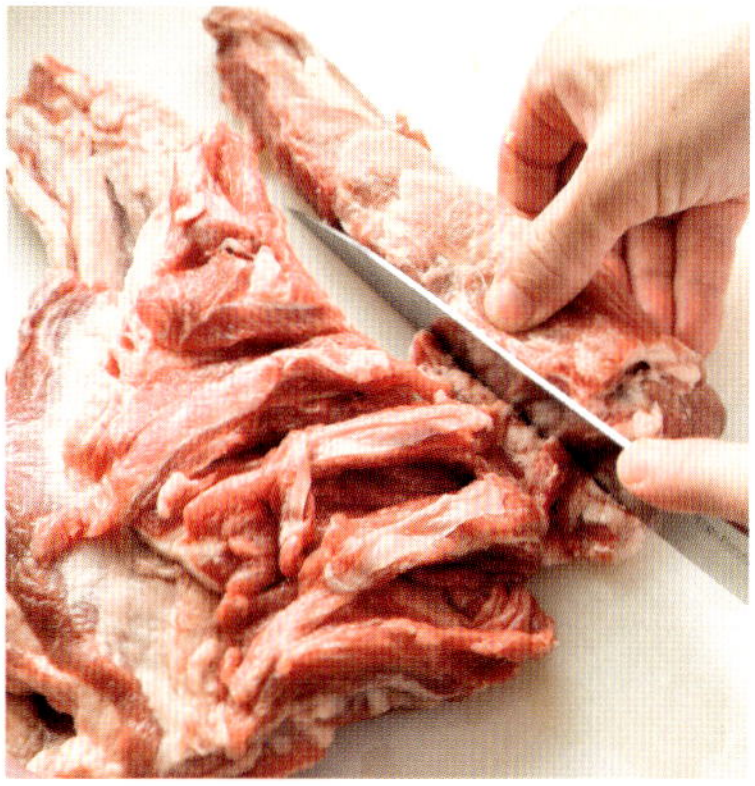

3 ある程度はがれたら、肩ロース肉の筋がついている部分を包丁で切り離す。

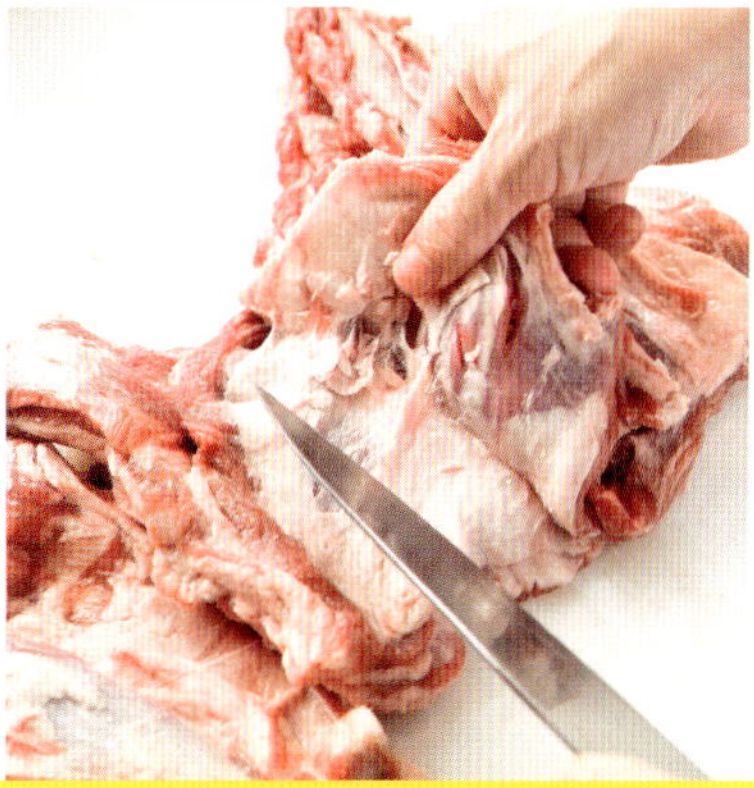

4 平らなステーキ肉部分の筋に包丁を入れながら、はがすように切っていく。

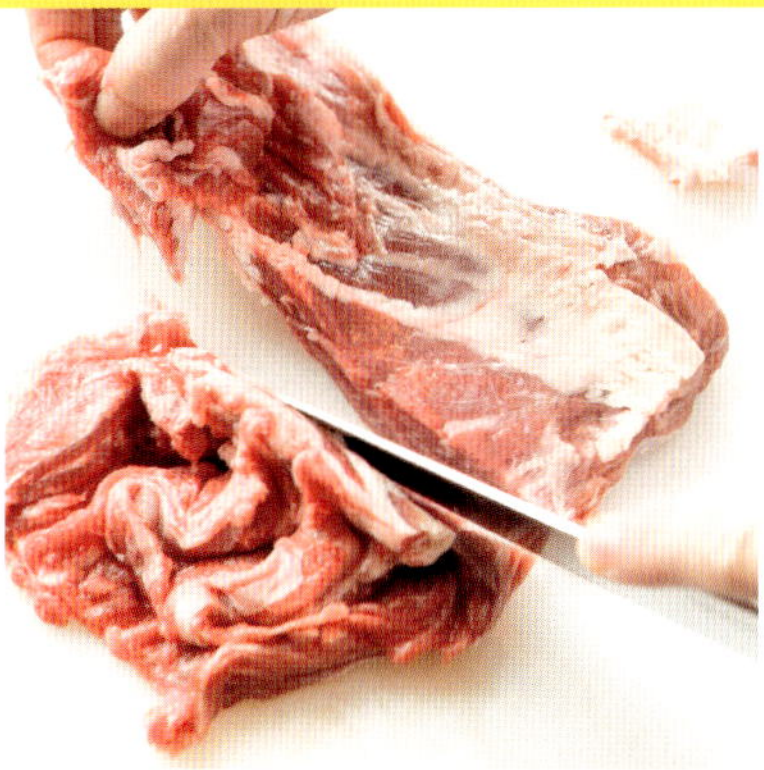

5 ある程度はがれたら、バラ肉の筋がついている部分を包丁で切り離す。

6 余分な脂肪や筋をきれいに掃除する。この処理をしっかりすることで、においもなくなる。

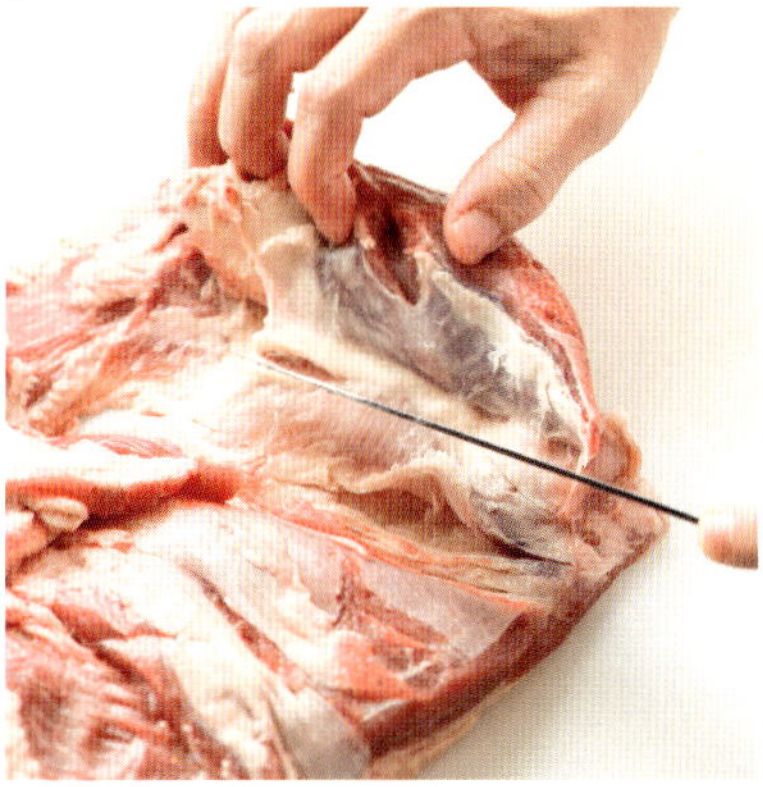

7 赤身肉など他の部位につく筋の部分にも包丁を入れて、同様に切り離していく。

8 すべてをさばき終わったら、筋がついている部分は包丁ではがすようにそいできれいにする。

水けをしっかりとるのがおいしさの秘訣！

右はそのままの肉、左は水けをよくとった肉。左のほうが旨みが濃く美味。

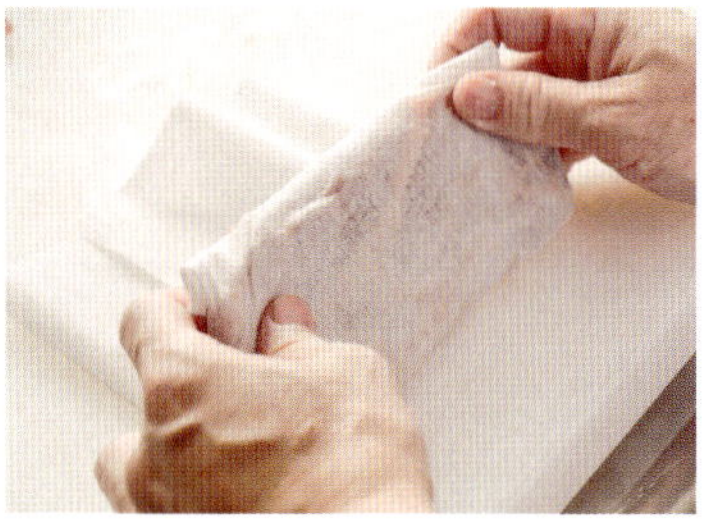

ペーパータオルでラム肉を包んでから、冷蔵庫に入れると水けがよくとれる。

バットにペーパータオルを敷き、さばいたラム肉を重ならないように並べる。

やわらかくなるラム肉の基本の切り方

ラム肩ロース肉

ラム肩赤身肉

基本は、包丁を斜めに入れてスライスすること。こうすると表面積が大きくなり、口当たりがやわらかくなる。

MEMO

**斜めにスライスすると
やわらかい口当たりに**

肉の繊維の方向に対して垂直に切ることで、繊維が断ち切れて肉はやわらかくなります。また、斜めに薄くスライスすることで、表面積は大きくなり、さらにやわらかく焼くことができます。

部位の特徴に合わせた切り方でやわらかく！

肩ロース肉や赤身肉は筋が少ない部位なので、そのまま斜めにスライスするだけでOKです。一方、肉質がしっかりしていて脂身と筋が多いステーキ肉やバラ肉は、切り方をひと工夫しましょう。ステーキ肉はそのまま焼くとかたいので、ミートテンダライザーといわれる調理器具で筋切りをしてから斜め切りに。バラ肉も食べやすく切り分けてから、包丁を細かく入れて筋を切ります。タンはやわらかくて切りにくいので、あらかじめ凍らせておくのがベスト。

部位別の切り方

ラムタン

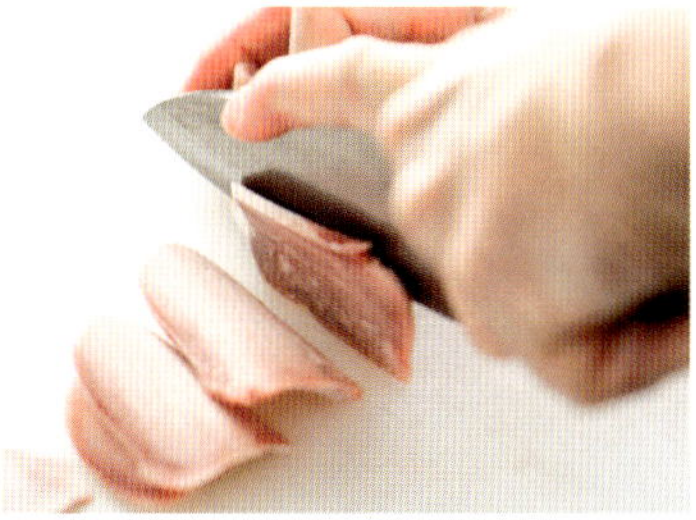

凍った状態のラムタンに端から薄く包丁を入れる。凍ったままのほうが切りやすい。

MEMO

凍った状態で切るのがコツ

タンのようなやわらかい肉は、そのままだと切りにくいので一度凍らせましょう。厚みの調整がしやすくなるうえ、カットした断面もきれいになります。薄切りにしたい場合は特に凍った状態で切るのがおすすめ。

ラムバラ肉

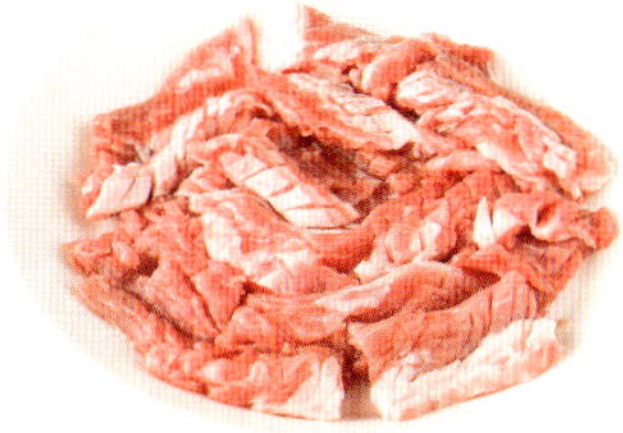

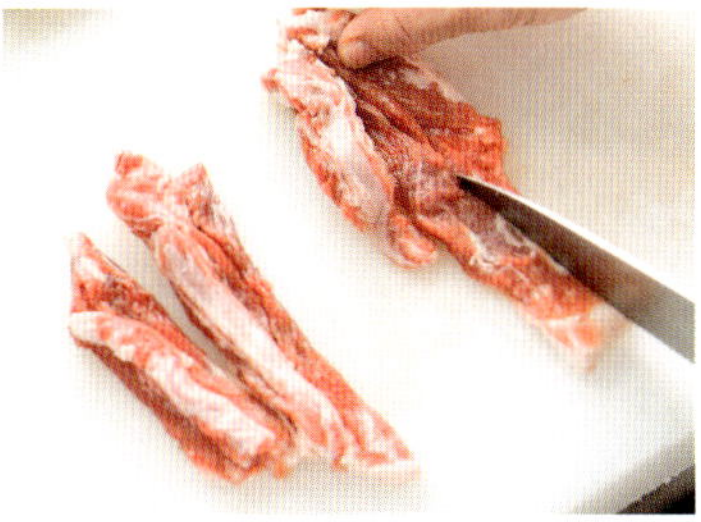

1 バラ肉は筋に沿って切り分ける。ジンギスカン用のちょうどいい大きさに。

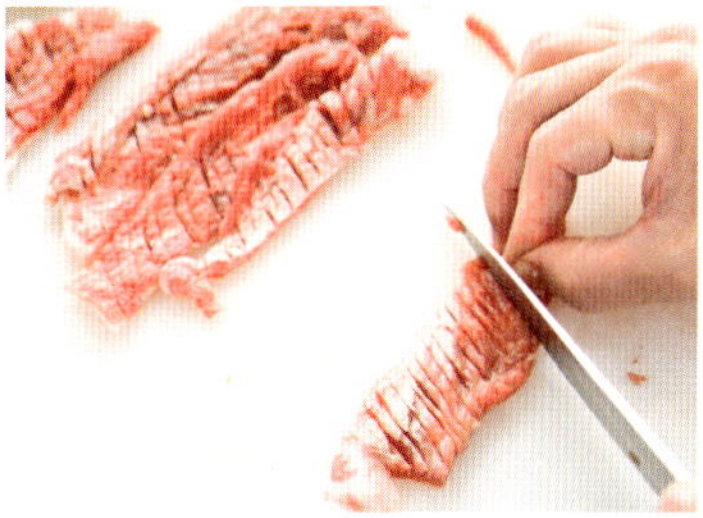

2 筋を切るように細かく包丁を入れる。こうすることで、やわらかい食感に。

ラムステーキ肉

1 筋が多いので、ミートテンダライザー（肉たたき器械）という調理器具で表面を押しながら筋切りをする。

2 両面とも筋切りしたら、斜めにスライスする。こうすることで、やわらかい口当たりに。

ジンギスカンを食す

羊肉の料理といえば、やっぱり北海道のソウルフード、ジンギスカン。地元住民には普段から親しまれ、バーベキューにも欠かせない定番料理です。ジンギスカンの名店ふじやの東藤さんに、おいしい食べ方を教えていただきました。

このお話をうかがったのは…

成吉思汗ふじや
東藤正憲さん

北海道で生まれ育ち、ジンギスカンをこよなく愛したシェフが、見事な包丁さばきでふるまう大人のジンギスカンが味わえる店。

肉の準備から焼き方、野菜やタレまでこだわる

羊肉特有のにおいの原因は、余分な脂身。羊肉を食べやすくするには「鮮度」と「下処理」が大切です。そして焼くときのいちばんのポイントは、レアに仕上げること。ラードで旨みをたして表面に焦げ目がつくまで焼いて裏返し、数秒おいたら焼き上がりです。中が薄いピンク色の状態がベスト。焼きすぎるとかたくなりやすいので、さっと焼いて熱いうちに食べましょう。焼き野菜も工夫すると、さらにおいしく味わえます。

　また、タレにもこだわってほしいものです。市販のタレでもおいしいですが、味が濃すぎると羊肉の風味が消えてしまいがち。しょうゆベースのタレやポン酢で、一味違うおいしさを味わうのもおすすめです。

部位は好みのものをチョイス

やわらかジンギスカン

材料（1人分）

- ラム肉（好みの部位）…100〜150ｇ
- 玉ねぎ…１個
- もやし…１袋
- 豆苗…１袋
- ラード…10ｇ
- 好みのタレ…適量

野菜のこと

これがふじやの定番

北海道でも定番の玉ねぎともやし。豆苗もおすすめ。もやしは細めだと上品な味わいに。

こちらもおすすめ！

目先を変えて、きのこ類を一緒に焼いても。こんにゃくは、北海道ではおなじみ。

焼くHOW TO

1 ジンギスカン鍋（または鉄板）を中火で熱し、中央にラードを置く。牛脂でもOK。この香りとコクで一層おいしくなる。

2 ジンギスカン鍋のまわりに、8等分に切った玉ねぎを置く。立てるようにしながら、均等に置いていくのがコツ。

3 玉ねぎの内側に円を描くようにもやしを敷き詰める。その上に、食べやすく切った豆苗も円を描くようにのせる。

焼き方のコツ！

鍋のまわりに野菜を敷き詰める

山なりの形と溝が特徴的なジンギスカン鍋は、下側からの火力や熱を循環させ、羊肉をじっくり焼き、その肉汁が流れ落ちるように設計されたもの。鍋のまわりに野菜を敷き詰めることで、肉汁が野菜にしみ渡ります。

ラム部位別どんな味?

ラム赤身肉

とにかくあっさりとしていて、やわらかい。においはない。

ラムバラ肉

脂身が多く、コクがある。筋が多いので、切り方を工夫して。

ラム肩ロース肉

いちばんやわらかく、味が濃厚な部位。ジンギスカンではおなじみ。

ラムタン

牛タンと違い小さいので希少な部位。コリコリしていて旨みが濃い。

4 ジンギスカン鍋のあいている山の部分に、ラム肉をのせる。なるべく鍋肌が見えないようにのせると、焦げにくくなる。

5 肉のまわりが白っぽくなり、裏面に焼き色がついてきたら裏返す。あとは火を通しすぎないように、軽く焼く。

6 肉と野菜を一緒にタレにつけて食べる。タレはお好みで、さっぱりとポン酢でも、濃厚な味のタレでもOK。

焼き方のコツ!

表と裏を8:2の比率で焼く

ラム肉は焼きすぎNG。ジンギスカン鍋に置いたら動かさず、側面が白っぽくなるまでじっと待って。焼き色がついたら裏返して、あとはさっと焼くだけ。これで、いちばんやわらかく肉汁たっぷりの羊肉を味わえます。

ジューシー ラムチョップ焼き

材料（1人分）

ラムチョップ…2本
香草パン粉…適量
塩・粗びき黒こしょう…各少々

＊香草パン粉（作りやすい分量）
- パン粉…200g
- バジル…30g
- ドライパセリ…10g
- おろしにんにく…1かけ分
- オリーブオイル…60mℓ
- 塩…40g
- 黒こしょう…20g
- 粉チーズ…20g

下ごしらえ

1 ラムチョップは、ロングロインを切り分けたもの。いちばん上の脂のかたい部分を、包丁で丁寧にそぎとる。

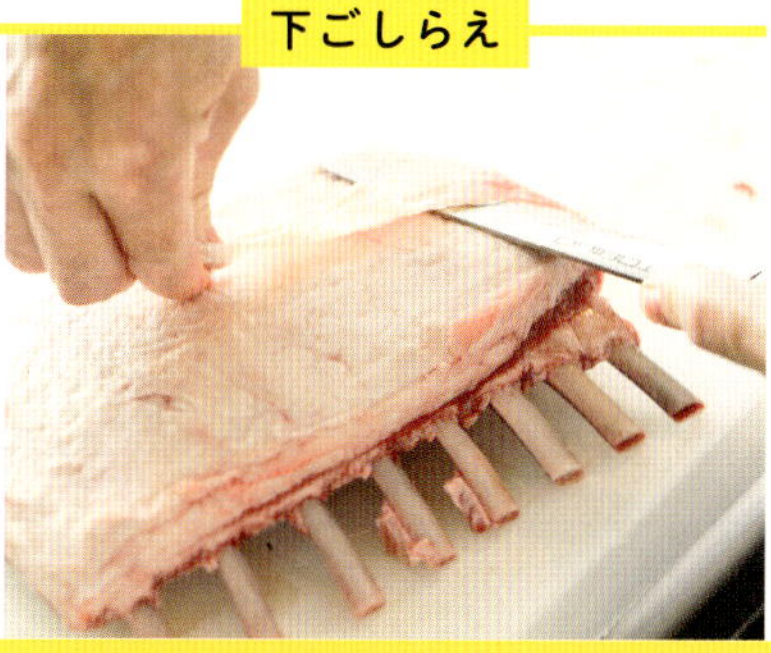

2 1の脂身側を下にして、あばら骨とあばら骨の間に包丁を入れて切り分ける。こうすると切り分けやすい。

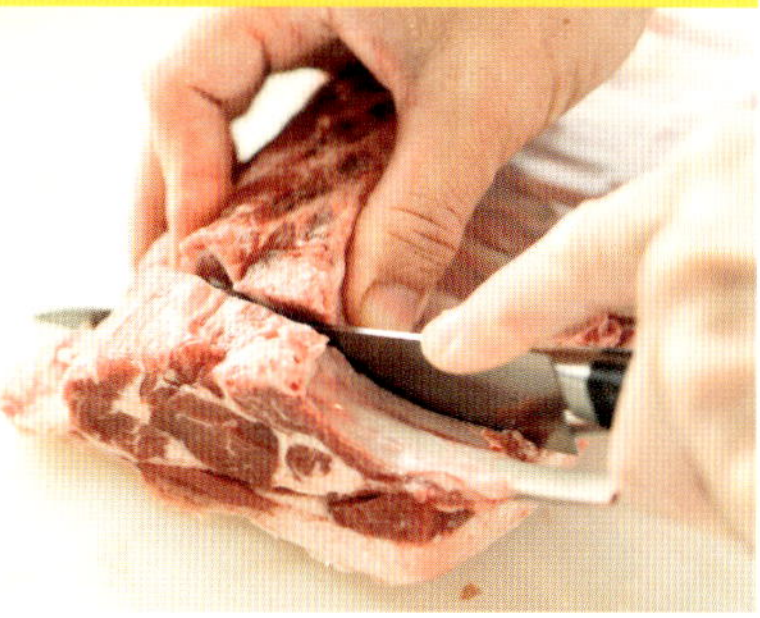

3 2の脂身と筋の部分をそのままにして焼くと縮んでしまうので、包丁の切っ先で筋切りをする。

4 3にまんべんなく塩と黒こしょうをふって下味をつける。少し高めの位置からふると、全体につきやすい。

5 香草パン粉の材料をフードプロセッサーで細かくして、4の肉部分にまんべんなくまぶす。

本調理

6 天板に網をのせ、その上に5をのせ、215℃に予熱したオーブンに入れて、9〜12分焼く。

馬肉の基本

馬刺し、さくら鍋などで人気上昇中の馬肉。品種ごとの肉質の違いなど、詳しく知ればさらに味わいを楽しむことができるでしょう。

馬肉の分類

馬肉の馬は2種類。霜降りの重種馬と赤身の軽種馬がいる

食用にする馬は、大別すると重種馬と軽種馬があり、体格の違いで分類されます。重種馬は800kg～1tでおもに熊本、軽種馬は500kg前後で福島や長野などで生産されています。それぞれ肉質に個性があり、部位にもよりますが重種馬は霜降りの肉質、軽種馬は赤身が多くてやわらかいのが特徴です。最近は馬肉専門の通販も増えており、重種馬と軽種馬を選ぶのはもちろん、輸入品や部位別の馬肉も簡単に買えるので、好みのものを探してみましょう。

\ 食用の馬は大きく分けて2種類 /

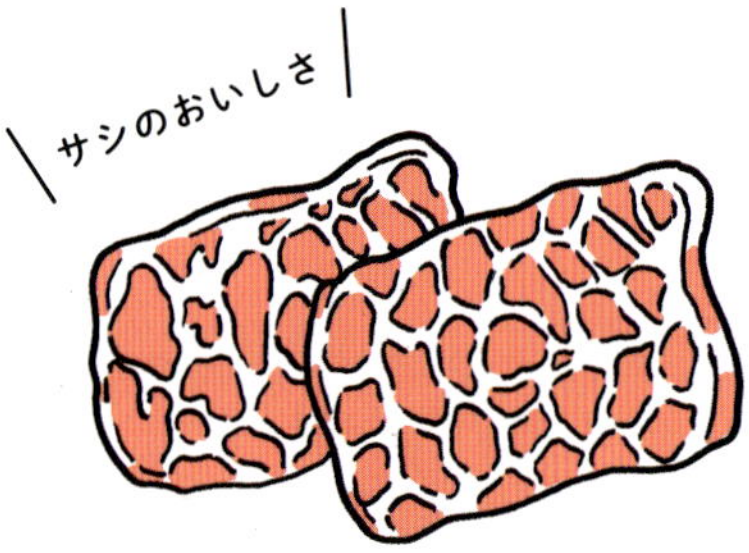

重種馬

力持ちで寒さに強いのは豊富に蓄えた脂肪のおかげ

ずんぐり大きくて力がとても強く、肉が霜降りになっているのが特徴。日本ではブルトン、ペルシュロン、ベルジャンなどの品種が飼育されている。もとは軍用や農耕用とされてきた馬種で、重いそりをひかせる北海道のばんえい競馬の馬もこれらの品種がルーツ。

赤身メインで旨みが強くやわらかな馬肉

サラブレッド、アラブなどの品種があり、筋肉質で運動を好むことから、肉は赤身の割合が多い。一般に馬刺しやさくら鍋にする馬肉は、肉用馬として牧場で飼育された馬から生産される。競走馬なども馬肉にすることはあるが、その場合は加工用肉にされることが多い。

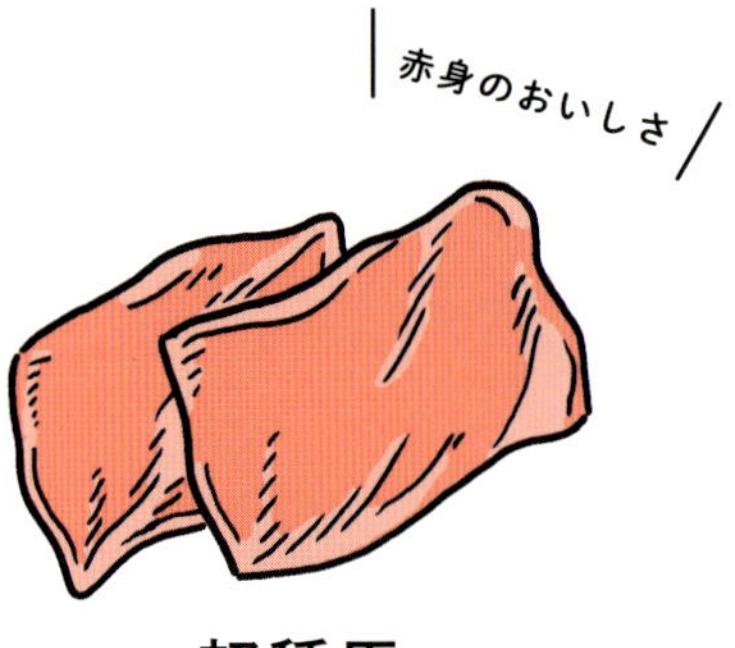

軽種馬

MEMO

馬肉を生食しやすい理由はいろいろ

牛肉や豚肉と違って馬肉を生食しやすい理由には、馬が反芻動物ではないこと、雑菌を多くは保有していないこと、また、馬肉はアレルギーを起こしにくいこと、寄生虫の心配はあれど−20℃に48時間以上おくとそれが死滅することなどがあるといわれています。

馬肉の産地と輸入先のこと

都道府県別 馬の畜頭数と枝肉生産量ベスト5（平成27年）

	都道府県	畜頭数／枝肉生産量
1	熊本県	5642頭／2316t
2	福島県	2701頭／1107t
3	青森県	1290頭／529t
4	福岡県	940頭／385t
5	山梨県	640頭／263t
	全国合計	1万2466頭／5113t

農林水産省「馬関係資料」より

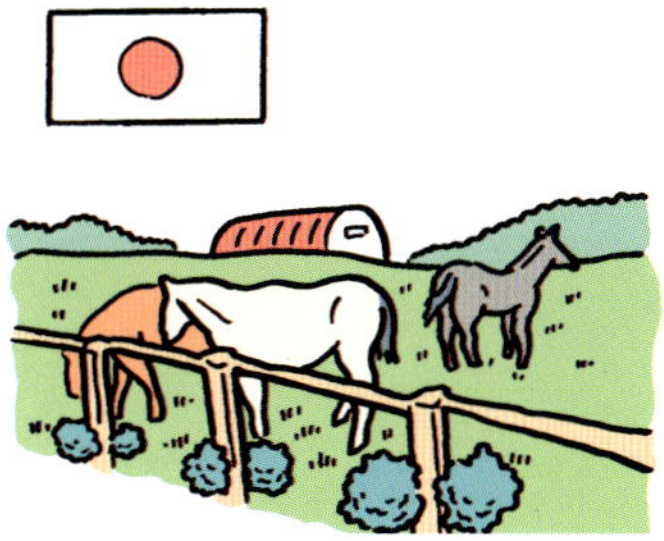

馬肉の輸入量ベスト5（平成29年）

	輸入先	輸入量
1	カナダ	2841t
2	アルゼンチン	905t
3	ポーランド	666t
4	メキシコ	598t
5	ブラジル	180t

財務省「貿易統計」より

外国産の子馬を日本で飼育した国産馬も増加中

日本で食べられる馬肉は、約40%が国産、60%が輸入品です。国産馬肉の生産量は、1位が熊本県、次いで福島県で、おもに熊本県で重種馬、福島県で軽種馬の品種を生産しています。輸入馬肉では、カナダ産がダントツの輸入量となっています。

国産馬肉には、国内で生まれ国内で肥育した純国産馬の肉と、外国で生まれ国内で肥育した馬の肉があります。馬肉は人気の高まりで供給が間に合わない状態が続いているため、カナダから若い馬を輸入して国内で肥育する、カナダ産国内肥育が増えています。JAS法では馬肉について「最も飼養期間の長い場所を原産地として表示する」と定めているため、「原産地／カナダ、肥育地／熊本県」などと表示されることもあります。

馬肉の品種

肉用馬の基本の品種は5種

世界には、100種以上もの馬の品種があるといわれます。そのなかで馬肉用とされる品種はおもに、軽種馬のサラブレッド、アラブ、重種馬のブルトン、ペルシュロン、ベルジャンです。この5種を基本に、交雑種も飼育されています。馬の飼料は原則として干し草や稲わらですが、肉用馬の場合、重種馬と軽種馬それぞれの特色を生かすために穀物飼料として、大麦、ふすま、とうもろこし、大豆、ライ麦、ビール粕、アルファルファなどを配合することもあります。

＼ 体重はなんと1t近くにも！ ／

重種馬の品種は?

ブルトン

農耕・馬車用に活躍した重種馬

フランス北西のブルターニュ地方が原産で、体高は約150～160㎝、体重は700kg～1t。ポスティエ・ブルトンと、トレ・ブルトンの２タイプがある。ポスティエ・ブルトンはノーフォークトロッターやハクニーとの交配、トレ・ブルトンはアルデンネとの交配により生まれた。トレ・ブルトンのほうが大柄である。

ペルシュロン

体高2m、体重1tの超大型種

フランスのノルマンディー地方が原産で、アメリカやオーストラリアなどでも飼育されている。体高は160～170㎝で大きなものは2ｍを超え、体重は約1t。世界で最も大きい馬の原種といわれる。脚が短く胴が太いのが特徴。性格はおとなしいが非常に力が強いので、昔は戦車をひいたとも。北海道のばんえい競馬でも活躍した。

＼ 引き締まったスリムなボディ ／

軽種馬の品種は?

サラブレッド

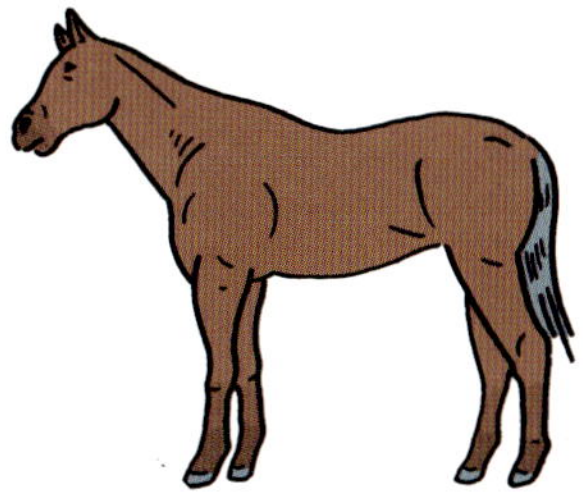

競争馬、乗馬用として品種改良された馬

体高はおよそ160〜170㎝で、体重は450〜500kg。そもそも速く走ることを目的として品種改良された馬で、頭は小さくて足が長く、胸や臀部の筋肉は発達し、競走馬に向いている。馬肉になるのは、福島県会津地方などで初めから肉用馬として飼育された馬のほか、競走馬として見込みがないとされた馬が肉用に飼育されることもある。

アラブ

サラブレッドより小柄で丈夫な馬

その名の通りアラビア半島を起源とする品種で、遊牧民の手によって改良されてきたといわれる。体高は約140㎝〜150㎝、体重は約400kgと、サラブレッドより小柄で速さも劣るが、耐久性があり、気候の変化にも強い。日本でアラブ馬といわれるのはサラブレッドとの交配種のアングロアラブ。跳躍力があり、障害競走の馬として知られる。

ベルジャン

農耕・運搬用のタフな馬

ベルギーのブラバンド地方原産なので「ブラバント」とも呼ばれる。体高は160〜170㎝、体重は900kg前後だが、大型のものは体高2m、体重1tを超えるものも。このベルジャンとペルシュロン、ブルトンを交配して生まれたのがペルブルジャン種で、肉用馬として優れ、霜降り肉でやわらかく馬刺し向き。

MEMO

馬肉の品種と脂肪・赤身

とろける霜降り肉なら重種馬、あっさりした赤身肉なら軽種馬を選びたいところ。そのためには産地が決め手です。熊本産は重種馬、会津産は軽種馬、さらにカナダ産は熊本産に近く、ポーランドやアルゼンチン産は会津産に近いとされます。

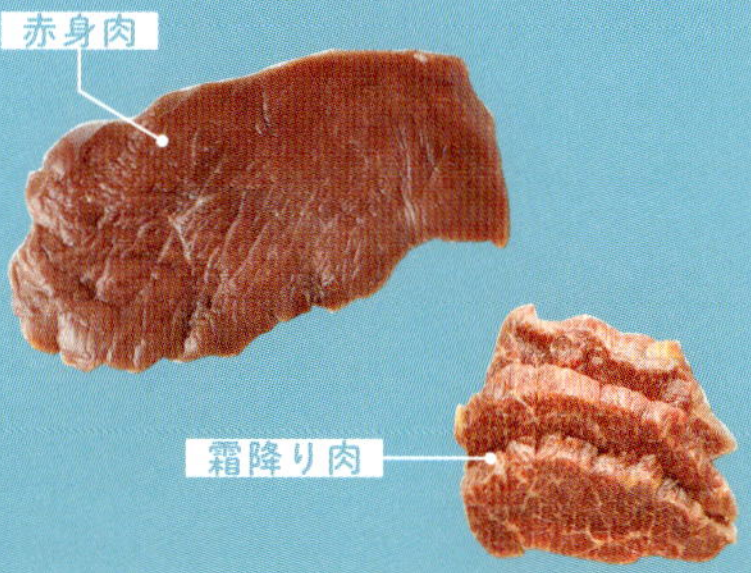

馬肉の部位を知る

馬は大きな家畜なので、部位による味わいの違いが大きいのが特徴。鍋、焼き肉、刺身などの料理に合わせた部位を選ぶと、馬肉の魅力は大きく広がります。生食ができる副生物も楽しみのひとつです。

この肉って、どこの部位？
どんな食感？ どんな味？

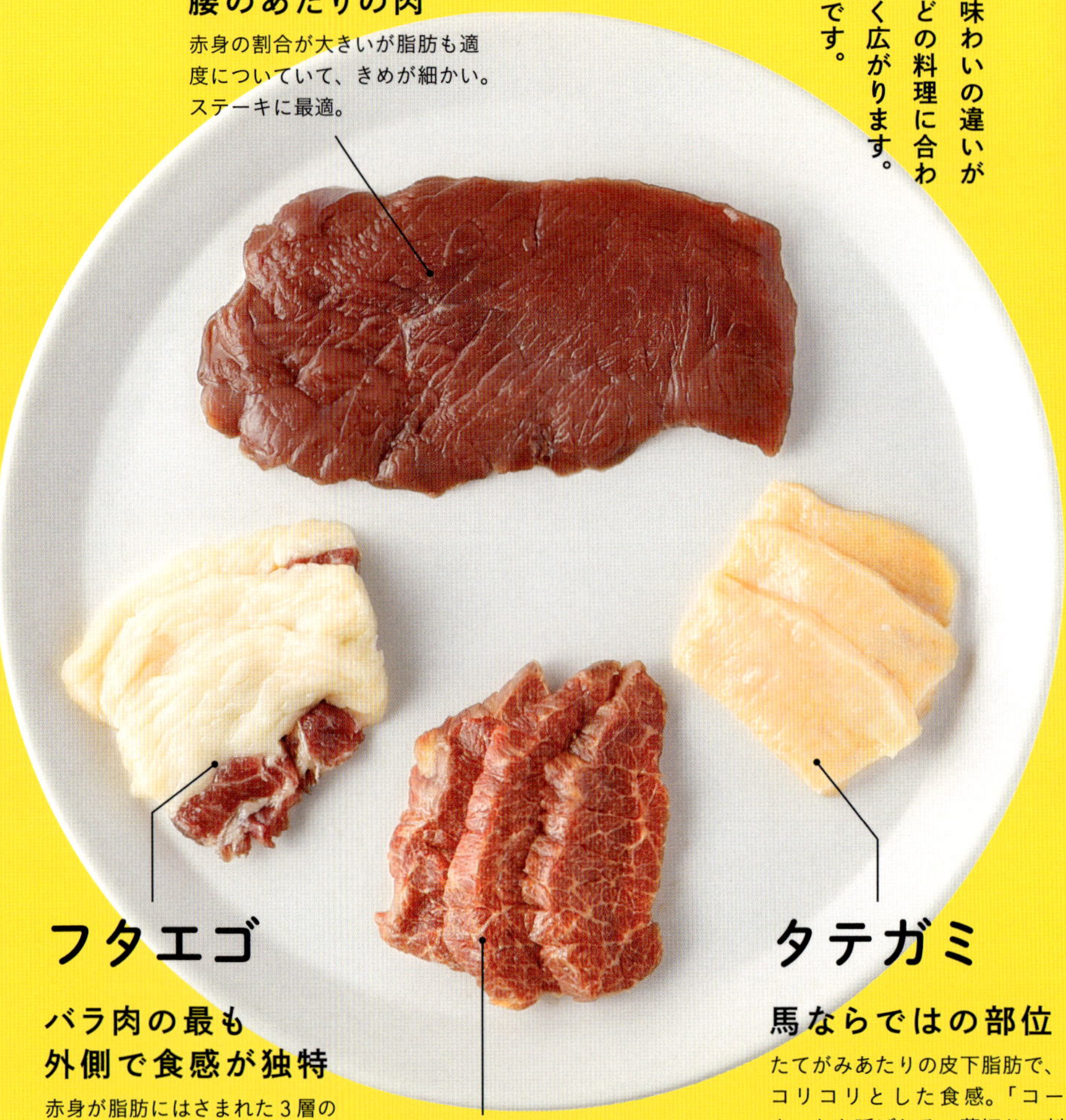

サーロイン

腰のあたりの肉

赤身の割合が大きいが脂肪も適度についていて、きめが細かい。ステーキに最適。

フタエゴ

バラ肉の最も
外側で食感が独特

赤身が脂肪にはさまれた３層の希少部位。コリコリとした食感。馬刺しやユッケに。

肩バラ

あばら骨のまわりの
肩に近い位置の肉

脂肪が多く、霜降りになりやすい部位。馬刺しにするほか、あぶってジューシーさを味わうのもよい。

タテガミ

馬ならではの部位

たてがみあたりの皮下脂肪で、コリコリとした食感。「コーネ」とも呼ばれる。薄切りの刺身にして、赤身肉と一緒に食べるのが◎。

馬肉の部位図鑑（精肉）

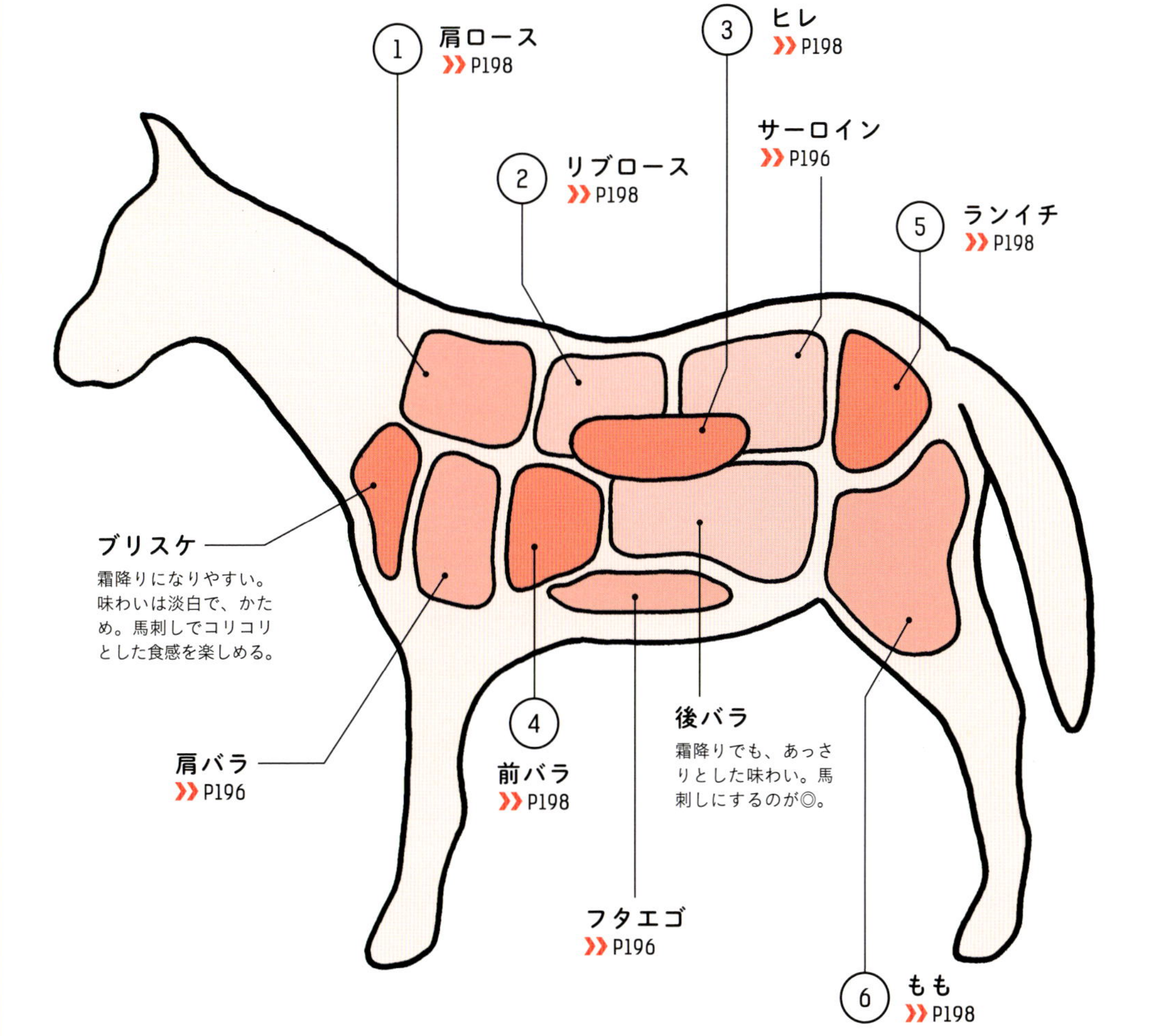

1 肩ロース
>> P198
2 リブロース
>> P198
3 ヒレ
>> P198
サーロイン
>> P196
5 ランイチ
>> P198
ブリスケ
霜降りになりやすい。味わいは淡白で、かため。馬刺しでコリコリとした食感を楽しめる。
肩バラ
>> P196
4 前バラ
>> P198
後バラ
霜降りでも、あっさりとした味わい。馬刺しにするのが◎。
フタエゴ
>> P196
6 もも
>> P198

味わいや食感に個性がいっぱい！馬ならではの部位も

　さくら肉、蹴飛ばしとも呼ばれる馬肉。信州や九州では昔から親しまれていましたが、ヘルシーで食べやすいことから最近は全国的に人気です。ほかの肉よりタンパク質が豊富で脂肪が少なく、全般にあっさりとしています。また、体内にエネルギー源として蓄えられる、グリコーゲンという成分が多く含まれるのも特徴です。

　馬肉の部位は、ロースやももなど牛と同じ名称も多いですが、フタエゴ、タテガミといった馬ならではの名称があるのが興味深いところ。専門店ではこれらの部位を、鍋や刺身など、それぞれの特徴に適した調理で楽しむことができます。ちなみに馬刺しの霜降りは、管理して穀物肥育した馬から生産されています。

① 肩ロース

前肢に近い背肉で馬刺しに◎

適度に脂がのっていて赤身とのバランスがよく、さっぱりした味わい。肩ロースの一部は「クラシタ」と呼ばれる。

memo
おもに馬刺しに。しゃぶしゃぶにも使われる。

② リブロース

背中中央の高級部位

ほかの部位よりもきめが細かくてやわらかく、高級部位とされる赤身肉。

memo
切り分ける前の塊の端にある「カブリ」は、焼き肉、ステーキ、しゃぶしゃぶに。

③ ヒレ

背骨の内側の肉

牛や豚のヒレと同様、脂肪が少なくとてもやわらかで、なめらか。上品な味わい。

memo
厚切りの馬刺しにするのも◎。

④ 前バラ

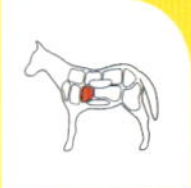

腹部の前方の肉で脂肪が多い

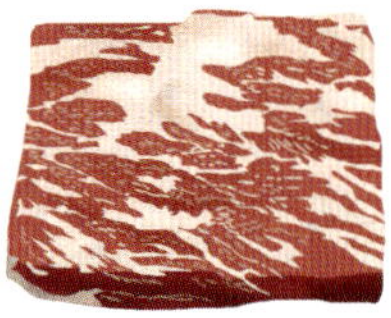

トロと呼ばれるほど脂がのっている。なかでも「さんかくばら」は最高級部位として扱われる。

memo
馬刺し、焼き肉、すき焼きなどで脂を味わって。

⑤ ランイチ

腰から尻にかけてのやわらかい肉

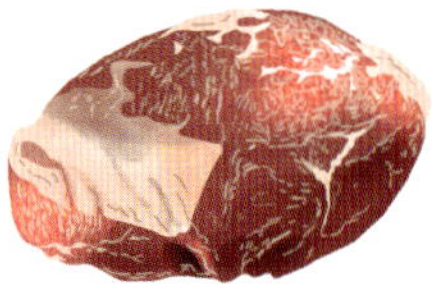

脂肪が少なく、赤身の多い部位。筋はあるが、やわらかく肉質がしっかりしている。

memo
馬刺しによく使われる。煮込みにも向いている。

⑥ もも

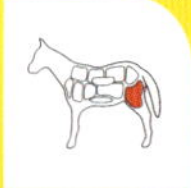

後肢のもも部分でさっぱり味

よく運動する部分なので、脂肪が少ない。やわらかくて風味のあるさっぱりとした味わいなので、馬刺しやたたきなどに。

内もも
外ももと比べると、やわらかめ。

しんたま
もものなかで最もやわらかい。

外もも
もものなかで最も大きい部分。赤身をしっかり味わえる。

バラオビ

後バラのなかにある脂肪の多い部分

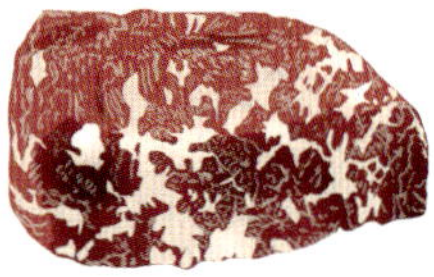

特に脂がのっているので、馬刺しだけでなく焼いたり煮たりと加熱料理に使いやすい。

ヒモ

あばら骨の間の肉で噛むほどおいしい

歯ごたえが独特で、噛むほど肉の甘みや旨みが広がる。馬刺しと焼き肉で違った食感に。

馬肉の部位図鑑（副生物）

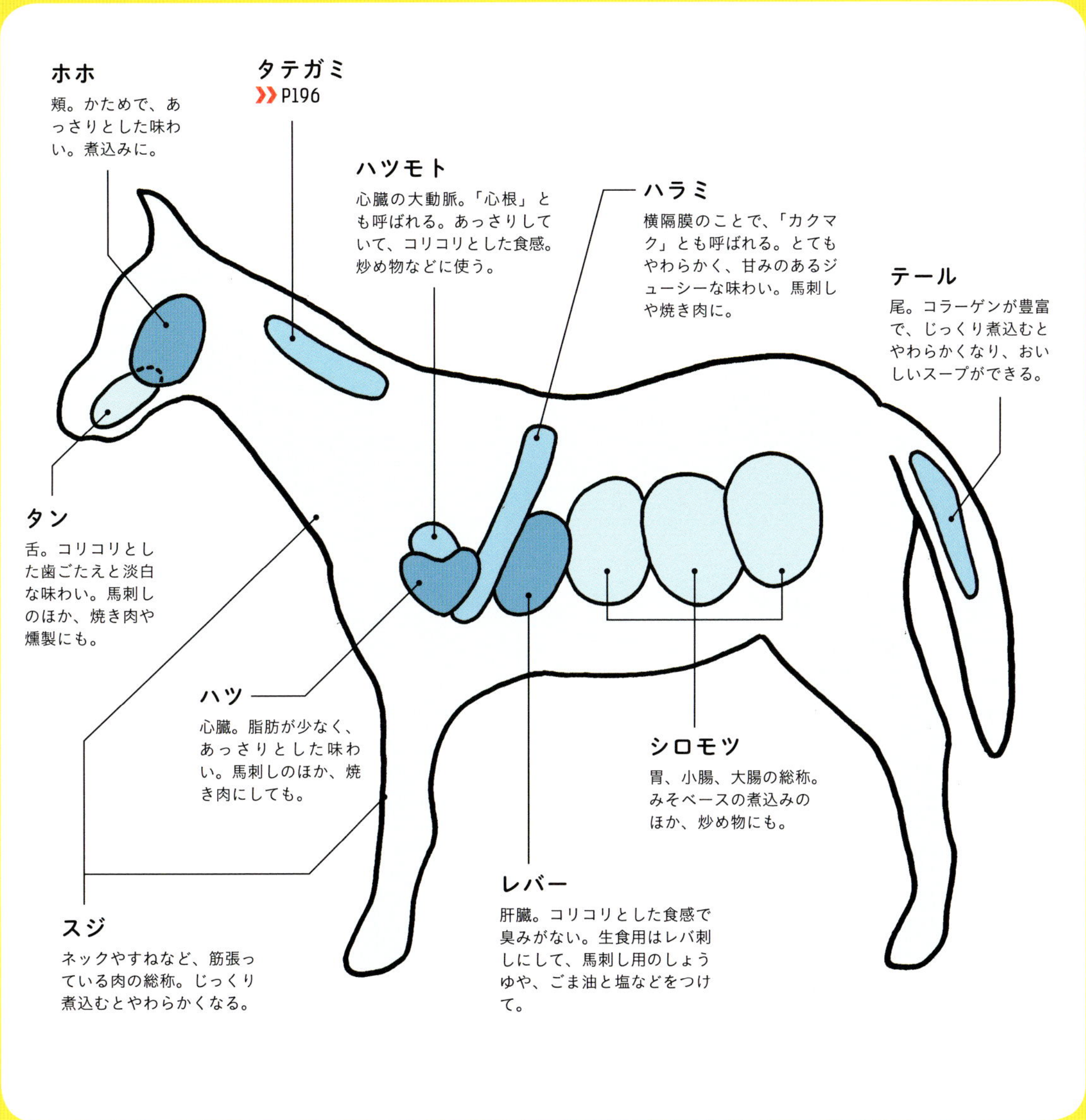
ホホ
頬。かためで、あっさりとした味わい。煮込みに。
タテガミ
››P196
ハツモト
心臓の大動脈。「心根」とも呼ばれる。あっさりしていて、コリコリとした食感。炒め物などに使う。
ハラミ
横隔膜のことで、「カクマク」とも呼ばれる。とてもやわらかく、甘みのあるジューシーな味わい。馬刺しや焼き肉に。
テール
尾。コラーゲンが豊富で、じっくり煮込むとやわらかくなり、おいしいスープができる。
タン
舌。コリコリとした歯ごたえと淡白な味わい。馬刺しのほか、焼き肉や燻製にも。
ハツ
心臓。脂肪が少なく、あっさりとした味わい。馬刺しのほか、焼き肉にしても。
シロモツ
胃、小腸、大腸の総称。みそベースの煮込みのほか、炒め物にも。
レバー
肝臓。コリコリとした食感で臭みがない。生食用はレバ刺しにして、馬刺し用のしょうゆや、ごま油と塩などをつけて。
スジ
ネックやすねなど、筋張っている肉の総称。じっくり煮込むとやわらかくなる。

刺身もＯＫ！
馬の副生物を知れば より魅力が楽しめる

馬の副生物は、レバー、ハツ、タンなど、牛や豚と同じ部位に加え、タテガミ、大動脈（ハツモト）など珍しい部位も利用されています。牛と同様にとても大きな家畜なので、部位は複雑で種類が多いのです。刺身で楽しむことのできる部位がたくさんある点も、大きな特徴でしょう。また、牛や豚と同じように胃腸も食べることができ、馬モツとして親しまれています。これらは、モツ鍋、煮込み、炒め物などにぴったりです。

人間が食べるための基準をクリアした馬肉と副生物は、ドッグフードとしても注目されています。生のまま練り合わせて冷凍したものがローフードとして販売され、一般的なドライフードよりも犬の毛並みや筋肉を健康に育てるといわれています。

まだまだある！
食肉事典①

イノシシ肉

肉食禁止の時代でも、実は食べられていたイノシシ。近年、ジビエ利用の拡大推進に伴い再び注目されています。

どんな種類がある？

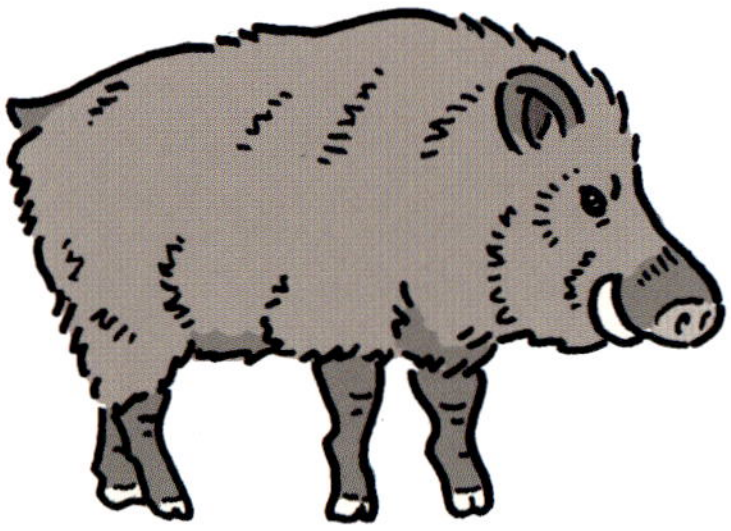

ニホンイノシシ

本州、四国、九州などに生息している、日本において一般的な種。成体の体重は、60〜100kg以上と個体差がある。茶色、茶褐色、黒褐色などの粗い毛が生え、筋肉の発達したがっしりとした体格で、力が強い。

リュウキュウイノシシ

鹿児島の奄美大島、沖縄本島や石垣島などに生息している。生息地によって体格に差はあるものの、おおむね成体でも40〜60kg程度。ニホンイノシシよりも小ぶりだが、肉の味に大差はない。

MEMO

ジビエの肉は必ずよく加熱すること

野生動物は、E型肝炎ウイルスなどのウイルスや、細菌に感染していたり、寄生虫などが付着していたりするリスクがあります。肉の中心温度が、75℃に達して1分以上、または63℃に達して30分以上などの条件を満たす加熱調理をすれば、これらの感染は予防できます。

野生は味の個体差を、飼育は安定した味をそれぞれ楽しめる

　野生鳥獣のジビエ利用が広まっている昨今。国産のイノシシ肉の多くは野生のもので、それぞれ生息している環境や餌が違うことから、肉の味にも個体差があります。その違いを楽しんでみるのもいいかもしれません。飼育されているのはイノシシと豚を交配させたイノブタで、豚肉に近いものですが、現在の流通量は少なくなっています。また、輸入されるイノシシ肉はほとんどが飼育されたカナダ産で、個体による味の違いはなく安定した味を楽しめます。

　イノシシ肉には霜降りがなく、肉と脂がくっきりと分かれていることから、見た目が紅白で縁起のよい食べ物としても親しまれています。ぼたん鍋によく使われるロースのほか、肩ロース、ランプが高級部位とされます。

イノシシ肉の部位を知る

通販などでよく出回っているのは、ロース、もも、バラなど。副生物は販売が禁止されています。

イノシシ肉の部位図鑑（精肉）

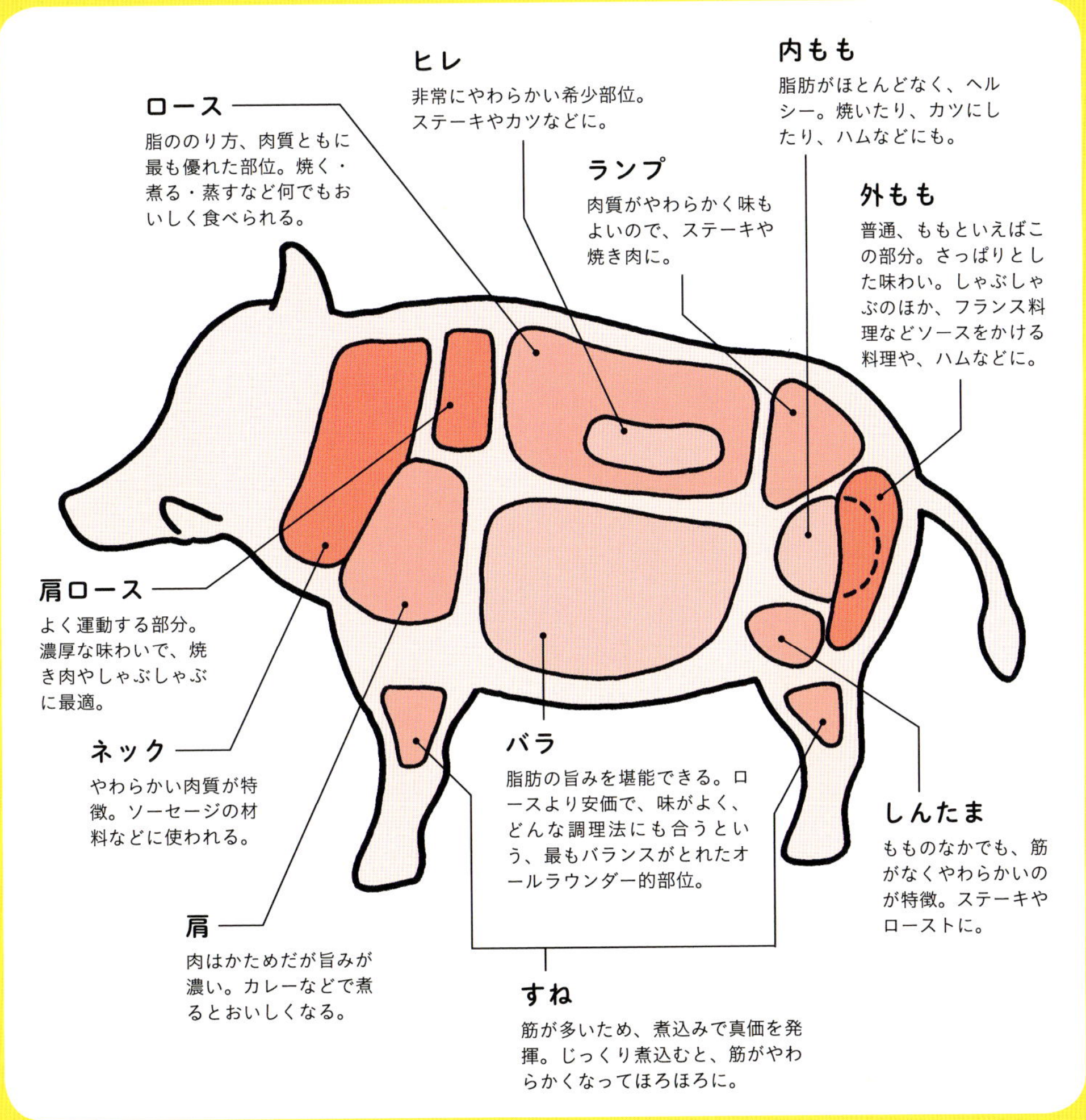

ヒレ
非常にやわらかい希少部位。ステーキやカツなどに。
内もも
脂肪がほとんどなく、ヘルシー。焼いたり、カツにしたり、ハムなどにも。
ロース
脂ののり方、肉質ともに最も優れた部位。焼く・煮る・蒸すなど何でもおいしく食べられる。
ランプ
肉質がやわらかく味もよいので、ステーキや焼き肉に。
外もも
普通、ももといえばこの部分。さっぱりとした味わい。しゃぶしゃぶのほか、フランス料理などソースをかける料理や、ハムなどに。
肩ロース
よく運動する部分。濃厚な味わいで、焼き肉やしゃぶしゃぶに最適。
ネック
やわらかい肉質が特徴。ソーセージの材料などに使われる。
バラ
脂肪の旨みを堪能できる。ロースより安価で、味がよく、どんな調理法にも合うという、最もバランスがとれたオールラウンダー的部位。
しんたま
もものなかでも、筋がなくやわらかいのが特徴。ステーキやローストに。
肩
肉はかためだが旨みが濃い。カレーなどで煮るとおいしくなる。
すね
筋が多いため、煮込みで真価を発揮。じっくり煮込むと、筋がやわらかくなってほろほろに。

COLUMN

おいしいイノシシ肉の条件は？

野生では、冬のイノシシが栄養を蓄えていておいしいとされます。ただ、1～2月になると餌が減り、栄養不足でやせている、脂の質が低下しているということも。そのため11～12月のイノシシが最もおいしいといえるでしょう。

また、メスのほうが肉質がよく、体重60～80kgのメスが極上といわれます。オスは発情期ににおいがきつくなり、体重100kg前後の大型のものは肉質もかたくなりますが、きちんと処理・加工すれば問題ありません。イノシシの子どもは、肉がやわらかく、あばら骨に沿って切った骨つき肉がBBQにぴったりです。

シカ肉

ジビエの流行とヘルシーさで人気が高まっているシカ肉。「もみじ」とも呼ばれる赤身は、馬肉にも似たおいしさが楽しめます。

どんな種類がある？

エゾシカ

北海道に生息している大型種。年齢が進むにつれて鉄分の増した赤身になり、シカらしい風味も強くなる。

ホンシュウジカ

本州に生息。エゾシカより小さい。シカ特有の風味は少なめで、肉質はきめが細かくてやわらかい。

ノロジカ

ヨーロッパ、東アジアに生息する、25kgほどの小型種。肉質は良質で、シカのなかでも肉がやわらかいとされる。

アカシカ

ヨーロッパ、北アフリカ、中央アジアに生息する大型種。日本に輸入されるほとんどがこの種類。

野生の国産ものはあっさり味。独特なにおいの輸入ものも

シカ肉は赤身で、たんぱく質が豊富で脂肪は少ないヘルシーな肉として注目されています。オスよりもメスの肉がやわらかくて脂があるとされ、また、2歳くらいがもっともおいしいともいわれます。最近は、フランス料理などでジビエの人気が高まっています。

シカ肉には、日本で狩猟された野生のものと、ニュージーランドやフランスなど海外で家畜として飼育されたものがあります。日本では、狩猟や有害鳥獣駆除によって多くのシカが捕獲されており、その一部は食肉処理業者によって解体処理され、食肉として流通しています。国産の野生シカはクセがなくて食べやすいのが特徴で、海外の飼育シカは飼料による独特のにおいがあるともいわれます。

シカ肉の部位を知る

全体的に脂肪が少ないので、脂肪をためる初秋がおいしい。赤身肉に含まれる鉄の多さは、食肉のなかでもトップクラスです。

シカ肉の部位図鑑（精肉）

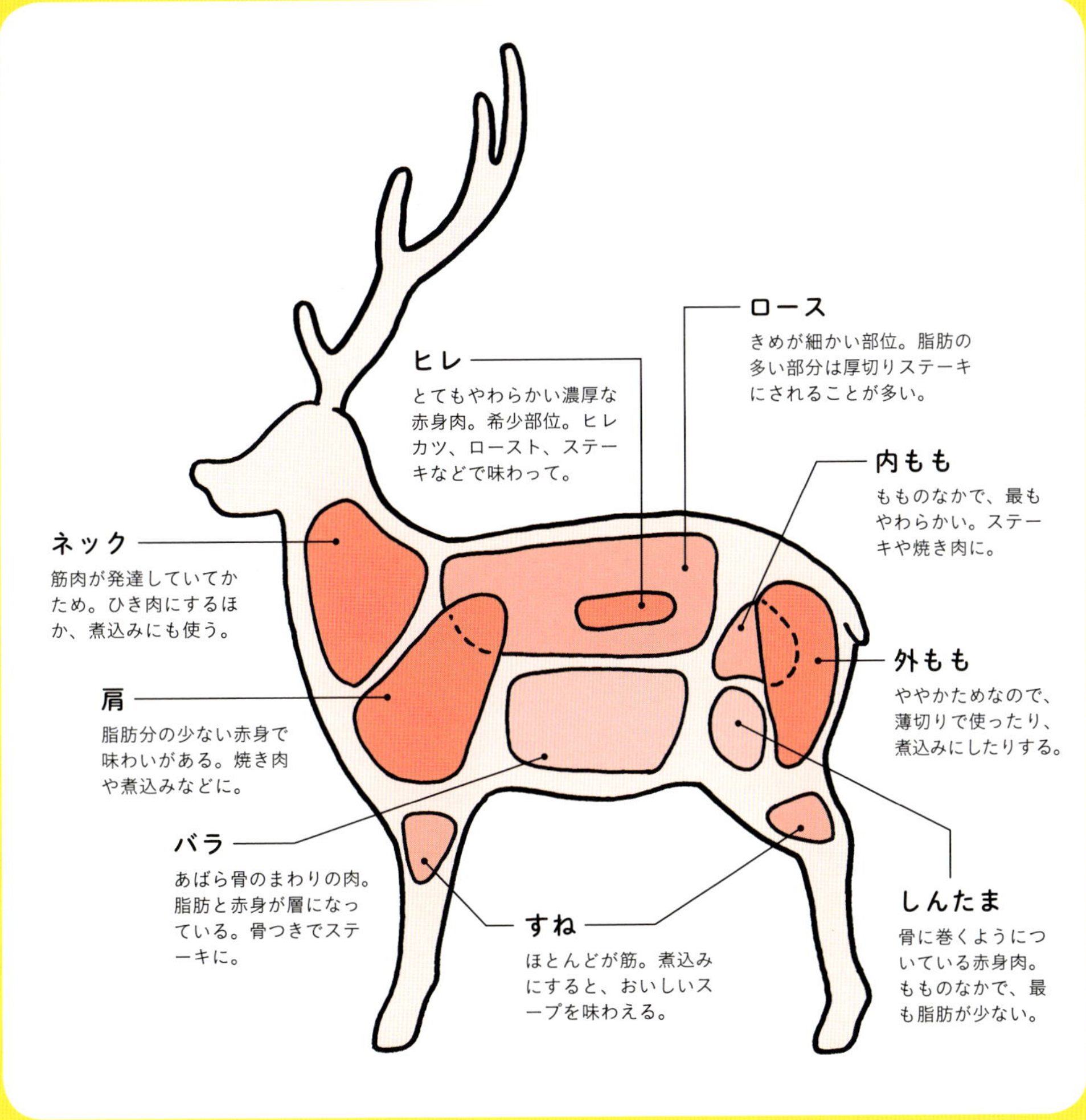
ネック
筋肉が発達していてかため。ひき肉にするほか、煮込みにも使う。
肩
脂肪分の少ない赤身で味わいがある。焼き肉や煮込みなどに。
バラ
あばら骨のまわりの肉。脂肪と赤身が層になっている。骨つきでステーキに。
ヒレ
とてもやわらかい濃厚な赤身肉。希少部位。ヒレカツ、ロースト、ステーキなどで味わって。
ロース
きめが細かい部位。脂肪の多い部分は厚切りステーキにされることが多い。
内もも
もものなかで、最もやわらかい。ステーキや焼き肉に。
外もも
ややかためなので、薄切りで使ったり、煮込みにしたりする。
すね
ほとんどが筋。煮込みにすると、おいしいスープを味わえる。
しんたま
骨に巻くようについている赤身肉。もものなかで、最も脂肪が少ない。

COLUMN

シカ肉は貧血気味の女性にぴったり？

シカ肉は、赤色の鮮やかな牛肉と比べてもさらに濃い赤色をしているのが特徴です。スライスした肉は空気に触れると赤みが増しますが、これは豊富な鉄が酸素により酸化して色が鮮やかになるからです。

シカ肉には鉄が多く含まれ、葉酸、ビタミンB_{12}といった血液をつくるのに欠かせないビタミンも含んでいます。ビタミンCには鉄の吸収をアップする効果があるので、パプリカやブロッコリーと組み合わせて食べましょう。ちなみに、切った肉をあまり長く空気にさらすと黒っぽくなってしまうので、注意が必要です。

まだまだある！
食肉事典③

ウサギ肉

コクのある鶏肉のような味わいが魅力のウサギ肉。野生のものは飲食店でも入手困難で、家ウサギが主流です。

手に入りやすい家ウサギを煮込みなどで楽しんでみて

ウサギは日本でも古くから食べられており、獣肉食が禁止されていた時代は1羽2羽と数え、獣ではなく鳥なのだから食べてよいとしていた、ともいわれます。今でも、山村ではウサギを一般的に食べる地方があります。

フランスでは、野ウサギをリエーブル、家ウサギをラパンと呼び、家庭料理の食材としてポピュラーです。味わいややわらかさに差が大きいといわれ、リエーブルはジビエの中でも上級者向けとされています。

ウサギ肉を料理にするなら、トマト煮やカレーなどにするのがよいでしょう。香草などでマリネにするのもおすすめ。また、肉の粘度が高いという特徴を生かし、テリーヌなどを作るのにも適しています。

どんな種類がある？

家ウサギ

アナウサギを家畜化したもので世界各地に広まっている。肉の色は白っぽい。

野ウサギ

脂肪が少なく風味が独特。肉の色は赤みが濃い。

ウサギ肉の部位図鑑（精肉）

ウサギ肉の部位を知る

家ウサギは鶏肉と同じ感覚で料理できますが、においが気になる場合は香草などを使ったメニューにするとおいしく食べられます。

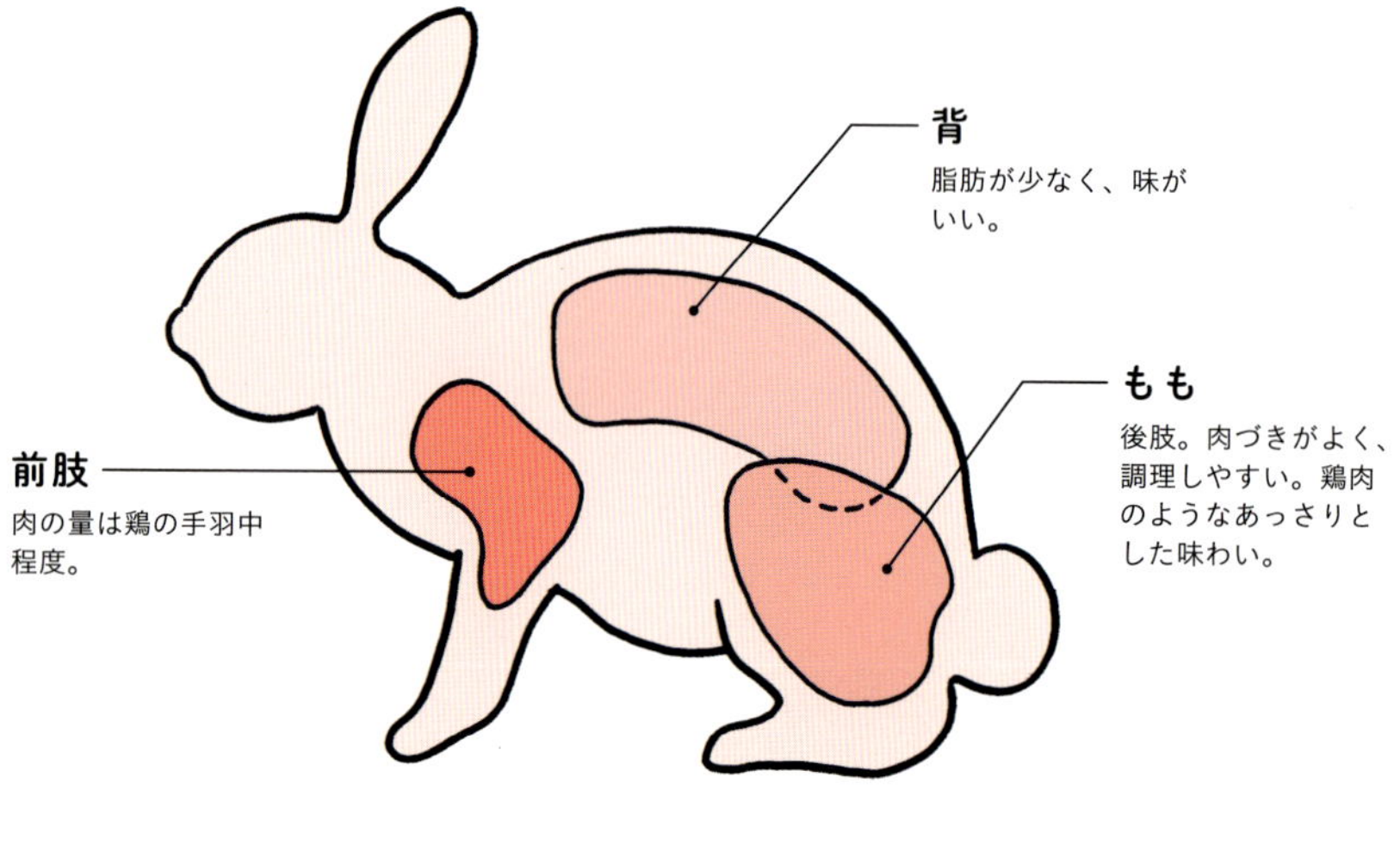

背
脂肪が少なく、味がいい。
もも
後肢。肉づきがよく、調理しやすい。鶏肉のようなあっさりとした味わい。
前肢
肉の量は鶏の手羽中程度。

まだまだある！
食肉事典④

カモ肉

南蛮や鍋などに使われることの多いカモ肉。鶏肉とは別物の味わいを楽しみましょう。

手頃なアイガモと高級なマガモの違いがわかれば食通！

スーパーなどで入手できるカモ肉は、ほとんどがアイガモ肉です。アイガモとは、マガモとアヒルを掛け合わせ、食用に改良された家禽《かきん》のことをいいます。大型で肉質がやわらかくフランスガモと呼ばれるバルバリー種のものや、バルバリー種より小型ながらも味わいがあって脂の甘みが強いチェリバレー種のものなどがあります。日本での生産量が多いのは後者です。アヒルは、北京ダックに使われる北京種が有名で、脂が多く肉が薄いのが特徴です。

これに対してマガモは、冬に渡ってくる野生のものと、養鴨場で飼育されるものがあります。野生のマガモの狩猟方法には、鉄砲獲りと網獲りの2種類があり、体に傷がつかない後者のマガモは高級品とされます。

どんな種類がある？

アイガモ

マガモとアヒルの交配種。チェリバレー種が多く流通。

マガモ

北半球に生息し、日本にも秋冬に飛来。冬場に狩猟が解禁される。

カモ肉の部位図鑑（精肉）

カモ肉の部位を知る

脂肪の融点が人間の体温よりも低いのでまろやか。カモはもともと渡り鳥なので、手羽からむねのあたりが発達しています。

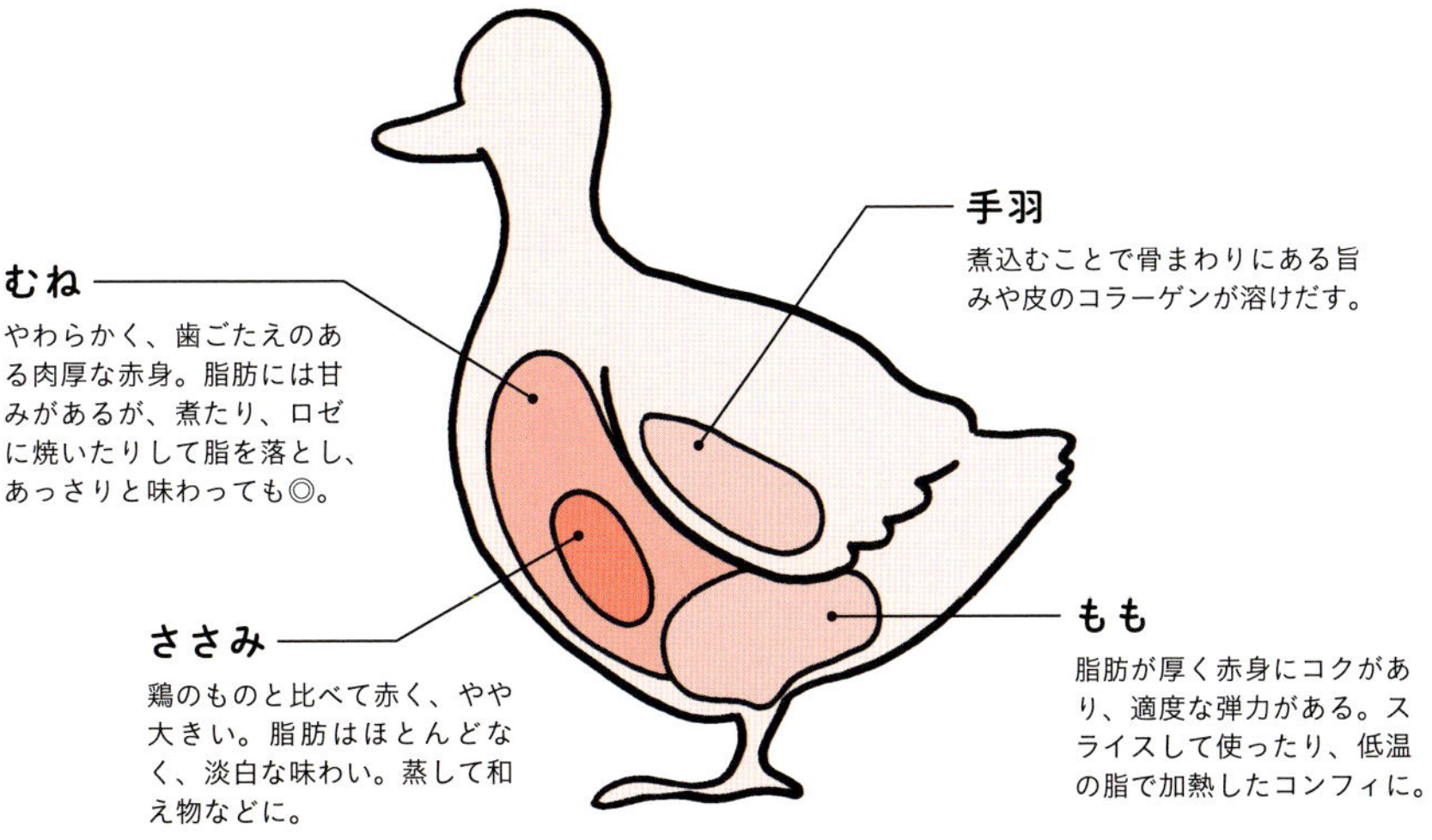
手羽
煮込むことで骨まわりにある旨みや皮のコラーゲンが溶けだす。
むね
やわらかく、歯ごたえのある肉厚な赤身。脂肪には甘みがあるが、煮たり、ロゼに焼いたりして脂を落とし、あっさりと味わっても◎。
ささみ
鶏のものと比べて赤く、やや大きい。脂肪はほとんどなく、淡白な味わい。蒸して和え物などに。
もも
脂肪が厚く赤身にコクがあり、適度な弾力がある。スライスして使ったり、低温の脂で加熱したコンフィに。

肉用語辞典

あ

【アクチン】あくちん
タンパク質の一種で、動植物の細胞を構成する主要な要素。組織の構造を形づくるとともに、筋肉を収縮させるうえで重要な働きを担っている。調理においては、肉の保水性や粘着性を左右する。加熱しすぎると、アクチンの作用で肉が収縮し、肉汁を外に逃がしてしまう。

【アロゼ】あろぜ
肉を焼く過程で行うテクニックの一つ。フライパンやオーブンなどで肉を焼く際、肉の旨みを含んだムース状の気泡を肉の表面にかけながら焼く。油分で皮膜がつくられ、肉の水分が蒸発するのを防ぎ、香ばしい焼き色をつけることで肉汁の風味がより増す。

【イノシン酸】いのしんさん
おもに魚や肉類のなかに存在する有機化合物で、かつお節や牛肉などの肉類に含まれる旨み成分。昆布などに由来するグルタミン酸、干したきのこ類などのグアニル酸とともに、三大旨み成分と呼ばれる。

【枝肉】えだにく
食肉となる家畜から、皮、毛、頭部、四肢の先端、尾、内臓などをとり除いた状態の肉。

【エラスチン】えらすちん
コラーゲンとともに結合組織を構成するタンパク質。肌のしわやたるみを予防する栄養素としても注目されている。調理のうえでは、コラーゲンが加熱によってやわらかくなるのに対し、エラスチンはゼラチン化しない。エラスチンが多い肉はかたい。

か

【家禽】かきん
家畜として飼育される鳥類のことで、鶏、アヒル、七面鳥が代表的。肉や卵、羽毛などを利用する。家禽に対し、野生の鳥を野禽と呼ぶ。

【皮はぎ】かわはぎ
豚肉の整形方法の一種で、豚肉から機械などで皮をはぎ、皮と食肉を分離すること。剥皮。これに対して、皮を残し、蒸気などを当てたのちに脱毛するのが湯はぎ。

【グリコーゲン】ぐりこーげん
ブドウ糖の分子が多数結合した物質で、多糖類の一種。食事で摂取した糖が肝臓でグリコーゲンへとかえられ、貯蔵される。さらに、筋肉などへと送られてエネルギー源となる。おもに筋肉収縮の際に分解されて、ATPというエネルギー物質をつくるとともに、乳酸を生成する。

【グルタミン酸】ぐるたみんさん
三大旨み成分といわれるグルタミン酸はタンパク質を構成している20種類のアミノ酸の一つで、さまざまな食品のなかに存在している。時間の経過とともに増える性質があり、特に昆布や、しょうゆ、チーズといった発酵食品に多く含まれる。

【結着性】けっちゃくせい
肉どうしがしっかりくっつき、まとまること。ハンバーグの調理では肉だねをよくこね、空気を抜いて結着性を高める必要がある。結着性がたりないと、焼き上げる際に肉がばらばらになり、肉汁も流出する。卵のつなぎには、風味を加える以外に結着性を高める役割もある。粘着性も同様の意味を持つ。

【交雑種】こうざつしゅ
乳用種と食用種の牛を交配した種。ほとんどが乳用種のメスと和牛のオスを交配したもので、病気に強く成長が早い乳用種と、霜降りになりやすい和牛の特徴を受け継ぎ、価格も手頃でバランスがよいのがメリット。

【コラーゲン】こらーげん
タンパク質の一種で、筋繊維の束をつないだり、筋肉と骨をつなぐ役割をもつ結合組織に多く含まれている。また、筋内膜や内筋周膜の構成成分でもある。弾力性に富み強靭だが、煮込み料理などのように長時間加熱することでゼラチン化し、やわらかくなる。

さ

【在来種】ざいらいしゅ
その地域に古来から存在する種。牛は、日本では農耕用などに役されていたが、明治になってから牛肉を食べる習慣が導入され、在来種に外国種を交配して和牛4品種がつくりだされた。日本の在来種としては鹿児島県の口之島牛、山口県の見島牛などが挙げられる。

【純粋品種】じゅすいひんしゅ
豚肉の品種を表す言葉。国内で食用される豚はさまざまな品種の掛け合わせが多いが、交配せず飼育されているものを純粋品種という。

【筋引き】すじひき
洋包丁の一種で、大きな肉の塊を筋に沿って切り分けるためのもの。厚みのある肉が切れるように、刃渡りは24～33㎝ほどと長い。また、筋に沿って曲線を描くように切る必要もあるため、スムーズに動かせるよう、刃の幅が狭く、厚みが薄いという特徴がある。

【背脂肪】せしぼう
豚の枝肉（半丸）の背（背骨側の肩から腰まで）の脂肪のこと。背脂肪の厚さによって豚肉の格付が行われる。

な

【肉質等級】にくしつとうきゅう
牛肉の格付に使われる2つの等級のうち、肉質を判断する基準のこと。脂肪交雑、肉の色沢、肉の締まりおよびきめ、脂肪の色沢と質の4つの項目があり、5～1の5段階で評価される。4項目のうち最も低くつけられた項目の等級が、その肉の肉質等級となる。

は

【反芻動物】はんすうどうぶつ
牛、羊、シカなど反芻する動物のことで、反芻とは一度飲み込んだ食物を再び口腔に戻して咀嚼すること。反芻動物は胃を4つ有していて、第1胃に多くの微生物を棲息させ、その働きで草を消化し、エネルギー源としている。

【半丸】はんまる
家畜の皮、毛、頭部、四肢の先端、尾、内臓などを除いた枝肉から、さらに背骨のところで縦に2分割したもの。2分体。食肉市場ではこの枝肉の状態で競りにかけ、仲買人が肉の状態を見極めて値を決める。

【ブドウ糖】ぶどうとう
代表的な糖質で、果糖やガラクトースとともに「単糖類」のカテゴリーに含まれる。食事で炭水化物をとると消化され、ブドウ糖となって血中を巡り、エネルギー源となる。食肉の中にもブドウ糖が多数結合したグリコーゲンという形で、わずかに含まれている。

【不飽和脂肪酸】ふほうわしぼうさん
脂肪を構成している脂肪酸は、分子結合の形から大きく飽和脂肪酸と不飽和脂肪酸に分けられる。飽和脂肪酸は肉類の脂肪、不飽和脂肪酸は主に魚の脂や植物油に含まれる。食肉にはオレイン酸などの一価不飽和脂肪酸が含まれる。オメガ3系、オメガ6系といった、血流をサラサラにするなどの作用で注目されている脂肪酸も不飽和脂肪酸の一種である。

【pH】ぴーえいち／ぺーはー
水溶液の酸性・アルカリ性の度合いを示す単位。pHが低いと酸性、高いとアルカリ性。肉の調理では、レモン汁や酢を加えてpHを低くする（酸性に近づける）ことで肉の保水性が高まるほか、タンパク質分解酵素が活性化してやわらかくなる。

【ペプチド】ぺぷちど
アミノ酸が50個以上結合するとタンパク質というが、50より少ない数で結合しているものがペプチド。タンパク質と同様、肉を食べることで摂取できる。血圧や血中コレステロールの調整、脂肪燃焼、精神状態を活性化するといった作用があるとされ、健康上での役割が注目されている。

【保水性】ほすいせい
水を保つ作用のこと。肉にも保水性があり、調理後の保水性が高いほど、ジューシーでやわらかい肉となる。この保水性の決め手になるのが、筋原繊維タンパク質のアクチンやミオシン、結合組織タンパク質のコラーゲンなどがある。調理では、切り方と加熱温度に注意する。また、加熱前に塩をふるのも保水性を高める方法。

ま

【ミオグロビン】みおぐろびん
動物の体内に存在するタンパク質の一種で、血中のヘモグロビンから酸素を受けとって筋肉中に貯蔵する役割を果たしている。ヘム鉄を含むので赤色をしているのが特徴で、赤身肉が赤いのも、このミオグロビンを多く含んでいるため。

【ミオシン】みおしん
筋肉の約50％を占めている筋原繊維タンパク質の一つ。アクチンと同様、筋肉を収縮させる上で重要な働きを担っている。調理の過程では、肉の保水性や粘着性と関係する。ひき肉に塩を加えるとミオシンが溶け出し、さらに練ると保水性と粘着性が増す。

【メイラード反応】めいらーどはんのう
アミノ酸と糖の化学反応が起き、褐色物質・香味物質を生成すること。肉やケーキ生地などを焼くと、茶色く色づいて香ばしい味や香りが生じるが、これはメイラード反応によるもの。

※この用語辞典は編集部にて作成したものです。

参考文献

■渋川祥子、杉山久仁子『調理科学―その理論と実際（新訂）』同文書院 2005年
■Harold McGee著、香西みどり監修・訳、北山薫訳、北山雅彦訳『マギー キッチンサイエンス―食材から食卓まで―』共立出版 2008年
■Jeff Potter著、水原文訳『Cooking for Geeks 第2版―料理の科学と実践レシピ』オライリー・ジャパン 2016年
■的場輝佳、西川清博、木村万紀子『西洋料理のコツ』角川ソフィア文庫 2017年
■山本謙治編『完全理解 熟成肉バイブル』柴田書店 2017年
■佐藤成美『「おいしさ」の科学 素材の秘密・味わいを生み出す技術』講談社ブルーバックス 2018年
■スチュワート・ファリモンド著、辻静雄料理教育研究所 日本語版監修、熊谷玲美訳、渥美興子訳『料理の科学大図鑑』河出書房新社 2018年
■野﨑洋光、松本仲子『野﨑洋光のおいしさの秘密 料理人の技と調理学の理論で知る』女子栄養大学出版部 2007年
■沖谷明紘編『肉の科学』朝倉書店 1996年
■下村道子編、橋本慶子編『調理科学講座 5 動物性食品』朝倉書店 1993年
■松石昌典編、西邑隆徳編、山本克博編『肉の機能と科学』朝倉書店 2015年
■『別巻 肉・卵図鑑』講談社 2005年
■肉食研究会著、成瀬宇平監修『うまい肉の科学』SBクリエイティブ 2012年
■『dancyu 2018年6月号「羊好き。」』プレジデント社
■『知っておいしい 肉事典』実業之日本社 2011年
■日本馬肉協会監修『馬肉新書 基本知識と技術、保存版レシピ集』旭屋出版 2013年
■『ジビエ料理大全―野鳥獣の特性と調理の秘訣が一冊で学べる』旭屋出版 2006年

監修

Part1

エコール 辻 東京

永井利幸　秋元真一郎　平形清人　迫井千晶　井原啓子

株式会社 辻料理教育研究所

正戸あゆみ

Part3

株式会社 辻料理教育研究所

東浦宏俊　進藤貞俊　萩原雄太　正戸あゆみ

取材協力店（登場順）

■さの萬（さのまん）
静岡県富士宮市宮町14-19

■Mardi Gras（マルディグラ）
東京都中央区銀座8-6-19　野田屋ビル　B1F

■Le Mange-Tout（ル・マンジュ・トゥー）
東京都新宿区納戸町22

■trattoria29（トラットリア・ヴェンティノーヴェ）
東京都杉並区西荻北2-2-17　Aフラッツ

■のもと家（のもとや）
東京都港区芝公園2-3-7　玉川ビル　2F

■肉山（にくやま）吉祥寺店
東京都武蔵野市吉祥寺北町1-1-20　藤野ビル　2F

■成吉思汗ふじや（じんぎすかんふじや）
東京都目黒区中目黒1-10-23　リバーサイドテラス　1F

STAFF

料理　上島亜紀（Part1&P104～131）
撮影　松島　均
デザイン　吉村　亮　大橋千恵　眞柄花穂（Yoshi-des.）
編集・構成　丸山みき（SORA企画）
編集協力　キムアヤン／圓岡志麻
編集アシスタント　柿本ちひろ　島田稚可（SORA企画）／大森奈津
イラスト　上坂元　均／山田博之／鈴木愛未（朝日新聞メディアプロダクション）
協力（牛・豚副生物）　社団法人　日本畜産副産物協会
協力（イノシシ肉）　福岡大平（南加賀ジビエコンソーシアム）
企画・編集　森　香織（朝日新聞出版　生活・文化編集部）

食《しょく》材《ざい》事《じ》典《てん》シリーズ
調《ちょう》理《り》科《か》学《がく》×肉《にく》の事《じ》典《てん》

編　著　朝日新聞出版
発行者　橋田真琴
発行所　朝日新聞出版
〒104-8011　東京都中央区築地5-3-2
電話　(03)　5541-8996（編集）
(03)　5540-7793（販売）
印刷所　図書印刷株式会社

ISBN 978-4-02-333273-7